디아스포라와 노마드를 넘어

이북이주민과의 공존

디아스포라와 노마드를 넘어

펴낸이 박재규
펴낸곳 경남대학교출판부
지은이 엄태완

초판 1쇄 인쇄 2016년 12월 12일
초판 1쇄 발행 2016년 12월 23일

출판등록 제1974-100001호

주소 경남 창원시 마산합포구 경남대학로 7 (월영동)
대표전화 055-249-2074 팩스 0505-999-2115
전자우편 ko10@kyungnam.ac.kr
홈페이지 www.kyungnam.ac.kr/press

ISBN 978-89-8421-388-3 93340

이북이주민과의 공존

디아스포라와 노마드를 넘어

엄태완 지음

경남대학교출판부

| 머리말 |

통일부는 2016년 11월 입국자 기준으로 북한에서 남한으로 이주한 북한 주민들이 3만 명을 넘어섰다고 발표하였다. 흔히 말하는 '북한이탈주민(여기서는 이북이주민으로 명명하기로 함) 3만 명 시대'가 도래한 것이다. 하지만 그 속사정은 어떠할까. 탈북, 그리고 탈남, 또다시 불법체류자... 이것이 현재 이북이주민의 실상을 말해주는 단어들이다. 북한에서의 삶이 너무 고통스러워 제3국을 거쳐 환상을 가지고 남한으로 이주해 왔지만, 수년이 지나면서 과거보다 더한 절망감 속에 다시 남한을 떠나는 것이다. 이들은 남한에서 대한민국 국민으로 국적을 회복했기 때문에 미국이나 유럽으로 가더라도 난민 인정을 받지 못하고 불법체류자로 살아야 한다. 이보다 더 우리를 아프게 하는 것은 탈남한 이북이주민들이 다시 입북한다는 사실이다.

2000년대 초부터 이북이주민들을 인터뷰하면서 초기에 가장 가슴 아팠던 내용은 돌이 갓 지난 아이를 안고 북한 경비대에 쫓기며 정신없이 두만강을 건너던 부부가 중국에 도착해 보니, 아이가 숨을 쉬고 있지 않아 이름 없는 중국의 야산에 묻었다는 이야기였다. 그리고 최근의 인터뷰에서 가장 절망적인 말은 '남조선은 사람 살 곳이 아니다'라는 이야기다. 남한 입국 직후에 북한에 있는 가족들에게 '우리는 매일 돼지고기에 흰쌀밥 먹는다'고 말하면서 빨리 남한으로 이주하라고 자랑하던 이북이주민이 한 말이다.

무엇이, 어디에서부터 잘못되었을까. 이북이주민들은 남한 사회가 자신들을 무시하고 차별한다고 생각하고 있으며, 남한 사회에 적응하여 스스로 자립적 생활을 하기에는 너무 힘들다고 느끼고 있다. 반면에 남한의 주민들은 이북이주민들에게 자신들의 세금을 축내는 사람이라고 보거나, '빨갱이'라고 적대적 의심을 하기도 한다. 어떤 경우에는 극단적 동정의 시선으로 보기도 하지만 이것도 이북이주민들을 상당히 불편하게 만든다. 그리고 아니 대부분의 남한 사람들은 이북이주민에 대해 별 관심이 없다. 이런 상황에서 3만 명에 달하는 소수 이북이주민들은 '2등 국민', '주변인' 등으로 인식되거나 판단되어지면서 게토화된 섬에서 숨어 지내고 있다.

이 책은 이런 문제의식에 대한 현 시점에서 필자의 고민을 기술하고 있다. 필자의 이북이주민에 대한 초기의 관심 영역은 이들의 트라우마trauma이었으며, 이를 중심으로 한 저서(『탈북난민의 위기적 경험과 외상』)를 출판하였다. 이후에 필자는 이북이주민들을 지속적으로 만나오면서 이들의 삶, 즉 일상에 관심에 가지게 되었다. 하지만 '이북이주민들이 어떻게 살아야 하나'에서 출발한 물음은 현재 진전되어 '우리 다함께 어떻게 살아가야 하나'로 옮겨지고 있다. 그리하여 지금 필자의 머릿속에 맴도는 이북이주민 연구의 핵심 용어는 '상생相生'이다.

남북주민들의 상생을 위한 전제조건으로 필자는 '사회정의'와 '인권' 두 용어를 제시하고 싶다. 본문에서는 롤즈의 정의론을 예로 들면서 이북이주민 지원의 정당성에 초점을 맞추고 있다. 필자는 롤즈의 정의론을 완벽하게 이해하고 있지 못하지만, 서둘러 인용한 이유는 사회정의의 관점 속에서 남북주민의 일상을 새롭게 살펴보자는 의도에서다. 또 다른 한 축의 전제조건은 인권인데, 남한에서도 인권이 완전하게 보장되고 있다고 단정하기 어렵지만, 한 사람 한 사람을 소중하게 생각해야한다는 기본 원칙을 통해 충분히 남북주민 간의 상생을 논할 수 있다고 판단하였기 때문이다. 이 책에서는 남북주민 간의 상생을 위한 사회정의와 인권 개념을 제시하면서, 필자의 지금까지의 논문을 중심으로 이북이주민들이 어떻게 살아가고 있는지(2부)와 어떻게 함께 살아가야 할지(3부)를 다루고 있다. 여기까지가 이북이주민 연구자로서 현재 필자의 학문적 수준임을 고백한다. 하지만 향후 필자의 노력, 그에 따른 여러 변화들 속에서 새로운 도전과 진전들이 있기를 희망해 본다.

책을 마무리하고 있는 단계이지만 언제나처럼 부끄럽다. 생각은 짧고 글은 정제된 것 같지 않다. 단 한 사람이라도 이 책을 필요로 했으면 하는 간절한 바람으로 다시 한 번 용기를 내어 본다. 그리고 감히 다산 정약용이 48권이라는 방대한 『목민심서』를 저작해 놓고 하신 말씀을 인용해 본다. "이 책을 목민관에 주어 한 사람의 백성에게라도 혜택을 끼칠 수 있기를 바라는 것이 나의 뜻이다以授民牧 庶幾一民有被其澤者 鏞之心也." 필자는 이 책을 통해 미미하지만 이북이주민과 관련된 학술적 토대를 마련함과 함께 이북이주민과 우리가 상생하는데 도움이 되기를 바라는 마음이다.

이 책이 나오기까지 고마운 분들이 많이 있다. 이 책의 대부분은 2014년~2015년 시애틀의 워싱턴대학교에서 연구년 중에 저술되었다. 그 당시에 워싱턴대학교에서 함께 연구년을 보냈던 동국대학교 사회복지학과의 이은희 교수님께서 많은 학문적, 정서적 도움을 주셨고, 부산대학교 학생이었던 따님 효경양은 언어, 문화적응에서 필자가 안정되게 글을 쓸 수 있도록 지원해 주었다. 그리고 언제나 연구의 방향을 제시하고 전환토록 영감을 주는 연구모임 선생님들이 계시다는 사실을 밝히고 싶다. 이 책의 핵심 용어들인 인권, 사회정의, 상생 등은 이 선생님들과 공부한 결과물이다. 성함의 가나다순으로 밝히면, 동의대학교의 박지영 교수님, 부산가톨릭대학교의 배화숙 교수님, 부산장신대학교의 이인숙 교수님, 그리고 신라대학교의 최희경 교수님이시다. 그리고 경남대학교 언론출판원 원장이신 정일근 교수님과 출판과정에서 모든 수고를 아끼지 않으신 김미숙 선생님께 고마움을 전한다. 마지막으로 언제나 지지를 보내는 아내, 특히 두 아들의 성장에 고맙고 사랑한다고 말하며, 이 책의 완성된 기쁨을 같이 하고 싶다.

2016년 12월

경남대 고운관 317호에서 엄태완

차례

제2부

디아스포라, 노마드로서의 삶

제3부 공존의 토대

제1부

공존의 단초

BEYOND THE DIASPORA & NOMAD

1장:

여정과 상생

이북이주민 지원에서의 갈등은 우리 사회의 분배에서 사회정의의 문제를 부각시키게 되며, 이들의 삶, 그리고 한 명의 인간으로서의 존엄성이라는 화두는 인권 개념을 불러오게 되는 것이다. 따라서 우리 사회의 디아스포라, 그리고 노마드로서의 경험을 가진 이북이주민들과 더불어 상생하기 위한 첫 단초는 '사회정의'와 '인권'에서 찾을 수밖에 없다.

노마드로서의 여정

1990년대 중반부터 북한을 떠나 세계 각국으로 이동하려는 북한주민들이 급증하기 시작하였다. 그들은 왜 이동할 수밖에 없었는가. 그 원인은 북한 내부의 사정, 가장 가까운 국경을 형성하고 있는 중국과 북한의 관계, 보다 거시적으로 지구적인 측면에서 찾을 수 있을 것이다. 그러나 북한주민, 한 명 한 명의 당사자 입장에서 본다면 그것은 인간의 가장 기본적 욕구, 즉 생존 욕구에 기인한 본능적 이동이었다. 하루하루를 살고 있고, 살아야 하는 생명을 가진 존재로서 북한주민들은 살기 위해, 그리고 살아남기 위해 국경을 넘어야(혹은 도강) 했던 것이다.

여기서는 북한주민들이 생존과 더 나은 삶을 위해 탈북을 선택할 수밖에 없었던 생생한 이유들을 그들의 목소리로 우선 듣고자 한다. 이북이주민[1]들의 선택행위들을 추적하면서 이들의 유동성의 본질이 어디서 어떻

---

1. 북한을 떠나 남한으로 이주한 북한주민들은 법률상으로 '북한이탈주민'으로 명명되고 있지만 '탈북자', '탈북민', '새터민', '탈북이주민', '북한이주민' 등으로 다양하게 불

게 형성되고 변화되어 왔는지를 이해하고자 한다. 이북이주민들이 가진 이동성, 즉 자신의 삶의 본질을 변화시키면서 끊임없이 창출되는 새로운 유동성을 내재한 노마드nomad[2]로서의 경험을 살펴보는 것을 말한다. 노마드로서 이북이주민의 삶의 본질이 새롭게 형성되기 시작한 출발 지점으로 거슬러 올라가서 그들의 생생한 이야기를 들어 볼 것이다. 그리고 탈북 후 중국에 거주하면서 그들의 인간 존엄성의 상실을 보여주는 실제 사례들을 제시할 것이다. 이는 이북이주민들의 북한-중국-남한으로 이어지는 이동 과정의 모습을 그들의 목소리를 통해 확인하려는 시도이다.

도주 열망

닫힌 체계에서의 무념無念

이북이주민들의 북한 생활은 과거와 연결되고 미래를 예측하면서 현재의 삶을 살아가는 것이었다. 이북이주민들과의 인터뷰를 통해 확인해 보면[3], 그들은 그곳 북한에서 과거를 회상하고, 현재를 고민하며, 자신들이 속한 곳의 미래를 위해서 일한다고 믿었다. 이북이주민들은 북한에서 개인적 상황을 쉽게 전환할 수 없는 인간의 인지적 한계, 그리고 북한당국

려지고 있는데, 여기서는 탈북 혹은 이탈 속에 포함된 부정적 이미지, 그리고 남북분단과 한국전쟁 전·후부터 이북에서 남한으로 이동한 모든 사람들과 연속선상에서 바라본다는 의미에서 현재의 북한이탈주민들도 '이북이주민'으로 기술하고자 한다.

2. 노마드(nomad)는 '유목민', '유랑자' 등으로 번역하고 있으며, 프랑스의 철학자 들뢰즈(Gilles Deleuze)에서 비롯된 철학 용어이다. 현대사회에서는 철학적 개념뿐만 아니라 다양한 문화·심리 현상을 설명하는 말로도 쓰이고 있다(조윤경, 2007). 이 글에서도 공간적인 이동뿐만 아니라 새로운 가치와 삶의 방식을 끊임없이 창조하는 행위자로서의 개념으로 접근한다.

3. 저자의 '남북통합 과정의 심리사회적 위기분석: 북한이탈주민의 생애위기에 대한 질적연구를 통해(북한학연구, 제7권 제2호)'에 포함된 내용 중 일부가 재정리됨.

의 체제유지를 위한 구조적이고 제도적인 정치·사회·경제적 맥락에서 이탈하기가 어려웠다. 이북이주민들의 북한에서의 삶은 불교에서 말하는 무념이 아니라 일상의 에너지를 상실한 무념의 상태이었다.

이북이주민 여 1 어쨌든 간에 그 전에는 수령님 계실 적에는 뭐 아무 걱정 없이 살았습니다.

이북이주민 남 1 그때(1960년대) 생활이라는 거는 정말 괜찮았습니다. 그때는 그저 기억이 나는 거는 쌀이 있고... 소련, 중국에서 지원받아서 어느 정도 풍족하게... 우리가 교육받은 것은 사회주의 제일 좋은 정책이다. 이런 거 그저 알고 있었습니다.

이북이주민 남 2 힘든 사람들은 정말 힘이 듭니다. 아침밥을 먹고 나면 저녁 끼니를 근심하고, 저녁밥을 먹고 나면 아침 먹을 것을 이렇게 고민하는 사람들이 많고, (중략) 그때 당시는 이게 그저 사람이 사는 인생이구나. 그저 이렇게만 생각했고...

이북이주민 여 2 간부도 백성을 위해서 하는 일이라 생각한단 말입니다. 이 사람들은 조국을 위해, 인민을 위해서 하는 일이라 생각하는데...

이북이주민 남 3 북한에서 사람이 이렇게 살아야 되는가 보다 하고... 그냥 8살에 유치원 가면... 학교 졸업하고 대학 가지 않으면 군에 나가 10년 복무하고 그렇지 않으면 사회 나가서 직장생활 그냥 60살까지 사회보장 받을 때까지 해야 된다. 그래 이렇게 3가지 밖에 생각 못합니다. 뭐 다른 선택이 있을 수가 없습니다... 그냥. 그렇게 살아야 되는가보다...

이북이주민 남 4 인민 생활이 어려운 것은 미국과 대결하기 위해... 경제와 국방을 동시에 해야 하기 때문에(그렇다)... 인민들도 생활에서 허리띠를 졸라매야(한다고)...

다른 세계로의 열망

북한사회의 경제적 어려움은 시간이 흐르면서 개인들의 삶에 직접적으로 영향을 미치게 되었다. 그 속에서 북한주민들은 이전의 일상생활에서 겪어보지 못한 상황에 처하게 된다. 이들은 혼란의 과정에서 자신과 가족의 생존을 위해 최선을 다하는 삶을 살게 된다. 하지만 북한의 식량난과 그에 따른 변화를 기존의 생활양식으로 대처하지 못하면서 생존을 위협하는 것으로 인식하였다. 또한 개인적 대처가 점점 한계상황에 이르게 되면서 사회체제의 문제가 아닌지 의심도 하였다.

북한주민들은 굶어 죽은 사람들의 시신들이 장례 절차에 의해 처리되지 못하거나, 가족과 자신의 굶주림과 질병을 경험하면서 상황을 재인식하기 시작하였다. 그러면서 왜 이렇게 궁핍한 삶에 대해 책임지는 사람이 없는가라는 국가 책임론을 제기하기도 하였다. 점차 자신이 살고 있는 세계에 대해 새로운 의문을 가지게 되었다. 북한주민들은 북한의 경제난으로 인한 사회적 변화를 자신의 상황에서 분석하기 시작하였다. 이 과정에서 북한주민들은 그들의 삶을 위태롭게 하는 원인을 찾거나 분노를 표출하기도 하였다.

북한주민들은 내부체계의 한계를 경험하면서 경계 바깥으로 관심을 가지기 시작하였다. 주로 중국과 국경지대에 살고 있는 함경북도, 양강도, 평안북도의 사람들이 지리적 여건으로 인해 많은 정보를 접하였으며, 이들은 자신들의 경계 너머에 다른 세상이 있으며 그 곳에서 에너지를 얻을 수 있다는 생각들이 점차 강화되었다. 그와 동시에 자신이 지금까지 세상을 이해하고 행동했던 전반적 삶의 방식이나 세계관에 대해 의심하기 시작하였다. 자신의 경계를 넘는 것은 개인적이고 사회적인 다양한 조건들이 복합적으로 작용해야 가능하다. 북한주민들은 서서히 전후 맥락을 파악하는 시간을 거치면서 또 다른 세계로 향할 힘을 가지게 되었다.

이북이주민 남 1 사람 굶어서 죽은 거 두루룩 말아다가 차에다 훌 실어서는 산에다 대강 묻고... 그때 우리 북한만 이런가, 아니면 다른 모든 나라 전 세계가 다 이렇게 사는가. 우리가 좀 심한가. 북한에서는 이게 왜 이렇게 됐느냐.

이북이주민 여 1 죽는 사람이 많아지기 시작하고, 집에 기물을 내다 파는 거 시작하고... 뭐 파리약 친 것처럼 죽었어요. 사람 그렇게 길에 나자빠져 죽었어요. 근데 책임지는 사람이 없고, 난 내 생각에 백성은 한 사람 죽이게 되면 살인죄를 판결 받는데 누가 책임지는가. 아무도 책임지는 사람이 없단 말입니다.

이북이주민 남 2 91년도부터 그저 곤두박질치기 시작하여 배급도 못 주고... 92년도, 93년도, 94년도 김일성 사망하는 그 때 사람 많이 죽었는데... 이때부터 물자 제대로 못 준다는 거는... 벌써 이거는 나라가 이게 뭔가 잘못됐단 소리란 말입니다.

이북이주민 여 1 그래도 사람이 한 번 자기 난 고향 떠나자면 좀 힘들잖아요. 그때 당시는 중국에 가서 살아야 되겠다. 이런 생각이 없었어요. 중국 가서 사람들이 돈 벌어가지고 온다하니까... 중국 가서 돈 벌어가지고 좀 살아보자....

이북이주민 남 3 고난의 행군 시기니까. 배급표 나와도 타는 게 없고 하니까 풀뿌리도 캐고 어머니하고 좀 힘들게 살았어요. 그래 가지고 아버지 사망된 다음에 엄마 모르게 중국에 넘어 왔거든요. 중국 가면 한 달만 벌면 북한에서 1년 정도 버는 거 뭐 있다.

방랑 속의 머무름

북한의 식량난이 가장 심각한 시기였던 1998년과 1999년의 경우에 두만강을 건너 중국에 일시적으로 거주하고 있었던 북한주민들의 규모는 최대 30~40만 명 정도까지 이를 것으로 추정되기도 하였다(박영호 외, 2010).

2016년 현재 중국의 북한주민들에 대한 정확한 규모는 알려진 바 없지만 대략 수천에서 수만 명 정도가 장단기로 생활하고 있을 것으로 전문가들은 추산하고 있다. 또한 북한주민도 아니고 중국주민도 아닌 중국의 북한주민들이 출산한 아동들도 상당수 중국에서 살고 있는 것으로 알려져 있다. 2006년 『좋은벗들』은 중국에 약 5만 명에 이르는 북한주민들이 출산한 아동들이 있는 것으로 추정하기도 했다. 어찌되었건 북한에서 이동한 북한주민들의 일차 관문이며 일시적 피난지는 중국이라 할 수 있다.

그렇다면 중국에서 이북이주민들은[4] 어떤 삶과 어떠한 선택의 고민 속에서 생활하게 될까. 1990년대 중반 이후에 북한을 떠나 남한으로 이주한 이북이주민들의 70~80%는 여성들이었다. 마찬가지로 중국에 장단기로 거주하는 이북이주민들도 10명 중 7~8명은 여성으로 알려져 있다. 이북이주민들의 대부분이 여성인 이유는 북한의 가부장적 문화, 사회 구조, 중국에서 원조 요청의 편리성 등에 기인한다. 그들의 중국에서의 삶은 어떠할까. 상황과 시간에 따라 희망, 절망, 행복, 비참함 등등의 이어짐 속에서 살았겠지만 그들의 전반적 상황은 결코 최소한의 인간다운 삶도 보장받고 있지 못하였다. 보다 구체적인 사례들을 살펴보기로 하자[5]. 이 사례 속의 이북이주민 여성들은 현재 남한에 살고 있으며 중국에서 최소 4년 이상 거주한 경험이 있는 8명이다.

---

4. 중국에 장·단기로 거주하는 북한주민들은 난민으로서 인정받는 것이 아니라 중국 정부에서 불법체류자로 규정하기 때문에 추방의 대상이다.

5. 저자의 'A Qualitative Study of the Human Rights of Female North Korean Defectors Living in China(The Journal of Human Studies, Vol. 39)'에 포함된 사례들임.

인간존엄성의 상실

인신매매

인터뷰 참여자(이하 참여자)들의 대부분은 중국에서 인신매매traffic in human beings의 경험을 가지고 있었다. 인신매매는 인간을 사물화 하는 것이다. 인간과 사물 모두 나름의 가치를 지닌 존재이지만 인간은 존엄성을 지닌 절대적 존재이다. 인간은 어떤 것을 위해서라도 수단이나 도구로 사용될 수 없다. 인간은 그 자체가 목적으로 대우받아야 하기 때문이다. 이북이주민의 경우에도 예외가 아니다. 그러나 중국의 이북이주민 여성들의 많은 경우, 인간을 사물화 하는 인신매매를 경험하게 된다.

> 중국 8년 거주자 이 사람들도 돈으로 팔아먹잖아요. 돈을 그때 50원 주더라고요. 팔려가다가 도망쳐서 오라고.
>
> 중국 7년 거주자 이 사람들이 팔아넘기더라고요. 일자리를 연결 해준다 하던 게. 이틀 있다가 다음날에 한족들이 와가지고 매매 하는 거예요.
>
> 중국 11년 거주자 두만강 건너서 가는 사람들 다 70~80%는 다 팔려가요. 나도 마찬가지로 강을 건너자마자 팔려가서....
>
> 중국 7년 거주자 그 애가 나를 그 식당에 소개 시켜 준다 해 놓고는 팔아먹은 거예요. 팔아먹었는데... 제가 두만강을 건너니까 조선족이 두 명이 기다리고 있었어요. 차를 가지고....

참여자들은 인신매매 이후에 탈출에 성공하더라도 중국에서 도움을 요청할 수 있는 사회적 자원을 가지고 있지 않았다. 따라서 이들은 다시 인신매매를 한 사람에게 연락할 수밖에 없었다. 한 참여자는 “도망쳐 나오는 거예요. 근데 도망쳐 나오면 얘네들이 갈 곳이 없지요. 그럼 또 브로커들에게 연락할 수밖에 없어요. 그럼 이 브로커들은 다시 팔아먹는 거예요."라고 하였다.

이북이주민들은 브로커들이 중국에서 돈을 벌게 해주겠다는 말에 속아서 온 경우도 많았다. 한 참여자의 경우에는 브로커가 중국으로 자신을 데리고 온 줄도 모르고 있었다. 그녀에 의하면 "그 집주인에게 여기 어디에요? 하니까, 모르고 왔어요? 아가씨 여기 중국이야. 중국이라는 거예요. 그래서 나는 돈 벌려고 왔다고 하자, 그 집주인이 브로커가 나를 팔아먹고 갔다고 했어요."라고 하였다.

또 다른 참여자의 경우에는 수차례 다른 사람들에 의해 인신매매를 당했다. 그녀에 의하면 "북한에서 나 데려온 아줌마는 나 천원에 팔아먹고, 또 이 할머니는 이 사람들한테 곱을 붙여가 2천 원에 팔아먹고. 그 다음에 이 사람들은 날 데려가서 나와 결혼한... 혼인신고 한 사람한테, 그 곱을 받고 팔아먹었어요."라고 하였다.

생명의 위기

참여자들은 항상 생명의 위태로움 속에 있었다. 참여자들 대부분은 중국에서 자신의 생명을 잃을지도 모른다는 극심한 심리적 불안과 고통 속에서 생활하였다. 이들은 생명을 위협하는 다양한 상황에 처하지만 어느 누구로부터의 도움도 요청할 수 없었다.

> 중국 10년 거주자 밥 먹을 때도 숟가락 들지를 못하고. 막 죽을 것만 같아요. 하... 내 이거 이렇게 살아서 뭐하겠는가. 지레 고달파서 참지를 못해가지고. 그 다음에는 농약을 다 탔어요. 내가 죽겠다고.
>
> 중국 7년 거주자 어쨌든 중국에 있는 탈북자들 보게 되면 많이 불안해요. 언제 어느 순간에 우리를 붙들어 가겠는지. 조그만 경찰차만 보기만 해도 피해 달아나고. 언제 우리를 붙들어 가는 가해서 눈치만 보고... 그래 그게 심장이 놀란 게 지금도 아직까지도 저는 잠도 못 자요. 잠도 얼

마나 못 자는지 몰라요.

중국 11년 거주자 우리 남편이 덜렁 또 누워 앓았어요. 온 집이 글쎄 조금 숨이 붙어있는 건 아이 하나 밖에 없죠. 그다음에 계속 울기만 했어요. 나는 이제 아무도 도와줄 사람 없는가 하고. 사람이 죽어도 들여다볼 사람도 없어요.

이북이주민들은 이동 과정에서도 죽음의 고비를 수없이 많이 경험하였다. 이들이 북한을 탈출한 사람이라는 사실이 발각되면 북송되기 때문에 산속이나 험한 길을 택하여 이동하게 된다. 이때 이들은 기본적인 의식주를 해결하지 못해서 죽음의 고비를 여러 차례 경험하기도 한다. 한 참여자는 "도망가다가 넷이서 넘어졌다가 앉아서 부둥켜 울고... 그 자리서 그저 앉아있으면 얼어 죽겠지. 가긴 가야되겠지. 일어나자니 맥은 없지. 그래 겨우 한 발짝 한 발짝 가다가... 오다가 그다음에 근데 더는 못 걷겠는 거예요. 이러다 안 되겠다. 이러다 우리 몽땅 다 얼어 죽는다고..."라고 하였다.

또 다른 참여자는 중국에서 자기 스스로 선택할 수 없는 삶 때문에 수차례 자살을 생각하기도 하였다. 그녀는 차라리 북한으로 돌아가고 싶어도 감시와 통제 때문에 그렇게 할 수도 없었다고 하였다. 그녀는 "그때는 그저 맨날 눈물 흘렸어요. 그래서 뭐 가만있다가도 아빠, 엄마 생각하고, 막 이렇게 생각하면 또 눈물이 절절 나고, 눈물이 절절 나고 이랬거든요. 막 어떤 때는 자살하고 싶은 생각도 자주 들고..."라고 하였다.

학대와 착취

참여자들은 중국에서 잔혹한 학대와 착취를 경험하였다. 이러한 학대와 착취의 바탕에는 이북이주민들이 중국에서 불법체류자라는 사실에 기인하였다. 학대와 착취를 하는 사람들은 이북이주민들에게 어떠한 억압적,

약탈적 행위를 하더라도 이들이 신고를 하는 등 법적인 조치를 취할 수 없다는 약점을 악용하였다. 참여자들은 힘든 노동을 강요당했으며, 어떤 참여자는 족쇄에 채워져서 이동되기도 했다.

> 중국 10년 거주자 자기들 부부 간에 목욕하던 물도 버리라 하구요. 자기네 팬티까지 빨라고 해요. 난생 나무도 못 패본 내가 일생동안... 거기 가서 나무를 해라 그래가 패고. 안패면 또 눈을 부라리며 막 욕하고 그래요. 그래가지고 막 할 수 없이, 나라가 그저 망하니까. 나라가 그저 망한 거나 같죠 북한이....
>
> 중국 8년 거주자 1 한국말 나오니까... 한국이라는 말 나오니까. 우리를 집합해 가지고. 그다음 나중에 기차타고 족쇄를... 이제 침대에 누웠는데. 중국에 기차는 침대 있어요. 거기다 족쇄로 묶어놓은 거예요. 화장실 갈라고 하니까 안 떨어지는 거예요. 이거 뭐지 하니까 점점 더 졸아드는 거예요.
>
> 중국 8년 거주자 2 그때 끌려 간 곳이. 아무것도 없고 1층인데, 칸 요만한 칸에 아무것도 없고 침대 있고... 뭐 이렇게 에어컨 있고. 아무것도 없는 기라. 그저 자기 일만 보는 데라. 내가 후에 알았었는데. 그래 딱 가니까 결국 당했지요(성폭행). 어찌 할 방법이 없는 거예요.
>
> 중국 7년 거주자 나도 처음에는 못 살겠다고 막 달아나고 했다가 또 잡혀가 두드려 맞고 얻어맞고 이래 가지고 피투성이 되어서... 내 머리 여기가 없어요. 그 맥주병으로 두드려 맞아가 머리가 안나요.

이북이주민들은 중국에서 공안에 잡혀갈까봐 일하기도 어렵지만, 일을 해도 정당한 급여를 받기는 더욱 어려웠다. 대부분의 참여자들은 자신이 일한 만큼 대가를 받을 수가 없었다고 하였다. 그 이유는 그들이 불법체류자로 거주하고 있다는 사실이었다. 한 참여자는 “두 달 동안 일했는데. 설이 다되어서 돈 달라고 하니까 뭐라는 줄 알아요? 네 아내 거둬준 것만

해도 그런데... 먹여주고 재워주고 그런 것만 해도 어디냐고. 돈이 일전도 없다는 거예요. 그래가지고 그다음에 번역하는 아줌마 세워가지고 이야기해도 뭐 우리들은 한 번 아니라면 아닙니다. 좋은 말 할 때 순순히 가는 게 좋습니다 그러는 거예요"라고 하였다.

기본적 일상생활의 위협

피난처를 제공받지 못함

중국은 이북이주민들을 박해로부터 탈출한 정치적인 행위자로 간주하지 않는다. 물론 모국에서 비정치적인 범죄행위로 인하여 탈출한 경우는 여기에 해당하지 않는다. 그러나 이북이주민들의 경우에는 개인적 일탈이 아니라 명백히 사회경제정치적인 박해로부터 탈출한 것이다(홍규덕, 2002). 이북이주민들이 중국에서 가장 고통스런 것 중에 하나가 바로 그들이 안전하게 살 수 있는 피난처를 제공받지 못한 것이었다. 모든 참여자들은 안전한 거주지를 갖지 못하였으며, 항상 추방당할 수 있다는 염려 속에서 생활하였다.

중국 10년 거주자　니까짓것 무슨 인권도 없는 게, 호구도 없는 게, 호적도 없는 게, 감히 무슨 공안에 고발하겠다고 그러네. 그래 고발하면 니네나 잡혀가지 하고 말하면서. 벌써 다 알고 약점을 잡고.

중국 7년 거주자　근데 어느 순간 북한말이 튀어 나왔죠. 그래가지고 자기하고 사귀자는 거예요. 그래 나는 남자를 안 사귄다고. 나는 내 마음이 남자를 허용 안하는데 왜 남자를 사귀야 하냐고 그러니까 이 갓나새끼니 북한아지? 니 고자질해서 붙잡혀 가게 하겠다는 거예요.

중국 11년 거주자　중국에서도 내 13번 이사를 다녔어요. 피해다니느라고 그러죠. 이 마을에서 살다가 고발 있으면 또 다른 마을로 이사를 가고.

중국 8년 거주자 무조건... 사람이 국적 없이 어떻게 살아요. 막말로 아 중국에서 소나 짐승들도 자기 귀에 다 국적 박고 있는데 호적이 있는데... 우리 촌장이 우스게 소리로 그랬어요. ○○씨는 정말 우리 동네는 소도 다 호적이 있는데 ○○씨는 호적이 없어서 어쩌냐고. 막 그랬었어요. 그러면 나 울면서 그런 애기 하지 말라고.

참여자들은 안전한 피난처를 중국으로부터 제공받지 못했기 때문에 다양한 어려움을 경험하였다. 참여자들이 북한 여성이라는 사실을 알게 되면 주위의 사람들은 자신들이 시키는 대로 일을 하지 않거나 눈 밖에 나면 고발하겠다고 협박하였다. 한 참여자는 "아줌마들도 고자질해요. 고자질 하거든요. 그래가지고 그 사람들한테 조금만 잘못 보이면 거기서부터 우리가 많이 위축되었어요. 당당해야 되는데 당당하지 못하고 항상 위축되어 있거든요. 그 여자는 내한테서 그걸 약점을 잡아가지고 많이 나한테 압력을 가한 거라. 니 조금 그래봐라. 내 가만 안 둬버린다. 그저 이렇게 말해요. 많이 위축되었어요."라고 하였다.

실제로 참여자들 중 다수는 중국에서 추방당해서 북한의 감옥에서 고문 등의 어려움을 경험하였다. 북한 감옥에서의 고통스런 경험을 통해 참여자들은 북한에서의 생활을 포기하고 다시 중국으로 탈출하였다. 따라서 북한에서 재탈출하여 중국에서 사는 이북이주민들은 다시 북송되는 것에 대해 더욱 두려움을 가지게 된다. 한 참여자는 "북한 여자들이 힘들게 모두 살았어요. 시골에서 너무 고생하면서... 거기서 북한으로 한번 잡혀가면 또 괜찮은데 어떤 여자들은 세 번, 네 번씩 북송되는 여자 많거든요. 북한 감옥, 말로 표현할 수 없어요. 들어보면 눈물겨운 일도 많고... 고생도 엄청 하는 거죠."라고 하였다.

건강권을 보장받지 못함

건강은 인권의 기초이며 건강권right to health은 보건의료만을 규정한 것이 아니며 건강한 삶을 살아야 할 사람들에게 필요한 광범위한 사회경제적 조건까지 포함하는 것이다(Gostin, 2001). 중국에서 불법체류자로 규정되고 있는 이북이주민들은 건강권을 보장받기는 어렵다. 하지만 이북이주민들은 최소한의 인간다운 생활을 유지하기 위한 신체적, 심리적, 정신적인 건강을 보장받아야 한다. 왜냐하면 건강은 인간의 기본욕구 중의 하나이며 삶을 살아가기 위한 필수적 사항이기 때문이다. 참여자들은 건강권의 포괄적인 권리의 문제를 논하기에 앞서 생존을 위협하는 신체적 질병을 치료받을 수조차 없었다. 참여자들은 질병을 치료하는 비용도 문제이었지만 의료기관에서 치료받을 경우에 자신의 신분이 노출될 수 있기 때문에 병원에 갈 수가 없었다.

> 중국 10년 거주자 　그때 당시 자꾸만 내가 먹으면 토하고 먹으면 토하고 그러는 거예요. 그래가지고 내가 딱 위가 허는가 보다 했어요. 위가 염증이 왔나보다 해서 입이 막 살점이 뚝뚝 떨어져요. 위가 막 헐어가지고. 이 병이 또 도지는 병이다. 먹으면 토하고 먹으면 토하고.
>
> 중국 7년 거주자 　제가 몸이 정말로 건강한 여자였어요. 근데 중국에 물이 맞지 않아 가지고 이질에 걸려가지고 다섯 달 동안 앓았어요. 그런 걸 다섯 달 동안 하니까 사람이 살이 쏙 빠지더라고요. 너무너무 아팠어요 내가. 그래 길에 앉아서 혼자서 울었어요. 내 인생이 하도 가련하고 불쌍해서.
>
> 중국 11년 거주자 　배가 막 아팠거든요. 배가 아파 굴렀죠. 옆에 사람도 없죠. 큰 병원 가자하니까... 돈 하나도 없죠. 그다음에 그저 치료를 해야겠는데 돈이 있습니까? 없지. 그래 밤 8시부터 밤 11시까지 그 이런... 콘크리트 바닥에서 누워 앓는단 말입니다. 누구도 동정하는 게 없고, 하나 도와주는 게 없습니다. 그다음 마지막에 악이 났거든요. 그래서 계단을

벌벌 나와서... 나는 이대로 못 살겠다고, 독약 달라고. 이래도 죽고, 저래도 죽고... 돈이 없어 치료도 못 받는데 내가 살아 뭐하겠는가. 독약 달라고, 내 죽겠다 그랬죠.

어떤 참여자는 인신매매로 결혼을 했지만 계속 질병으로 고통을 호소하자 그 집에서 쫓겨나기도 하였다("내가 너무 아프니까 가라 하더라고요. 그 집에서 내가 한 석 달 아팠어요. 일어나지 못했어요. 석 달을 일어나지 못했어요. 그러니까 집에서 나가래요"). 그리고 대부분의 이북이주민들은 중국에서 건강을 제대로 돌보지 못하였기 때문에 한국으로 이주한 이후에 심각한 건강문제로 고통을 받는다. 이들이 남한으로 이주한 이후에 정신건강의 문제도 심각하지만 중국에서 긴장한 탓에 나타나지 않았던 신체적 건강의 문제도 심각하게 나타난다(엄태완, 2009a). 한 참여자는 "중국에서 공안들이 언제 잡으러 오나 이 신경에... 그 다음에 힘들게 일하러 다니면서 고생한 것이 그게 지금 여기(한국) 와서 맥을 탁 놓으니까 나타나는 것 같아요. 엄청 아파요. 두 어깨가... 다리가 또 아프니까. 출혈도 하고 그러니까 무릎도 막 아프더라고... 다리가 맥이 없고..."라고 하였다.

차별과 고립

중국은 이북이주민들을 불법체류자로 규정하면서 법적인 어떤 보호 장치도 하지 않고 있다. 따라서 중국에 있는 이북이주민들은 수없이 많은 차별적 상황 속에 노출되어 있다. 그렇기 때문에 이들의 사회적 활동은 제약될 수밖에 없다. 즉 사회적으로 고립된 생활을 할 수밖에 없다. 참여자들은 차별을 넘어 무시와 조롱, 그리고 고립된 채 살아가고 있었다.

중국 8년 거주자 거기 가서 이제 그 공부를 하는데... 애들이 북한에서 온 아이들보고 이북에서 왔다고 거지라고 그랬거든요.

중국 7년 거주자 한족이 팔아넘기면서 조선 여자들이 말을 모르니까 소나 말처럼 막 일 시켜라 이러더라고요. 그렇게 하더라는 거예요. 와 그 소리 들으니까 얼마나 억울하고....

중국 10년 거주자 그러니까 그냥 그저 내가 기분 나쁜 것도 다 참아주고. 그냥 그저 내가 무시당하고 그렇게 살았거든요. 모든 것은 혼자 다 해결해야 했어요.

참여자들은 중국에서 어떤 상황에서도 법 앞에 인간으로서 대우받을 권리를 가지지 못했다. 참여자들은 법적인 보호를 받아야 하는 상황에서 오히려 현지인들에게 협박을 당하였다. 한 참여자는 자신의 딸이 성폭행을 당하고 나서 현지인이 자신에게 어떻게 하였는지를 회고하였다. 그녀는 "(자신의 중국인 남편에게 딸의 성폭행에 대한 배상을 언급하며) 배상은 주겠는데... 배상을 해주고 나서 네 와이프를 고발하겠다. 돈을 받겠나, 와이프가 고발당하겠는가. 이래 엉뚱한 일이 어디에 있어요. 손해배상 받자니 내 처지가 그렇지. 이러지도 못 하고, 저러지도 못 하고 밭에다 막 땅치고 울었어요."라고 하였다.

또 다른 참여자는 성폭행을 당했지만 자신들이 북한으로 추방될까봐 신고도 하지 못했다고 하였다("진짜 내가 정정당당하게 거기서 또 호적이나 있고 하면 여기로 같으면 성폭행 같은 거 이렇게 신고라도 해버리면 그 사람들이 죄 값은 받을 거 아니에요. 근데 뭐 신고해버리면... 나 아무것도 없는데. 그다음에 뭐 북송되어서 고생할거 생각하면 뭐 죽어야 되는데... 근데 나는 내 자체가 그것이 안 되기 때문에 어디 가서 하소연 할 때가 없는 거예요").

새로운 선택

북한을 떠난 이북이주민들의 최종 목적지는 남한이나 세계 각국이 아니라 중국이었다. 그들은 중국에서 일시적으로 기거하면서 친척에게 혹은 취업을 해서 식량이나 경제적 이득을 취한 후에 다시 북한으로 돌아갈 계획으로 탈북한 사람들이 대부분이었다. 그러나 이북이주민들은 중국에 거주를 지속하면서 지금까지 자신의 삶의 방식과 사고에 변화를 일으키는 체험들을 하게 된다. 처음에는 이것이 무엇인가라고 잠시 망설이다가 자신의 가치관, 세계관 그리고 기존의 지식체계를 수정하기를 시도한다.

중국의 삶이 북한에서 상상하던 것과 차이 나는 현실적 체험 및 TV나 직간접으로 듣는 한국이나 세계 각국의 생활을 통해 다른 세상이 있음을 서서히 받아들인다. 그리고 이들은 각자 다른 계기 속에서 남한이나 다른 지역으로의 이동을 결심하게 된다. 이북이주민들은 다양한 상황에 직면하여 중국을 떠나 남한이나 제3국으로의 이동을 결정한다. 그것들은 중국에서의 불안정, 보다 더 나은 삶을 위해, 그리고 사고틀의 전환 등이라 할 수 있다. 어떤 경우에는 보다 특별한 사정으로 중국을 떠날 수밖에 없다. 예를 들면, 이북이주민 부부가 중국에서 불법으로 살고 있을 경우에 자녀들이 학교에 입학해야 하는 시기가 되면 남한 혹은 합법적 지위를 보장받을 수 있는 국가로 이주해야 한다. 왜냐하면 이들의 자녀들은 중국학교에 입학이 되지 않기 때문에 남한이나 다른 합법적 거주를 할 수 있는 지역으로 이주를 선택할 수밖에 없다.

> 이북이주민 남 　중국 핸드폰으로 한국사회에 대해서 쭉 다 얘기해주더란 말입니다. 그래 그때 무슨 거짓말 같은 소리를. 그저 한 50~60%는 맞고 나머지는 그저 거짓말일 것이다... 그렇게 생각하면서 그저 한 일 년 정도 흘렀습니다.
>
> 이북이주민 여 　배운 거라고는 그저 우리는 남조선 괴뢰도당 타도하자고 이렇게 구호만 부르던 사람들인데... 갑자기 그거 인식하기 진짜 힘들었어요. 근데 중국에서 위성을 사서 TV를 매일 많이 보니까. 아 저런

나라도 있긴 있나. 자본주의 사람들 막 간도 뜯어서 팔고, 머리도 막 뜯어 죽는다던데. 근데 옆집 친척이 와서 가자고 하고, 위성으로 보니까 한국으로 가는 방법도 보이고....

이북이주민 남 신분증도 가짜지. 애기 태어나면 그때 생각하기는 이렇게 힘들어. 나처럼 (아기가) 스트레스 받고 살게 할 수 없다. (중략) 자꾸 잡아서 넘기고 하니까... 감옥생활을 하제. 심지어 또 다 죽이지. 처형하지. 그렇게 하니까 더 갈 데 없으니까 오직 한국으로 갈 길 밖에 없다. 왜? 한국은 같은 민족이고, 같은 나라인데... 이 한국으로 가야 산다. 중국에 아무리 오래 있었다 해도 국적이 없기 때문에 계속 숨어살아야....

우리의 디아스포라, 갈등과 상생

이북이주민들은 장기적으로 중국에 거주하는 사람들뿐만 아니라 일시적으로 출입하는 사람들도 시간이 지나면 북한과 중국 사이에서 정착지를 고민하는 것이 아니라 남한과 중국 중에서 선택하려고 한다. 이러한 고민의 결과를 행동으로 옮긴 이북이주민들이 현재 남한에 정착하고 있다. 이들 중 다수의 사람들은 여전히 남한, 중국, 북한과 직간접적으로 관련되어 있다(주로 북한과 중국에 있는 가족이나 친지들을 경제적으로 지원하거나 남한으로 이주시키기 위한 것 등임).

1990년대 후반부터 이북이주민들이 급격히 증가하기 시작하면서 남한 입국의 주요 통로는 중국 내 외교공관 및 관련시설을 활용한 기획입국이었다. 그러나 중국을 통한 남한 입국 대기시간이 최대 2년여까지 장기화되면서 기획입국은 2004년부터 급격히 줄어들었고, 대신 태국 등 동남아 국가를 통한 입국이 급격히 증가되고 있다. 2016년 11월 입국자 기준으로 남한 내의 이북이주민은 잠정적으로 3만 여명이다. 하지만 남한으로 이주하여 현재 지역사회에 살고 있는 이북이주민들은 2만 7천여 명이다(통일부, 2016). 이는 사망, 주소불명, 그리고 남한을 다시 떠난 사람들이 제외되어 있기 때문이다.

남한에 정착 중인 이북이주민의 인구사회학적 특징을 보면 다음과 같다(통일부 내부자료의 재구성, 2016년 11월 기준). 첫째, 2000년 이후 여성의 비율이 급격히 증가하여 2006년 이후 70% 이상이 여성이며, 최근에는 80% 정도로 여성이 차지하는 비율이 높다. 둘째, 연령별로 보면 20대와 30대가 가장 많아서 약 60% 정도를 차지하고 있다. 셋째, 재북 당시의 직업을 보면 무직자가 대략 50%, 노동자라고 답한 사람들이 약 40%이다. 넷째, 학력을 보면 대략 70% 정도가 중학교(구. 고등중학교)를 졸업한 사람들이다. 다섯째, 출신지역을 보면 60% 이상의 이북이주민들이 중국 국경 근처인 함경북도 사람들이다. 여섯째, 이북이주민의 지역적 분포를 보면 수도권(서울, 경기, 인천)의 집중현상이 두드러져서 전체 이북이주민 중 대략 65% 정도가 수도권에서 살고 있다. 이들은 남한에서 일정기간의 조사와 교육을 받은 후 지역사회에서 살게 되며, 남한의 제도적 지원 아래에서 생활하게 된다.

일방적 지원으로부터의 갈등

현재 이북이주민 지원은 1997년 『귀순북한동포보호법』을 『북한이탈주민 보호 및 정착지원에 관한 법률(이하 이북이주민 지원법)』로 개정한 법률에 근거한다. 이 법률은 일부 내용의 수정 및 보완 과정을 여러 차례 거쳤지만 지금까지 주요 골격을 그대로 유지하고 있다. 이북이주민 지원법은 1994년 김일성 사망에 따른 체제 붕괴 가능성과 90년대 중반 북한의 잇단 자연재해로 아사자가 대규모로 발생함에 따라 향후 닥칠 수 있는 이북이주민의 대거 남한 유입을[6] 겨냥한 법제도 정비라는 특수한 목적성 하에 동포애와 인도주의 원칙에 입각하여 이전 이북이주민 관련 법규가 지녔던 이념성과 정치성을 많이 배제하였다(서유경, 2013: 308).

이북이주민 지원법이 인도주의와 동포애에 근거하고 있다고 명시적으로 확인하고 있지만, 과거 관련 법률의 변화 과정을 보면 시대적 상황에 따라 다른 차원으로 지원정책이 이루어졌음을 알 수 있다. 우선 1962년 『국가유공자 및 월남귀순자 특별원호법』이 제정되기 이전에는 이북이주민에 대한 정책적 지원은 찾아보기 어려울 정도로 미약했다. 이 법률 이전의 시기에 이북이주민들은 단지 군사 안보의 차원에서 수용되면서 체제의 활용 도구로 간주되었다. 이 법률이 제정된 이후에 이북이주민들은 국가유공자에 준하는 대우를 받음으로써 이들의 남한사회 적응에 일대 전기가 마련되었다.

이후 국가유공자 관련 법률에 포함되어 있던 이북이주민 관련 규정이 1978년 『월남귀순용사 특별 보상법』으로 통합되어 수혜의 폭이 이전에 비해 월등하게 높아졌다. 이는 남한의 경제성장과 함께 체제선전을 위한 이북이주민의 활용가치의 상승이라는 복합적인 작용으로 인한 결과이었다. 이 법률에 근거한 이북이주민의 특혜적 성격의 지원은 남한 내 저소득층과의 형평성 문제, 급증하는 이북이주민으로 인한 예산 확보의 어려움 그리고 체제안정으로 인한 이북이주민에 대한 인식 변화로 재검토되었다. 이에 따라 1993년 『귀순북한동포보호법』으로 개정되어 실제 지원 금액의 인하와 다양한 지원 항목들이 임의 규정으로 변화되었다. 이후 통일대비적 차원의 성격을 가지는 현재의 이북이주민 지원법으로 개정되었다(윤여상, 2001: 290~292).

---

6. 실제로 1993년까지 매년 10명 이하의 이북이주민들이 남한으로 입국하였으나, 94년 52명, 95년 40명, 96년 56명으로 증가하였다(통일부 홈페이지).

이와 같이 이북이주민에 대한 지원정책은 시대적, 상황적 요인들이 복합적으로 작용하여 다르게 변화되었으며, 주로 정치적 고려들이 포함된 정책적 의지의 반영이었다고 할 수 있다. 현재 이북이주민 지원법에 근거한 지원은 시혜적 차원에서 자립과 자활 중심으로 추진 방향을 전환하고 있으며, 그 동안의 시행착오에서 얻은 경험들을 정책으로 전환하기 위해 노력하고 있다. 이를 위해 정부는 이북이주민 지원법을 일부 개정하여 취업지원을 강화하고, 적응센터(하나센터)에 대한 법적인 근거, 이북이주민 청소년에 대한 예비학교를 설립할 수 있는 근거 등을 마련하였다. 또한 지역사회에 편입하는 과정에서 민간 차원의 정착지원 서비스를 총괄할 수 있도록 '북한이탈주민후원회'를 '북한이탈주민지원재단(남북하나재단)'으로 확대 개편하였다(엄태완, 2011b). 이북이주민들을 지원하는 주요한 민간기관인 사회복지관, 대한적십자사, 그리고 다양한 NGO들은 각 기관의 특성에 따른 원조를 계획하거나 실시하고 있다.

그러나 이러한 지원정책과는 달리 이북이주민과 남한주민 모두에게서 나타나는 불만은 점점 두드러지고 있다. 이북이주민들은 남한 체제를 선택한 것에 대한 보상 및 지원과 동시에 국민으로서 평등한 대우도 요구하고 있다. 또한 이들은 남한사회에서 차별과 무시를 받는다는 인식을 강하게 가지고 있다. 실제로 이북이주민들은 다음과 같이 인터뷰하기도 한다. "못 사는 나라에서 왔다고 깔보는 것이다. 내가 미국에서 왔다면 이렇게 대하겠는가?", "내 나라 사람이라고 받았으면 똑같이 해야 하는데 신분증 주는 것 외에 대담히 내 사람이라고 이 나라가 받아들이지 못하고 있다. 진심이 아닌 것 같다"(박영자, 2011: 15).

한편 이북이주민들은 남한사회에 대한 불만을 넘어 구체적으로 탈남이라는 개인적 시도를 하기도 한다.[7] 남한주민들도 이북이주민들과 자신들을 동등한 인격체로 인식하지 않으며, 단순한 호기심, 동정심 혹은 배타적인 의심 등의 복합적 감정을 가지고 있는 것으로 나타났다. 또한 남한주민들은 북한이탈주민에 대한 관념적인 긍정적 태도와 실제 행동의 부정적 태도라는 이중적 태도를 보였다(정은미·송영훈, 2012). 곽승준 등(2015)이 이북이주민 지원 사업의 경제적 가치와 이들에 대한 남한주민들의 사회적 수용성을 조사한 연구에 따르면, 남한주민들은 이북이주민 지원 사업의 운용을 위해 연간 평균 5,241원을 추가적인 소득세로 납부할 의사가 있는 것으로 나타났다. 그러나 이 조사에서 응답자의 절반이 넘는 응답자들이 지불을 거부하였다는 점에서 확인할 수 있듯이, 소득세 지불의사 관점에서 남한주민들의 이북이주민에 대한 사회적 수용성은 그리 높은 수준이라고 볼 수 없다(곽승준 외, 2015: 32).

이북이주민들의 지원은 법률에 근거하여 명시된 원칙과 그 이면에 내포된 상황 원리가 다르게 적용되기도 한다. 남한사회와 정부가 이북이주민의 안정적 정착을 지원하는 일은 보편적 인도주의 및 동포애와 더불어 통일의지와 능력을 보여주는 자신감의 표출이자, 미리 통일준비를 학습하는 기회라고 보기도 한다(김화순·최대석, 2011: 55). 이렇게 이북이주민들과 관련된 남한사회와 정부의 이중적 관점은 사회적 갈등을 불러일으키는 원인이 될 수도 있다. 현재 이북이주민들과 남한주민들 간에 상호 불만이나 불일치 또는 긴장이 잠재되어 있거나, 대중적으로는 인식되지 않고 있지만 점차 현재적 갈등으로 드러나고 있다고 볼 수 있다. 우리 사회에서 표면화되기 시작한 이북이주민들의 지원에 대한 사회적 갈등을 합의의

---

7. 이북이주민의 구체적 탈남 현황은 정부가 공식적으로 발표하지 않아 알 수는 없지만, 2013년 한 해 동안 탈북자들의 영국, 캐나다. 미국 등의 난민 신청은 4백 80건이었으나 승인된 건수는 71건이고, 나머지 4백 12건은 기각되었다(『Voice of America』, 2014년 6월 24일)는 뉴스를 통해 볼 때 다수의 이북이주민들이 남한 정착 이후에 난민 신청을 한 것으로 보인다. 왜냐하면 탈북자의 난민 승인 거부의 중요한 근거 중의 하나가 남한 거주 경력이기 때문이다. 최근에는 북한으로 재입북하는 사례들도 등장하고 있다.

과정으로 나아가게 하기 위해서는 상호 신뢰를 바탕으로 해야 한다. 그렇지 않으면 단순히 경제적 지원의 형평성이라든지 사회적 분배의 효율성 논쟁으로 갈등이 심화될 수 있다.

더구나 이북이주민들에 대한 금전적 지원에 대한 남한주민들의 시선은 인도주의적 입장에만 국한되어 있는 것이 아니다. 실제로 많은 이북이주민들이 남한주민들의 세금타령에 상처를 받기도 한다. 사실 이북이주민에 대한 주요 지원 내용을 보면, 기본금, 장려금, 가산금, 주거 지원금, 고용 지원금, 생계 급여 등 금전적 지원이 대부분을 차지하며, 이북이주민들도 가장 중요하게 관심을 가지는 부분이다. 여기서의 논란은 생계급여를 제외한다고 하더라도 이북이주민을 위한 여타의 현금 급여와 이를 지원받지 못하는 남한의 저소득계층과의 형평성 문제이다. 이와 더불어 이북이주민들은 과연 '남한사회에서 생계급여를 포함한 경제적 분배 몫을 받을 자격이 있는가? 있다면 어떤 근거에 의하며 그 수준은 어떠해야 하는가?'라는 구체적 질문의 대상자가 된다. 이는 상당히 애매하고 복잡한 차원의 문제들이라고 할 수 있다.

상생으로의 전환

이북이주민 지원의 여부와 수준의 정도를 두고 이분법적으로 논의를 지속한다면 우리 공동체의 상극相剋적 대립만 남을 것이다. 그 과정에서 인간답게 살지 못하는 이북이주민들이 늘어나게 될 것이며, 이들을 포용하여 새로운 에너지를 얻지 못한 남한사회는 또 다른 문젯거리 혹은 혼란의 해결과제를 떠안게 되는 것이다. 그렇다면 우리 공동체의 관심으로 부각되고 있는 이북이주민 문제를 어떻게 접근해야 할까. 일차적으로 이북이주민에 대해 문젯거리로 보는 관점에서 역동적 변화의 매개체로 바라보아야 한다. 이북이주민에 대해 지원이냐 비지원이냐, 이득이냐 손해냐,

한민족이냐 이방인이냐 등과 같은 논쟁은 우리 사회의 갈등만 증폭시킬 뿐이다. 즉 이러한 상극적 논쟁의 지속은 이북이주민들에게 실제적, 정치 경제적인 맥락에서 도움이 되지 못하며 여전히 고통 받는 일상 속의 수동적 희생물로만 이들을 간주하는 것이 된다.

이 상황에서 보다 적극적이고 남북주민 모두에게 상호교류적인 담론을 이끌어내려는 노력이 필요하다. 여기에서 우리는 '자신만이 아니라 다른 사람과 생명체 및 모든 존재의 소중함을 인정하여 자신의 권리와 똑같이 이들의 정당한 권리를 존중하면서 이들과 서로 도우면서 함께 살아감'을 말하는 '상생相生'(이근식, 2005: 100)에 주목하게 된다. 북한에서 출발한 이북이주민들은 우리 사회 전체를 움직이는 상생의 유목민들이다. 다시 말하면, 이들은 동아시아를 역동적으로 움직이면서 상생을 시험하고 동시에 기회를 제공하는 존재라고 할 수 있다.

인간을 포함한 모든 생명체가 서로 존중하며 함께 살아야 한다는 동양사상은 유구한 역사만큼 폭넓게 존재한다. 예컨대 간디의 아힘사ahimsa[8] 사상에서 찾을 수 있다. 간디는 모든 생명을 범하지 말 것을 역설한 생명존중 사상가이다. 간디는 자신의 생명을 유지하기 위해 세균, 채소, 해충, 뱀 등 다른 생명을 죽일 수밖에 없음에 대해 고통스러워했다. 다음의 내용은 인간의 생존권 보장 차원을 넘어선 보다 궁극적인 생명의 문제를 제기하고 있다. "육신의 삶을 지속하려는 욕구가 끊임없는 힘사(살생)에 내 자신을 연루시키고 있다는 사실을 나는 고통스럽게 자각하고 있다. 바로 그 때문에 나는 내 육신에 대해 점점 무관심해지고 있다. 예를 들면, 나는

---

8. BC 3000년 경 고대 산스크리트의 베다 전통에서 아힘사 교의를 찾을 수 있다. 그것은 한 마디로 '불살생', 즉 '모든 살아 있는 존재에게 나쁜 마음을 품지 않음'을 의미한다. 이러한 교의(계율)는 불교, 힌두교, 자이나교의 전통 속에서 계속 유지되어 왔다 (Pluhar, 1998: 163, 박찬구, 2012: 57에서 재인용).

숨 쉬는 행위에서 내가 공기 중에 떠다니는 보이지 않는 수많은 세균을 파괴하고 있다는 점을 알고 있다. 하지만 나는 숨쉬기를 중단하지 않는다. 채소를 소비하는 일에도 힘사가 들어 있지만, 나는 그것을 포기할 수 없다는 점을 자각하고 있다."(허우성 역, 2004: 360). 간디는 현실에서 아힘사를 완벽하게 지키는 것이 불가능하더라도 폭력이나 살생의 최소화가 생명 존중을 위한 대안이라고 보았다. 이는 모든 생명의 본래적 가치와 평등함에 대한 인식에서 비롯된 것이다. 마찬가지로 조금의 감수성이라도 가진 사람이라면 이북이주민의 고통과 어려움을 외면할 수 없을 것이다.

이에 여기서는 남북주민들이 상생하여야 한다는 관점 속에서 이북이주민들을 보다 역동적으로 재조명할 것이다. 즉 이북이주민에 대한 관점이 단지 지원 대 비지원, 동일민족 대 이방인, 인권 대 인권침해 등의 차원으로 이분화 되어 있는 상황에서 모든 생명의 존엄과 권리를 중요하게 생각하는 상생 개념을 바탕으로 이북이주민에 대한 우리의 담론이 갈등과 대립이 아닌 인간, 생명 중심으로 이동되도록 단초를 제공하고자 하는 것이다. 그리고 이북이주민들의 실제적인 정치경제적 가치 이상의 그 무언가에 초점을 맞출 것이다. 즉 이들의 이동 결과로 우리 사회에 카오스적 새로운 에너지를 가져다준다는 의미로 본다는 것이다. 또한 이북이주민 지원에서의 갈등은 우리 사회의 분배에서 사회정의의 문제를 부각시키게 되며, 이들의 삶, 그리고 한 명의 인간으로서의 존엄성이라는 화두는 인권 개념을 불러오게 되는 것이다. 따라서 우리 사회의 디아스포라, 그리고 노마드로서의 경험을 가진 이북이주민들과 더불어 상생하기 위한 첫 단초는 '사회정의'와 '인권'에서 찾을 수밖에 없다.

2장:

공존의 관점: 롤즈의 정의론 중심으로

롤즈는 국민들이 정당한 기대치를 충족시킬 수 있는 충분한 사회적 최소치의 보장을 위해서는 국가기구의 분배 역할이 우선이고, 시장기제의 분배역할은 여기에 종속된다고 언급한다. 이러한 거대 담론은 이북이주민 지원이라는 특정 주제를 넘어 우리 사회 전체의 기본 구조 속에서 다루어져야 할 것이다.

왜 '정의론'인가

남한주민들은 이북이주민 지원에 대해 의문을 제기하거나 분노감을 표시하기도 한다. 반대의 경우로 이북이주민들도 남한사회의 정책과 주민들의 호의에 감사함을 표현하기도 하지만 일부는 남한의 정책과 주민들의 태도에 아쉬움을 드러내기도 한다(정은미·송영훈, 2012). 이는 이북이주민 지원에 대한 사회적 합의의 과정을 거치지 않아 나타난 현상이다.

우선 우리 사회에서 표면화되기 시작한 남북주민들의 갈등을 사회적 합의 과정으로 나아가게하기 위해서는 모두가 신뢰할 수 있는 이북이주민 지원에 대한 규범적 준거를 확인할 필요가 있다. 그렇지 않으면 이북이주민들의 우리 사회 기여에 대한 의문, 남한주민들만의 배분적 몫을 이북이주민들에게 지원한다는 불만, 남한사회의 다른 사회적 약자와 지원의 형평성 문제, 여기에서 파생되는 이북이주민에 대한 편견과 차별 등이 끊임없이 제기될 것이다. 또한 지금은 소수의 이북이주민에 대한 지원이기 때문에 상황에 따른 정책적 의지를 충분히 반영할 수 있지만, 대규모의 탈북으로 인한 이북이주민들의 남한 입국이라든지 남북통일의 상황에서는 경제적 지원을 포함한 정책들이 사회의 기본 구조 차원에서 이루어지지 않으면 감당할 수 없게 될 것이다.

그렇다면, 이북이주민 지원에 대한 규범적 준거 틀을 논의하고자 할 때 어떤 이론들에서 출발할 필요가 있겠는가. 우선 이들의 지원에 대한 보다 근원적 탐색을 위해서는 철학적이고 윤리적인 논의가 필요한데, 필자는 여기에 합당한 이론으로 사회정의론을 제시하고 싶다. 왜냐하면 이북이주민 관련 정책을 단순히 경제적 효율성으로만 판단할 수 없기 때문이다. 이북이주민 관련 정책은 인권 문제와 사회적 배제를 바탕으로 하여, 세부적으로는 지원 방식의 형평성과 관련된 문제가 있으며, 우리 사회 전체로는 남북주민 간의 갈등의 문제, 그리고 더 나아가 통일비용의 문제까지 포괄적으로 고려해야 하는 분야이다.

이러한 사회적 갈등의 요인을 합당한 방법으로 사회적 합의를 이룰 수 있는 근거를 논의할 수 있는 이론으로 사회정의론이 가장 적절하다고 할 수 있다. 필자는 그 중에서도 롤즈(J. Rawls)의 정의론(A Theory of Justice)을 중심으로 살펴볼 것을 제안한다. 롤즈의 정의론은 서구 사상을 지배하고 있는 공리주의에 대한 대안적 이론으로서 효율성이 보다 중요하게 부각된 시대에 권리, 정의 등의 다른 사회적 가치도 고려하게끔 만든 이론으로 평가받고 있다(박만섭, 1999: 51~52). 특히 롤즈는 인권을 정치사회 성립 이전에 인간으로서 가지는 권리로 이해하는데, 이는 특정 지역에서 지지되는지 여부와 상관없이 모든 국민과 사회를 구속하는 정치적·도덕적 효력을 지니는 것으로 파악된다(장동진, 2003).

우리 사회의 남북주민의 갈등과 통합의 문제들은 전문성을 바탕으로 하는 정책적 의지만으로는 해결하기가 어렵고 이는 사회적 합의의 과정이 필요하며, 여기서 공정한 절차적 과정은 더욱 중요하다. 따라서 사회적 원리를 합의하는 절차적 과정을 최고의 덕목으로 주장한 롤즈의 정의론을 주목할 수밖에 없다. 롤즈는 기본적으로 시장체제를 개인의 자유와 권리가 실현될 수 있는 사회경제적 기제로 정당화하는 한편, 시장체제의 효율성을 들어 이를 정당화하기도 한다(윤홍근, 1994: 316). 롤즈가 자유민주주의 시장체제를 기본적으로 인정한다는 점에서 그의 관점의 실제적 활용 가능성은 우리 사회에서 더욱 높다. 그러한 입장에도 불구하고 롤즈는 시장체제의 분배적 기능을 인정하는 데에 회의적이다. 롤즈는 사회경제적 영역에서 국가의 재분배 역할을 강조하며, 국가의 시장질서에 대한 개입을 정당화하고 있다(윤홍근, 1994: 317). 따라서 롤즈의 정의론은 이북이주민 관련 정책에서 새로운 관점을 제시할 조건을 갖추었다고 볼 수 있다[9].

롤즈의 정의론

롤즈는 정의론에서 사회계약이론을 바탕으로 일반화된 정의의 원리들을 제시하였다. 롤즈에 의하면 도덕적 또는 정의로운 원리는 자유, 합리성, 평등, 지성과 같은 이상적인 조건하에서 상호 간에 인식하는 정도에 한해서 타당성이 갖추어진다고 하였다. 이러한 원리들에 근거하여 사회 협동체에 참여한 사람들은 하나의 공동 결의를 통해 기본적인 권리와 의무를 할당하고 사회적 이득의 분배를 정해 줄 원칙들을 함께 채택한다. 사회 협동체에 참여한 사람은 합리적인 반성으로 무엇이 자신의 선인지를, 다시 말하면 그가 추구할 합리적인 목적의 체계가 무엇인지를 결정해야 하듯이 사람들의 집단은 그러한 목적 체계 가운데서 무엇이 정의와 부정의

9. 이후의 내용들은 저자의 '북한이탈주민 지원정책의 방향 모색: 롤즈의 정의론을 중심으로(북한학연구, 제11권 제1호)'에 포함된 내용들이 재정리됨.

로 간주될 것인가를 한꺼번에 정하게 된다(황경식, 2003: 45~46). 롤즈는 사회계약론적 방법에 의거해 사회구성원들이 만장일치로 합의할 수 있는 정의의 원칙을 도출하고자 하였다.

공정으로서의 정의

롤즈의 정의론의 방법론적 특징은 '공정으로서의 정의justice as fairness'에 있다. 롤즈는 정의가 무엇인지를 직접 언급하기보다는 공정한 절차에 의해 합의된 것이면 정의로운 것이라는 순수 절차적 정의를 제시한다(황경식, 2006: 173). 롤즈에게 정의란 연산의 결과가 아니라 모든 연산의 전제가 된다. 정의는 최대행복이라는 결과보다는 그 행복을 연산하는 산출 근거이다(황경식, 1984a: 232). 롤즈는 사회의 기본 구조에 대한 정의의 원칙들이 원초적 합의의 대상이라고 한다. 그 원칙들은 자신의 이익 증진에 관심을 가진 자유롭고 합리적인 사람들이 평등한 최초의 입장에서 그들 공동체의 기본 조건을 규정하는 것으로 채택하게 되는 것들이다(황경식, 2013).

롤즈는 사회계약론을 받아들이면서 독특한 상황을 설정하게 된다. 롤즈는 사회정의를 순수 절차적 정의로 이해하고, 이를 완전한 절차적 정의 및 불완전 절차적 정의[10]로 구분하여 다르게 바라본다. 순수 절차적 정의란 정의로운 어떤 특정 결과가 정의로운 것인지를 판단할 수 있는 기준은 없으나, 다만 그 결과에 도달하기 위해 따라야 할 절차나 규칙이 있고, 그것에 따르기만 하면 저절로 정의로운 결과를 낳게 되는 경우이다(황경식, 2003: 136).

---

10. 완전한 절차적 정의는 정의로운 결과를 평가할 독립적인 기준도 있고, 그 결과에 도달할 공정한 절차를 모두 지닌다. 불완전한 절차적 정의는 정의로운 결과에 대한 독립적 기준은 있으나 그 결과에 도달할 절차가 없을 경우이다(황경식, 2003: 134~137).

순수 절차적 정의의 한 사례로 롤즈는 자발적으로 이루어지는 게임을 예로 든다. 참가자들 모두가 미리 합의한 공정한 규칙과 절차를 속이는 일이 없을 경우, 그 결과는 내용에 상관없이 정의로운 것이다. 절차의 공정성이 결과의 정의를 보장하는 것으로, 이는 롤즈의 공정으로서의 정의의 핵심이라고 할 수 있다(최문기, 1999: 258). 롤즈의 정의의 원칙은 모든 사람들이 공정한 합의와 선택 절차를 통해 보편적으로 인정하게 될 것임을 증명하고자 한다. 이러한 과정이 바로 롤즈가 말한 공정으로서의 정의라고 할 수 있다.

정의의 두 원칙

롤즈는 자유롭고 공정한 개인이나 집단의 행위가 보장되기 위해서는 정의로운 배경적 조건이 필요하며, 이를 위해 사회의 기본구조를 규제하는 정의의 원칙이 중요하다고 하였다. 이에 따라 개인 간, 세대 간에 존재하는 자연적 우연성과 사회적 지위, 역사적 우연 등에서 유래하는 사회적 우연성을 인생 전망에 있어서의 불평등으로 보고 제도적 장치에 의해 교정하고자 한다(황경식, 1984b: 54~55).

롤즈는 사회정의의 문제가 크게 두 측면을 가지고 있다고 보았다. 하나는 국민의 기본적 자유에 관한 문제이고, 다른 하나는 사회적·경제적 가치들의 분배에 관한 문제이다. 그는 이러한 두 가지 기본 문제를 해결하기 위해 두 원칙을 제시했다. 첫째 원칙은 광범위한 기본적 자유에 대하여 모든 국민이 동등한 권리를 누려야 한다고 규정한다. 여기서 말하는 기본적 자유는 민주 사회의 통념과 일치한다. 사회적 및 경제적 가치의 분배에 관한 둘째 원칙은 정당한 불평등의 기준을 밝히고자 한다(최문기, 1999: 262).

롤즈는 정의의 원칙이 도덕적으로 합당한 것이 되기 위해서는 다음과 같은 5가지 형식적 제한 조건들이 갖추어져야 한다고 규정하였다(Rawls, 1971: 130~136). 이것은 옳음의 개념에 따르는 제약이기도 하다. 첫째, 일반성Generality의 조건은 합의된 원칙이 그 표현에 있어서 일반적이어야 하며, 어떠한 고유 명사나 특정한 설명을 감추어선 안 된다는 것이다. 둘째, 보편성University 조건은 원칙들의 적용에 있어 보편적이어야 한다는 것이다. 셋째, 공지성Publicity 조건은 모든 당사자들은 자신이 공공적 정의관을 위한 원칙들을 선택하고 있음을 알아야 하며, 어떤 이의 무지를 전제로 택해서는 안 된다는 것이다. 넷째, 우선순위Ordering 조건은 정의관을 구성하는 원칙들 간에 축차적 서열이 매겨져야 하며, 이로 인해서 상충하는 요구들 간의 서열이 정해진다는 것이다. 다섯째, 최종성Finality 조건은 합의된 원칙은 최종적인 것이며 이후에 수정될 수 없다는 것이다. 계약당사자들은 이상의 형식적 제한 조건을 충족시켜 주는 대안들의 목록 가운데서 정의의 원칙을 선택하게 된다. 롤즈는 당사자들이 여러 대안들을 평가함에 있어 갖추어야 할 일정한 자격 조건을 규정하고 이러한 조건을 갖춘 도덕적 관점을 원초적 입장이라고 불렀다(최문기, 1999).

롤즈는 계약 당사자들이 '원초적 입장original position'에서 '무지의 베일veil of ignorance'을 쓰고 합리적이며 만장일치로 정의의 원칙들을 선택하게 된다고 보았다. 롤즈는 당사자들이 여러 대안들을 평가함에 있어 갖추어야 할 일정한 자격 조건을 규정하고, 이러한 조건을 갖춘 도덕적 관점을 '원초적 입장'이라고 불렀는데, 이는 전통적인 사회계약론에서 자연 상태라고 불렀던 것이다. 원초적 입장에서의 계약 당사자들은 대체로 두 가지 조건을 갖추어야 하는 데, 하나는 당사자들의 인지적 조건으로서 '무지의 베일'이고, 다른 하나는 동기적 조건으로서 '상호 무관심적 합리성'이다(최문기, 1999: 260).

무지의 베일에 있는 계약 당사자들은 사회에서의 자신의 지위나 계층을 모르며, 천부적 자산과 능력, 지능과 체력 기타 등등을 어떻게 타고났는지 모른다. 또한 각자는 자신의 심리적인 특성, 자신들이 속한 사회의 특수 사정도 모른다고 가정한다. 그러나 이들은 인간 사회에 대한 일반적인 사실들은 알고 있다고 인정해야 한다. 즉 계약 당사자들은 정치 현상이나 경제 이론의 원칙들을 이해하며 사회 조직의 기초와 인간 심리의 법칙을 알고 있으며 정의의 원칙을 선택하는 데 영향을 줄 모든 일반적 사실들을 안다고 가정된다(황수정, 2008: 127~128).

무지의 베일을 설정한 이유는 원초적 입장의 계약 당사자에게서 특정한 지식을 차단함으로써 여러 가지 자연적, 사회적 우연성으로 인한 개인적 차이를 배제하고, 그렇게 함으로써 원칙 선택의 과정에서 객관성 또는 공정성을 확보하며, 나아가서 특수한 정의 개념에 대한 만장일치의 선택을 가능하게 하는 데 있다(최문기, 1999: 259). 상호 무관심적 합리성으로 보면 계약 당사자들은 무지의 베일로 인해 자신의 가치관을 최대한 실현하고자 하며 타인에 대해 시기심도 이타심도 없는 무관심한 사람들이라는 것이다.

롤즈는 계약 당사자들이 원초적 상태에서 무지의 베일을 쓰고 있으나 합리적이기 때문에 그들이 선택하게 되는 정의는 일반적 정의와 다르다고 본다. 우선 당사자들은 '최소극대화maximin' 원리를 생각하게 된다는 것이다. 이 원리는 '최소 중의 최대maximum minimum'를 의미하는 것인데 일반적인 사람들은 최선의 경우보다는 우선 최악의 경우를 고려하여 이를 피하려는 성향을 드러내는 것으로 그 규칙이 주는 지침은 제시된 행동 과정을 취할 때 일어날 수 있는 최악의 경우에 주목하고 그에 비추어 결정을 한다는 것이다(김태길, 1990: 172).

롤즈는 또 다른 측면에서 원초적 입장의 계약 당사자들은 자신의 이익을 극대화하기 위한 합리성을 지녔기 때문에 불확실한 상황에서 기대되는 대안들 중에서 평균 효용이 가장 큰 것을 취한다는 '기대효용 극대화'의 원칙을 취한다는 입장이다(황경식, 2013). 그러나 롤즈는 '최소극대화'의 원리가 채택될 것이라고 전제한다. 왜냐하면 자신의 처지에 대해 무지의 베일에 가려져 있어 보험의 원리처럼 미래에 대해 비관적 전망 가운데서 신중하고도 보수적인 결정이 불가피할 것이라는 주장이다(황수정, 2008: 119).

이와 같은 원초적 입장과 당사자들의 성향을 바탕으로 롤즈는 다음과 같은 두 가지 정의 원칙이 합의될 것이라고 주장한다(황경식, 2003: 105~110). 첫째(제1원칙), 각자는 다른 사람들의 유사한 자유의 체계와 양립할 수 있는 평등한 기본적 자유의 가장 광범위한 체계에 대하여 평등한 권리를 가져야 한다. 둘째(제2원칙), 사회적·경제적 불평등은 다음과 같은 두 조건을 만족시키도록, 즉 (a) 모든 사람들의 이익이 되리라는 것에 합당하게 기대되고, (b) 모든 사람들에게 개방된 직위와 직책이 결부되게끔 편성되어야 한다.

롤즈의 정의의 두 원칙은 세 가지의 특수한 주장으로 구성되어 있는데, 우선 제1원칙은 '평등한 자유의 원칙principle of equal liberty'이며, 제2원칙의 (a)항은 '차등원칙difference principle'이고, (b)항은 '공정한 기회균등의 원칙principle of equality of opportunity'이다. 제1원칙에 의해 요구되는 모든 시민들의 기본적 자유는 정치적 자유, 표현 및 결사의 자유, 양심 및 사상의 자유, 인신의 자유 및 사적 재산소유의 자유, 임의의 체포 및 구금으로부터의 자유이다(황경식, 2003: 106).

롤즈의 정의론에서 원칙들 간에는 축차적 서열이 있으며, 제1원칙은 제2원칙에 우선하고, 다시 제2원칙 중 공정한 기회균등의 원칙은 차등의 원칙에 우선한다. 나아가서 제2원칙은 효율성이나 공리의 원칙보다 우선적으로 적용되어야 한다는 것이다(황경식, 2003: 400~401). 이러한 우선성의 규칙이 의미하는 바는 평등한 자유로부터의 이탈이 보다 큰 사회적·경제적 이득에 의해서 정당화되거나 보상될 수 없다는 것이다. 그리고 부와 소득의 분배는 반드시 자유 및 기회균등을 보장하는 한에서 허용되어야 한다는 것이다(최문기, 1999: 263).

이 원칙들은 기본적 권리 및 자유와 사회·경제적 불평등이 최소수혜자의 관점에서 그들의 이득이 극대화되거나 향상되는 경우에 정당화될 수 있음을 나타내고 있다. 여기에서 최소수혜자란 '자유와 자존심을 제외한 나머지 사회적 기본 가치의 분배에 대해 가장 적은 기대를 가지는 사회적 지위, 직책 또는 계층의 대표자들'을 의미한다(최문기, 1999: 264). 롤즈는 사회적 약자에게 최대의 이익이 주어지는 방식으로 분배가 이루어져야 함이 당연하지만, 만약 사회적 약자가 이익을 얻지 못한다면 사회적 불평등은 정당하지 않다고 본다(황수정, 2008: 121).

이러한 롤즈의 개념은 서구 근대철학을 지배해 온 대표적인 관념늘 숭의 하나인 사회계약에 관한 이론으로서는 현재 가장 정교하고 탁월한 설명을 제공하고 있다. 국가를 비롯하여 모든 사회제도들의 기원이 사회계약으로부터 결과된 것이라는 관념은 지금까지도 보편적인 서구 사상인데, 연금제도에 대해서는 세대 간 계약으로, 양성평등을 위한 정책 및 제도는 성별gender 계약으로 사고하게 한다(이은아, 2008: 138). 이북이주민들을 위한 지원도 사회구성원들 간에 신뢰를 바탕으로 한 계약으로 합의하는 것이 가장 바람직할 것이다.

「정의론」으로 본 공존의 방향성

이북이주민 지원과 관련된 정의의 조건

롤즈는 사회정의가 사회제도나 경제체제의 덕목이 되기 위해서는 일정한 사회적 여건이 전제가 되어야 한다고 했다. 이러한 사회적 조건 내지 사회적 상태를 롤즈는 '정의의 여건'이라고 부르고, 이를 객관적 여건과 주관적 여건으로 구분하였다(Rawls, 1971: 126~130). 객관적 여건이란, 인간의 협동 체제와 관련되어 있다. 그래서 개인들이 동시에 일정한 지리적 영역 내에 함께 거주한다. 이러한 개인들은 대체로 그 신체 및 정신적 능력에 있어서 유사하거나 아니면 그들 가운데 누구 하나가 타인 모두를 지배할 수 없다는 점에서 그들의 능력은 대체로 유사한 것이다. 그들은 공격받기 쉬우며 타인들의 단합된 힘에 의해 자신의 계획이 좌절될 수도 있다(황경식, 2003: 183).

정의의 여건이 성립하기 위한 객관적 조건은 인간 능력의 유사성에서 찾을 수 있다. 인간 능력의 유사성으로 인해 인간은 협동 체제를 필요로 하는데, 즉 소수의 인간이 모든 타인을 압도적으로 지배할 수도 없으며, 다수의 단합된 힘으로 각 개인을 희생시킬 수도 있다는 불안에 기인된 필요이다. 이와 더불어 자원이나 재화가 협동이 불필요할 정도로 풍족하거나 궁핍하지도 않은 적절한 부족 상태moderate scarcity가 정의의 객관적 여건이 된다.

주관적 여건이란 협동의 주체들, 즉 협동하는 사람들과 관련된 측면이다. 정의의 주관적 여건은 인간이 제한된 이기심을 갖고 있다는 것이다. 인간이 완전히 이타적인 존재도 아니고 완전히 이기적인 존재도 아닌 여건에서 정의의 문제가 등장한다. 인간의 제한된 이기심, 혹은 부족한 이타심restricted altruism이 바로 정의의 주관적 여건이 된다(황경식, 3003: 182~186).

이북이주민 지원정책과 관련하여 롤즈의 정의 관점으로 바라보기 위해서는 그가 제시한 사회적 여건, 즉 정의의 여건이 우리 사회에 전제되어 있어야 한다. 롤즈는 개별 인간의 제약 때문에 같은 지역에 모여 살면서 협동할 수밖에 없다고 본다. 물론 롤즈는 사회를 하나의 협동 체계로 이해하지만, 노직R. Nozick의 견해에 따르면 사람들은 독자적으로 일하며, 협동은 오직 자발적인 교환과 계약에 의해 연쇄적으로 이루어진다고 보기도 한다(김우영, 1988: 173). 여기서는 이러한 비판적 논쟁에 참여하기보다는 롤즈가 사회를 하나의 협동 체계로 이해하는 관점을 받아들이면서 우리 사회의 이북이주민 지원과 관련된 정책적 맥락을 살펴볼 것이다.

우선 남한사회는 사회경제적으로 어려운 시기이지만 국민들 사이에 협동이 어려울 만큼 자원이 궁핍한 것이 아니며, 또한 정의의 문제가 발생하지 않을 만큼 재화가 풍부한 것도 아니다. 다시 말하면 이북이주민 지원을 위한 갈등이 없을 만큼 충분한 재화를 확보하고 있는 것도 아니며, 남한주민들 사이에 이들의 지원을 전혀 고려하지 못할 만큼 자원이 궁핍한 것도 아니다. 일례로 곽승준 등(2015)의 조사에서 보면, 남한주민들의 이북이주민 지원을 위한 연간 지불의사액willingness to pay은 약 954.2억으로 추산하고 있다. 통일부 출처에 따르면, 2014년 한 해 동안 이북이주민 지원 사업에 배정된 정부 예산은 총 1,227억 원이며, 2015년에는 이보다 더 증액된 1,239억으로 나타나 위의 조사보다 다소 높게 나타났다(곽승준 외, 2015: 31).

다음으로 롤즈가 주장하듯이 우리 사회는 완전한 이타심 혹은 이기심만으로 존재하지 않는다. 이북이주민에 대한 남한주민의 의식조사 결과를 보면, 모든 남한주민들이 이북이주민들을 동정적 혹은 무조건적 배려의 대상으로 보는 것도 아니며, 반대로 전적으로 이들에게 배타적 의심이나 무관심을 가져야 한다는 주장도 하지 않는다(정은미, 2013). 따라서 사회정의의 관점에서 이북이주민 지원을 논의하는 타당성을 발견할 수 있다.

공정한 절차적 과정으로서의 이북이주민 지원

롤즈는 정의가 무엇인지를 직접 제시하지 않고 공정한 절차에 따라 합의한 것이라면 정의로운 것이라고 한다. 공리주의가 말하는 최대행복이라는 결과가 아니라 행복에 이를 수 있는 근거를 제시하는 것이다. 이러한 관점에서 본다면 이북이주민 지원정책의 기본 구조를 확정하는 것은 남북주민 당사자들 간의 합의의 대상인 것이다. 그러나 이북이주민 지원의 근거가 되는 이북이주민 지원법을 보더라도 이러한 합의의 기본 원칙을 지켰다기보다는 그 당시의 여론, 정치적 고려, 경제적 상황, 정책적 의지 등이 복합적으로 작용하였음을 알 수 있다(윤여상, 2001: 290~292).

그리고 현재 이북이주민 지원의 최우선 정책적 방향으로 알려진 이들의 자립과 자활도 사회적 합의의 과정을 거치었다고 보기는 어렵다. 다수의 이북이주민들이 초기의 지원에도 불구하고 국민기초생활보장법상 수급권자의 지위를 벗어나지 못하는 통계적 결과를 발견하면서 설정한 정책 방향이라 할 수 있다. 물론 합의 대상도 구체적이지 않고 정책적 시급성과 관련 전문가들의 전문성을 인정할 수밖에 없다는 점도 인정한다. 그러나 사회적 합의는 문제 해결의 결과물이 아니라 문제를 해결해나가는 과정이라고 할 수 있다. 즉 사회적 합의는 물리적 힘에 의존하지 않는 문제 해결과정이며, 이를 통해 이해당사자와 시민사회의 문제해결 능력을 향상하는 것을 의미한다(서문기, 2007: 7). 따라서 이북이주민의 지원은 남한사회에서의 복잡한 구조적 문제이며 사회구성원 각자가 다양한 의견들을 가지고 있을 수 있으므로 시간적 촉박함에도 불구하고 사회적 합의가 반드시 필요한 분야라 할 수 있다.

그렇다면 이북이주민 지원과 관련된 사회적 합의의 대상은 누구인가라는 것이 중요하다. 물론 이상적으로는 남북주민들이 당사자이며, 이들이 지원과 관련된 갈등과 합의의 과정을 이끌어가야 한다. 이를 좀 더 세부적으로 논의하기 위해 이북이주민과 관련 있는 남북주민들을 살펴보면, 법률을 제정하고 개정하는 국회, 관련 정부기관, 시민사회단체, 이북이주민 지원기관 등에서 활동하는 전문가들과 이북이주민들, 그리고 남한사회의 주민들이라고 할 수 있다.

지금까지의 이북이주민들의 지원은 주로 전문가들 중심으로 이루어진 전문적 의사결정을 통한 정책적 결정이었다. 사회계약을 통한 공정한 절차의 합의 과정이 생략되었다는 사실이다. 현실적으로 남북주민들의 소통을 위한 합의의 장이 마련되기는 어려움이 있다. 하나의 대안은 이북이주민지원 지역협의회를 활용하는 방법이라고 할 수 있다. 지역협의회가 일방적 지원과 자문 및 심의하는 기구가 아니라 이북이주민들이 주체가 될 수 있도록 하는 방법이다. 그리고 여기에서 논의된 결과물들은 우리 사회의 다른 지역조직들과 다양한 방법으로 담론을 전개할 수 있을 것이다. 그러나 이는 하나의 미시적 대안일 뿐이며, 남북주민들이 이북이주민 지원을 위한 사회적 계약을 공정한 절차로 합의해 나가는 과정에 대한 담론들은 지속적으로 이루어져야 한다.

한편, 롤즈에 의하면 계약의 당사자는 '자유롭고 평등한 도덕적 인격체'로 규정한다. 즉 당사자들은 자신의 이익 증진에 관심을 가진 자유롭고 합리적인 사람들이라는 기본 전제를 하는 것이다(윤홍근, 1994: 308). 이 전제에 기준하면 남북주민들은 일정한 행위의 목표나 선호를 가지고 사회체제 틀 내에서 합리적 상호작용을 하는 사람들이라는 것이다. 그러나 이북이주민과 남한주민 모두 민주주의 가치와 이념이 내재되어 있으며 이를 바탕으로 합리적 상호작용을 할 수 있다고 전제하기는 현시점에서 어렵다. 특히 사회구성원들이 민주주의 가치와 이념을 깊이 내면화하지 않으면 정치경제적 위기가 발생할 때 사회갈등의 양상은 더욱 더 심화된다.

따라서 다양한 상황을 고려해 볼 때, 이북이주민 지원의 계약당사자라고 할 수 있는 이북이주민들과 남한주민들 모두 자유롭고 평등한 도덕적 인격체로서 사회계약에 임할 수 있다고 가정하기에는 어려움이 따른다. 또한 남한주민들에게는 남북분단과 전쟁에 의한 구조적 외상structural trauma이 남아 있으며, 이러한 측면의 사회적 갈등은 남한사회에 여전히 존재한다. 따라서 이북이주민 지원을 위한 사회계약의 준비과정으로써 계약의 당사자들에게 자유롭고 평등한 도덕적 인격체의 의미를 상호 확인하게 하며, 그리고 남북주민들로 하여금 변화된 사회의 패러다임을 이해하도록 하는 문화적 환경조성이 필요하다.

롤즈의 절차적 정의는 완전한 절차적 정의, 그리고 불완전한 절차적 정의가 아니라 순수 절차적 정의라는 독특한 상황을 설정한 것이다(황경식, 2006: 173). 순수 절차적 정의란 특정 결과가 정의롭다는 것이 아니라 그 과정에서 지켜야 할 절차와 규칙을 제대로 따르기만 하면 정의로운 결과는 자연스럽게 달성된다는 것이다. 이는 완전한 절차적 정의가 내포하는 정의를 결정하는 독립된 결과를 제시하지 않는다는 사실이다. 따라서 롤즈는 정의로운 사회가 되기 위해서는 모든 사람들이 공정한 합의와 선택 절차를 통해 보편적으로 인정한 원칙이 실제 생활에서 그대로 적용되어야 한다고 보았다.

마찬가지로 이북이주민 지원의 과정을 유추해 보면, 현재 이북이주민의 지원에서 일차적 목적으로 삼고 있는 경제적 적응을 살펴보자. 이북이주민의 남한 삶의 최고의 덕목으로 이들이 직업을 가지거나 국민기초생활보장법상 수급권자를 벗어나는 것에 둘 필요는 없다. 즉 이북이주민들에 대한 지원에서 이들의 남한 사회에서의 삶을 위한 공정한 규칙과 절차가 포함된다면 반드시 어떤 최종 결과물을 확인할 필요는 없다는 것이다. 왜냐하면 이러한 최종 결과물들은 왜곡되거나 삶의 질을 보장한다고 할 수도 없으며, 오히려 공정한 규정과 규칙 없이 결과에 초점을 맞춘 제도들은 또 다른 갈등의 파생물이 될 수 있기 때문이다.

롤즈는 자유롭고 공정한 개인이나 집단의 행위가 보장되기 위해서는 정의로운 배경적 조건이 필요하다고 보고, 사회의 기본 구조와 제도들을 사회정의의 일차적 주제로 삼았다. 사회의 기본구조를 정의롭게 하기 위해서는 이 기본 구조를 규정할 어떤 원칙이 공정한 절차를 통해 만들어져야 한다. 정의로운 원칙을 구성하기 위해서는 모든 사람의 합의가 필요하며, 이 합의는 공정한 절차를 거쳐야 한다(Rawls, 1971). 이북이주민들의 지원과 관련된 정의로운 원칙을 구성하기 위해서는 공정한 절차를 통한 사회적 합의가 반드시 필요함을 확인할 수 있다.

정의의 두 원칙으로 본 이북이주민 지원

롤즈는 정의의 원칙이 가능한 기본 구조를 명시해 주려면 우선적으로 옳음의 개념과 관련된 어떤 일반적인 제한 조건을 만족시켜야 한다고 보았다. 그 제한 조건은 일반성, 보편성, 공지성, 서열성, 최종성이라는 것이다(Rawls, 1971: 130~136). 이를 이북이주민 지원정책에 적용해 보면, 우선 그 정책들은 일반성과 보편성에 원칙에 의해 이면에 어떤 감추어진 언어들을 사용하지 않아야 한다. 예를 들면 이북이주민의 적응을 중요시하는 정책에서 그 이면에 체제 선전이라든지 통일을 대비한 정책적 확인이 되어서는 안 된다는 것이다. 이 정책에 적용되는 이북이주민들이 도덕적 존재라는 사실을 반드시 포함하여야 한다. 또한 지원정책의 형성 과정에서 이북이주민들은 인권의 보편성 차원의 원리들을 적용받아야 한다.

공지성의 조건은 사회의 기본 구조가 상당한 기간 동안 어떤 원칙을 만족시킨다는 것이 공개적으로 알려져 있을 때 그 체제에 속하는 사람들이 그 원칙에 따라 행위하고 그 원칙을 기강으로 하는 제도 내에서 그들의 본분을 다하고자 하는 욕구가 생겨난다는 것이다(황수정, 2008: 133). 이북이주민 지원정책의 경우도 공적인 토론의 과정을 거쳐 그것이 합의되고 그에 따른 원칙이 상당기간 동안 지속된다면, 남북주민 모두 그 원칙을 따르고 현재 체제 속에서 그들의 본분을 다할 것이다.

최종성은 당사자들이 자신의 약속이 헛되지 않을 것을 확신하고 서로 믿고서 채택한 원칙을 준수하는 것이다. 그래서 당사자들은 공약의 부담을 고려하게 된다. 따라서 이북이주민 지원정책에서도 남북주민들은 그들이 용납할 수 없는 결과를 갖게 될 그러한 사항에 합의하지 않을 것이며, 또한 이들은 스스로 준수하기 어려운 것도 피하게 된다는 것이다. 그러나 남북주민들이 자유롭고 합리적 존재로 전제함에 있어서는 다소의 고민이 필요하다. 이러한 전제도 하나의 과정으로 진전시켜야 할 것이다.

롤즈는 정의의 원칙을 확립하는 과정에서 원초적 입장에 있는 사람들은 자신을 위해 특정한 이익을 취할 길도 없으며, 반면에 그는 자신의 특수한 손해를 그대로 묵과할 이유도 없다는 입장이다. 따라서 각자는 평등한 분배를 요구하는 정의의 제1원칙을 인정하는 것이 가장 바람직한 길이라는 것이다. 이북이주민 지원정책의 경우에도 기회 균등을 포함한 평등한 자유와 더불어 소득과 부의 평등한 분배를 확립해 줄 원칙에서 시작해야 한다. 이북이주민의 경우, 기회균등을 포함한 평등한 자유의 원칙은 누구나 분명하게 인정할 수 있다. 제1원칙에 의해 요구되는 모든 시민들의 기본적 자유인 정치적 자유, 표현 및 결사의 자유, 양심 및 사상의 자유, 인신의 자유 및 사적 재산소유의 자유, 임의의 체포 및 구금으로부터의 자유는 대부분 동의할 수 있다.

그러나 소득과 부의 평등한 분배의 경우, 논란이 있을 수밖에 없다. 롤즈는 사회에서 불평등과 차등이 허용될 수 있는 경우를 제시하고 있다. 즉 소득과 부에서의 불평등이 있고, 권위와 책임의 정도에 있어서 차등이 존재함으로써 그것이 '최초의 평등이라는 기준점'과 비교해서 모든 사람의 처지를 향상시키도록 작용하는 상황이어야 한다는 것이다(김태길, 1990: 194~195). 여기에서 남북주민들 사이의 최초의 평등이라는 기준점을 찾기란 역사적, 지리적 상황 등으로 인해 어려울 수 있다. 롤즈의 가정에 의하면 계약의 당사자들은 타인의 이익에 관심을 갖지 않는 것으로 전제되므로, 그들이 이러한 경제적, 제도적 불평등을 받아들일 수 있다는 것이다.

이러한 불평등들이 평등한 자유와 공정한 기회가 일관된다는 조건 하에서 최소수혜자를 포함해 모든 사람들의 처지를 개선하는 한, 기본 구조는 이러한 불평등들을 허용해야 할 것이라고 본다(황수정, 2008: 132). 즉 최소수혜자를 포함해서 모든 사람의 처지를 개선한다면 소득과 부의 불평등과 차등을 허용한다는 의미다. 여기에서 이북이주민들이 최소수혜자의 범위에 포함되는가라는 다소 복잡한 문제에 직면한다. 롤즈에 의하면 최소수혜자란 '자유와 자존심을 제외한 나머지 사회적 기본 가치의 분배에 대해 가장 적은 기대를 가지는 사회적 지위, 직책 또는 계층의 대표자들'을 의미한다(최문기, 1999: 264).

경제적 요인들에 관한 분석들을 보면 다수의 이북이주민들은 실업 상태이거나 직업을 가진다고 하더라도 비정규직이며, 정부의 생계급여를 받고 있고 기초자산도 매우 적다(이용화, 2012). 그러나 남한에 거주하는 모든 이북이주민들을 최소수혜자로 명명하기에는 논란이 있을 수 있다. 이들이 입국 초기에 최소수혜자의 범주에 포함될 수 있다고 하더라도 이후에는 개인별, 단계별, 상황별로 차이가 나타나기 때문이다.

또 다른 논란은 이북이주민들이 사회적 분배 몫을 정당하게 받을 수 있는가에 대해서다. 이 부분이 가장 이북이주민 지원에서 민감한 정책적 사안이다. 대부분의 남한주민들은 자신들의 세금에 바탕을 둔 동포애와 인류애를 근간으로 하는 지원으로 생각하고 있으며, 사회적 협동으로 인한 적절한 분배적 몫이 이북이주민에게 돌아가는 것으로 보지 않는다. 그러나 만약 이북이주민들이 남한사회에서 최소수혜자에 포함된다면 이들에게 최대의 이익이 주어지는 방식으로 분배가 이루어지지 않는다면 우리 사회의 불평등은 정당하지 않다고 할 수 있다.

정의론으로부터 도출한 몇 가지 함의

롤즈의 정의론에 근거해서 이북이주민들의 지원을 남북주민 당사자들 간의 사회계약으로 바라볼 때, 계약은 이익의 호혜적 교환을 목표로 하는 시장적 거래가 아니며, 사회의 공정한 규칙체계나 그 기본원리의 채택을 목표로 해야 한다. 물론 롤즈의 정의론에서는 개인들을 자기이익보다 정의감을 갖고서 도덕적 관점을 채택하여 행위 할 수 있는 능력이 있다고 가정함으로써 경제적 합리성을 가진 존재로서의 측면을 간과한 부분도 있다.

롤즈는 무지의 베일과 도덕 능력을 들어 협상이득의 추구가 배제되는 가운데 공정한 정치적 절차로서 원리가 채택되어질 수 있음을 말한다. 롤즈는 사회 주요제도가 어느 한 가치관이나 포괄적 도덕 강령 위에서 기초한 것이 되어서는 안 되며 자유민주주의의 전통 속에 다원주의의 문화적 여건을 수용한다. 롤즈는 사회의 주요 제도가 어느 특정한 선善의 개념 위에 근거를 두어서는 안 되며, 구성원들 사이의 공정한 합의에 의해 채택되어야 한다고 보았다(윤홍근, 1994: 304).

따라서 이북이주민에 대한 지원은 남북주민들이 상호 불평등 관계 속에서 호혜적 이득을 목표로 상호거래 하는 합리적 성격으로 파악하지 않는 것이 바람직하다. 합리적 협상으로서 이북이주민 지원을 바라본다면 남북주민들은 사익을 초월하는 도덕적 관점을 채택하여 행동하는 것이 아니라 자신의 이익과 선호를 계약의 결과에 최대한 반영하고자 하는 효용 극대추구자가 될 것이다. 이렇게 된다면 특정 개인이나 집단의 선호나

가치가 지배적으로 반영될 가능성이 높으며, 이북이주민 지원의 사회계약이 사익의 부당한 개입에 의해 왜곡되어 개인의 자유가 최대한 보장될 수 없을 것이다.

롤즈는 다수결제도를 의사결정의 중요한 절차적 기제로 삼아 작동되고 있는 현대의 이익집단 정치가 부정의와 비효율성의 결과를 초래하는 것으로 비판한다. 롤즈는 다수결제도 그 자체를 반대하지는 않는다. 그는 다수결제도가 정당화되기 위해서는 다수결 제도를 이용하여 의사 결정 과정에 참여하는 당사자들로 하여금 평등한 자유의 공정 가치를 보장받을 수 있도록 하는 조건들이 우선 확보되어야 한다고 보았다(Ralws, 1971: 230 효용 극대추구자가231). 롤즈는 다수결제도의 불가피성을 인정하고 있으면서 다수의 결정이 정당화되기 위해서는 '이상적으로 행해지는 토의과정'이 있어야 함을 강조하고 있다(Ralws, 1971: 357).

지금까지 이북이주민 지원을 위한 법률의 변천 과정을 보더라도 롤즈가 말하는 이상적으로 행해지는 토의 과정이 부족했음을 알 수 있다. 초기의 체제 유지를 위한 억압, 그리고 이후의 체제 선전을 위한 과도한 지원, 경제적 지원의 한계 및 동포애와 인도주의의 혼재된 법률 개정의 과정이 진행되어 왔다. 롤즈는 정책형성에 관한 토의는 이익간의 경쟁이 아니라 정의의 원칙에 따른 최선의 정책을 발견하려는 노력으로 인식되어야 한다고 본다(Ralws, 1971: 357). 이는 법이나 제도의 결정에 있어서 효율성이나 가치의 안배를 목적으로 하지 않고 정의를 목적으로 해야 한다는 강조이다.

이북이주민의 지원정책과 관련하여 다수결제도와 결부되어 있는 이익집단의 부정의를 해결하기 위해서는 롤즈가 주장하는 만장일치제가 원칙적으로 요구된다. 특히 이북이주민의 지원정책은 단순히 개인이나 집단의 사익의 경쟁과정이 아니기 때문에 순수한 사익을 초월하는 관점에서 만장일치적 의사결정규칙에 따라 이루어질 때 롤즈가 말하는 정의의 원칙이 실현될 수 있을 것이다. 현실적으로 만장일치의 합의 과정을 진행하지 못한다고 하더라도 롤즈가 말하는 다수결제도의 정당성을 확보하기 위해서는 이북이주민 지원정책을 남북주민 모두가 합의하는 이상적인 토의과정이 전제되어야 함을 확인할 수 있다.

롤즈는 결과에 대한 인위적 조정을 평등한 정의의 요건으로 본다. 롤즈에 있어서 결과에 대한 인위적 조정은 국가의 재분배 역할을 의미하며, 이는 소득이전 기구와 분배기구의 기능을 통하여 이루어질 수 있다고 본다. 롤즈는 자연적 사실과 사회적 우연성이 공정하게 처리됨으로써 소득과 부의 분배가 정의의 두 원칙, 특히 차등원칙에 따라 공정하게 배분되어야 한다고 본다(황경식, 2003: 400~401).

롤즈의 차등원칙에 따르면, 남한에 이주한 이북이주민들에게 물적 조건의 완전한 평등이나 결과의 평등을 적용하라는 것이 아니다. 대신에 롤즈가 말하는 기본적 재화의 사회적 최소치social minimum를 보장해야 한다. 롤즈가 말하는 사회적 최소치는 자유롭고 평등한 도덕적 인격체로서 시민들로 하여금 질서정연한 시민사회의 구성원으로 행동할 수 있도록 최소한의 여건의 구비를 뜻한다(윤홍근, 1994: 327). 이북이주민에 대한 사회적 최소치 보장은 단순히 기본생계를 보장하는 금전적 지원이 아니라 이들이 도덕적 인격체로서 인간다운 삶을 살아갈 수 있도록 하는 사회적 차원의 협동이라고 할 수 있다. 따라서 롤즈의 정의론에 근거하면, 이북이주민들에게 공정한 기회균등을 위한 기본적 재화와 이들이 도덕적 인격체로서 삶을 살 수 있도록 하는 사회적 최소치를 보장해야 한다.

롤즈는 삶의 결과에 영향을 미칠 수 있는 출생, 행운, 노력, 선택의 네 가지 변수 모두 자연적 사회적 우연성의 범주로 파악하며, 따라서 이로 인한 분배 몫에 대한 권리주장을 인정하지 않는다.[11] 통상 타고난 자산과 재능을 의미하는 출생의 요소는 시장 경제의 공정성 문제와 관련하여 가장 논란의 여지가 큰 문제 영역이다. 그러나 롤즈는 출생도 자연적 우연성의 임의적 결과로 본다.

여기에 근거하면 남북주민들도 출생 지역에 의해 발생한 자신의 분배 몫을 주장할 수 없다는 의미다. 왜냐하면 우리나라의 헌법 제3조는 대한민국의 영토를 '한반도와 그 부속도서'로 규정하고 있기 때문이다. 정의의 두 원칙은 자연적 사회적 우연성뿐만 아니라 개인의 천부적 자질이나 재능까지도 도덕적으로 임의성을 띤 것으로 보고 이의 공정한 처리를 요구한다(Rawls, 1971: 311~312). 롤즈에 의하면 한 개인의 천부적 자질이나 재능은 그 개인의 자산이나 특질로서가 아니라 사회전체의 집합적인 공동의 자산으로 간주되어야 한다(Rawls, 1971: 101).

따라서 한 개인의 특출한 자질과 능력은 사회 전체를 위해 기여할 때만이 이를 소유하고 있는 개인에게 주어지는 남다른 보상이 정당화될 수 있다. 천부적 자질과 재능의 사회적 기여에 대한 평가는 최소수혜층의 관점에서 이루어지는 차등원칙에 따른다(Rawls, 1971: 274~277). 남한에 이주한 이북이주민들은 삶의 결과에 영향을 미치는 자연적, 사회적 우연성에서 남한주민들에 비해 공정한 출발을 하지 못하고 있다. 특히 출생에 의해 부존 자산이나 능력상의 차이가 확연히 드러나고 있다.

뷰캐넌J. Buchanan은 출발지점상의 불평등을 경감시키기 위해 요청되는 핸디캡 부과discriminatory handicapping의 제도적 장치와 관련해서 소득이전을 위한 조세제도와 정부재원의 공교육을 그 대표적인 예로 설명하고 있다(Buchanan, 1986: 135). 따라서 어느 정도의 범위에서 지원해야 하는가의 문제

---

11. 롤즈는 당사자의 사회경제적 지위나 능력 및 여건의 차이는 우연성(contingency)의 범주로 취급되며, 사유재산권은 이러한 자연적, 사회적 우연성의 누적적 결과로 본다(Rawls, 1971: 75~79).

는 존재하지만, 조세제도를 통해 이북이주민을 지원해야함의 타당성을 말해 주는 것이다.

또한 남한사회는 이북이주민 자녀들의 교육에 대해 많은 고민을 하고 있다. 이북이주민 자녀의 교육비는 물론 대학의 특례입학과 대안학교 등에 예산을 지원하고 있다. 이북이주민 교육은 아동청소년의 남한 적응이나 예비 생산인력으로서의 접근이 아니라 사회정의의 실현이라는 관점으로 보아야 한다. 출생의 자연적 우연성이 결과에 지나치게 영향을 미친다면 그것은 정의로운 사회가 아니기 때문이다. 롤즈의 주장에 의하면 남한사회에서의 출생, 행운, 노력, 그리고 선택에 따라 성취한 재화는 이북이주민을 포함한 최소수혜층에 이익을 가져다주고 이들에게 사회적 최소치가 보장될 때 정당화되는 것이다.

마지막으로 이북이주민 지원정책에서 추구해야 하는 방향성을 탐색하기 위해 소수자우대의 정책을 살펴보기로 한다. 소수자우대 정책은 입법단계에서 롤즈의 차등의 원칙을 그대로 적용하는 방법이라 할 수 있다. 여기서 말하는 차등의 원칙은 사회적·경제적 불평등이 최소수혜자에게 최대의 전망을 주고, 공정한 기회균등의 원칙에 맞게 모두에게 개방된 직책 및 지위와 연결되도록 되어야한다는 것이다. 입법자들은 가능한 법안들을 비교하여 이 원칙에 가장 가까운 법안을 제정하는 것이 정의로운 것이 된다.

이북이주민들은 소수자우대 정책을 통해 기본적 자유를 제외한 사회적 기본재화들, 즉 권리와 자존감 그리고 소득, 재산과 결부된 직책과 지위를 어느 정도 분배받을 수 있을 것이다. 이북이주민들이 남한사회에서 정의롭게 배분받은 직책과 지위는 이들에게 사회적으로 최대의 전망을 가질 수 있도록 해주는 정책이 된다. 그러나 소수자우대 정책은 일자리나 교육기회의 강제적 재분배를 통해 평등분배의 효과를 보이는 동시에 역

차별과 같은 사회적 논란을 가져오기도 한다.

이 과정에서 롤스의 차등의 원칙에 합당한 것이 되기 위해서는 우대되는 수혜자들이 사회의 최소수혜자들이거나, 우대와 할당이라는 일종의 역차별을 통해 사회의 최소수혜자들의 사회적 전망이 높아져야 한다. 그럴 경우 이것은 일자리 등의 기본재화의 평등한 보장에 의해, 즉 사회적 연대에 의해 자유와 평등을 양립가능하게 하려는 롤스의 정의론과 일치한다(홍찬숙, 2008: 63). 이북이주민들을 위한 할당제는 차별을 보상한다거나, 현재의 보다 평등한 지위를 확보한 것에 목적이 있는 것이 아니다. 오히려 이북이주민들이 사회 속에서 실질적으로 기회의 평등이 보장된다는 전망을 발견하고 사회적 주체로서 대응하게 되어 이후 더욱 공정한 사회가 되도록 행동할 것이라는 데에 있다.

이를테면 이북이주민을 공공기관의 고위직에 할당하는 동시에 이들의 교육기회를 넓히고 이북이주민 자녀의 고등교육을 지원한다면, 사회의 최소수혜자들로 가정된 이북이주민들의 사회적 전망이 좋아진다는 선순환적 의미다. 그러나 입법과정에서 입법자들이 자신들에 대한 지식을 갖고 있지 않아서 공정한 입법을 할 수 있다고 하더라도, 사회 불평등의 범주와 정도, 이질성, 갈등양상 등을 파악하는 측면에서 이견의 여지가 있을 수 있다. 결국 중요한 것은 사회의 최소수혜자가 누구인지, 그들이 어떤 구조와 어떤 관계들에 의해 사회의 최소수혜자로 존재하게 되었는지를 입증 혹은 논증하는 것이 될 것이다(홍찬숙, 2008: 64). 예컨대 공직이나 고위직 등에서 소수의 이북이주민 할당제는 이들 전체의 사회적 전망을 밝게 하는데 거의 효과가 없다고 볼 수도 있다.

롤즈의 정의론은 많은 비판도 받고 있다. 특히 노직R. Nozick의 견해에 따르면, 롤즈는 사회를 하나의 협동의 체계로 이해하지만 그는 사람들은 독자적으로 일하며 협동은 오직 자발적인 교환과 계약에 의해 연쇄적으로 이루어진다고 본다. 따라서 분배의 원리를 요구하지 않는다는 것이다. 롤즈는 차등의 원리가 모든 사람들의 기꺼운 협동을 이끌어 낼 수 있는 합리적인 조건이라고 보지만, 이는 이미 이익을 본 집단에게 더 많은 이익을 보장하므로 전혀 중립적이지 않다는 것이다. 또한 노직은 사람들이 생산한 사물들은 그것이 협동의 산물이든 비협동의 산물이든 이미 차별적인 소유권리가 작용하고 있기 때문에 상상적 상황은 생산물을 분배하기 위한 적합한 모델이라고 할 수 없다고 말한다(김우영, 1988: 173~176). 롤즈의 선택 절차는 개인의 과거행위와 소유권리를 고려하는 역사과정적·소유권리적 원리가 전혀 산출될 수 없다는 것이다.

따라서 롤즈의 정의론을 근거로 이북이주민의 지원정책을 고찰함에 있어서도 정의론에서 전제하는 사회를 하나의 협동체로 보는 것이라든지, 계약의 당사자를 자유롭고 합리적 이성을 소유한 존재로 간주한다든지, 자연적 사회적 우연성에 의해 획득한 재화의 권리문제 등의 기존 비판은 그대로 남아있다. 그러나 이북이주민들의 지원을 위한 정책들은 사회의 기본 구조 내에서 정의의 원리들이 적용되도록 하는 절차적 과정이 중요하다는 사실에는 변함이 없다.

사회정의, 이북이주민 그리고 공존

롤즈는 정의론에서 순수 절차적 정의를 통해 공동체의 기본 조건들을 규정할 수 있다고 한다. 지금까지 이북이주민 지원은 체제의 우위 확보, 통일과정으로의 대비 등의 이면의 목적을 가지고 이들의 적응, 그 중에서도 경제적 적응을 최우선의 과제로 삼았다. 따라서 이북이주민의 직업 유지, 국민기초생활보장법상 수급권자로부터 벗어남, 학교 재학 등의 결과물을 통해 이를 입증하고자 했다. 그러나 이러한 집중적 관리에도 불구하고 이북이주민들의 자립과 자활은 여전히 해결해야 하는 큰 과제로 남아있고 대신 남한이나 북한이 아닌 제3의 나라로 탈남하는 사례는 점점 증가하고 있다. 남한에 이주한 이북이주민의 저소득과 생활의 고통, 차별과 편견, 그리고 이어지는 탈남은 무엇을 말하는가. 그들에게 강요된 가치와 적응, 그리고 국가 분배 구조에 의한 기여 없는 분배 몫에 대한 압박의 결과물이 아닐까!

롤즈에 의하면 정부 혹은 국가의 시장개입은 단순히 예외적이고 사후적인 차원에서 이루어지는 것이 아니라 정의 두 원칙의 구현을 위한 능동적이고 사전적이며 상례적인 성격을 갖는다. 또한 출생을 포함한 자연적 사회적 우연성에 기인한 재화는 최소수혜자에게 최대의 이익이 있거나 사회적 최소치를 보장할 때 그 정당성을 부여받는다는 것이다. 헌법에 나와 있듯이 이북이주민들도 지리적으로 남한주민들과 공통된 출생의 우연성에 근거해 존재한다. 따라서 이북이주민들이 국가 기구에 의한 경제적 분배와 공교육 등으로 받는 혜택은 단지 예외적 상황이 아니라 사회 기본 구조를 롤즈의 정의의 원리에 따라 적용하는 것이 된다.

이북이주민들은 단기간의 교육을 통해 남한의 자유민주주의 체제에 적응하기를 요청받거나 강요받고 있다. 이러한 자유를 통해 남한주민들과 똑같이 경쟁하고 그 속에서 자신의 목적을 성취하기를 바란다. 그러나 롤즈는 민주주의를 '경제적 계급이나 이익집단들 사이의 규제된 경쟁관계로 보고, 그 경쟁의 결과는 각자의 재원이나 수완을 능력껏 사용하고자 하는 의지가 적절히 반영되어 있어야 한다'고 보는 견해를 단호히 거부한다(Rawls, 1987: 76). 또한 롤즈는 시장체제의 분배적 기능을 인정하는 데에는 회의적이며, 사회경제적 영역에서 국가의 재분배 역할을 정당화하고 있다. 이북이주민들의 지원에 대한 남한주민들의 불만은 자신들의 분배 몫을 이북이주민들이 가지고 간다는 데에 기인한다. 롤즈에 의하면 이북이주민들은 차등의 원칙에 입각하여 이들에게 배분되는 분배 몫은 정당하다는 것이다. 이에 따르면 남한주민들의 세금으로 이북이주민들이 일방적으로 수혜를 받는다는 것은 적절하지 않은 논리가 된다.

이북이주민 지원의 경우에 롤즈의 정의의 원리들을 받아들인다면 하나의 논쟁은 이북이주민들이 과연 최소수혜자의 범주에 포함되는지의 여부이다. 이북이주민들이 남한사회에서 사회적 기본 가치의 분배를 받을 수 있는 정당성을 확보하였다면 현 상황에서 이들은 최소수혜자의 범주에 포함될 수 있다. 왜냐하면 이북이주민들은 사회적 기본 재화의 분배에 있어 가장 적은 기대를 가지는 사회적 지위, 직책 또는 계층 속에서 삶을 살아가고 있기 때문이다. 그렇다면 이북이주민을 위한 지원의 범위 문제가 뒤따른다.

그러나 롤즈는 분배적 정의의 문제를 종국적 결과에 대한 미시적이고 행정적인 할당의 문제로 보기보다는 이를 규제하는 제도의 정립이라는 관점을 가진다. 롤즈의 정의론에 따르면 이북이주민에 대한 분배는 순수한 절차적 정의관 구현이라는 차원에서 이루어져야 한다. 이 경우에도 이북이주민 분배를 위한 구체적인 준칙이나 절차를 명시적으로 규정하고 있어야 한다는 것은 아니다. 이북이주민 지원을 위한 제도와 정책들이 정의의 두 원칙을 충족시킨다면 다른 차원의 분배과정은 시장의 가격기제에 맡겨지더라도 그 결과가 정의로운 것이 된다.

그럼에도 불구하고 여전히 의문은 제기된다. 이북이주민들을 위한 지원은 남한사회 개인들의 응분의 몫을 적게 할당받게 됨으로써, 이는 부정의라고 주장할 수 있다. 그러나 롤즈는 삶의 결과에 영향을 미치는 출생, 선택, 노력, 행운 모두를 자연적 사회적 우연성으로 보고, 이러한 우연성에 기인한 재화를 인정하지 않는다. 물론 논란이 있지만 우리 사회를 협동적 공동체로 전제한다면 남북주민들 모두는 자유롭고 평등한 도덕적 인격체로서 정당한 기대치를 준거로 분배를 받을 자격이 있다. 우리 사회가 공정한 사회적 협동체가 되기 위해서는 최소수혜층을 포함한 모든 사회구성원들의 자발적 참여가 있어야 한다.

따라서 최소수혜층에 포함될 수 있는 이북이주민들에게 정당한 분배몫을 지원한다는 것은 이러한 사회적 협동체를 구성하기 위한 선순환 과정이라고 할 수 있다. 아직까지 어쩌면 소수의 이북이주민들이 우리 사회에 포함되어 있기 때문에 미시적이고 소극적인 정책으로 이들을 감당할 수 있다. 그러나 이북이주민들이 대규모로 남한에 이주한다든지, 남북통일이 되는 경우에는 상황이 다를 수 있다. 이때에는 사회의 기본구조를 통해 이 문제들을 다루어야 하며, 롤즈의 정의의 원리들이 필요한 상황이라고 본다. 롤즈는 국민들이 정당한 기대치를 충족시킬 수 있는 충분한 사회적 최소치의 보장을 위해서는 국가기구의 분배 역할이 우선이고, 시장기제의 분배역할은 여기에 종속된다고 언급한다. 이러한 거대 담론은 이북이주민 지원이라는 특정 주제를 넘어 우리 사회 전체의 기본 구조 속에서 다루어져야 할 것이다.

3장:

공존의 실천: 인권으로부터

남한사회가 아직 온전한 인권 보장 국가라고 할 수 없다는 사실을 인정한다면 스스로 혹은 일부 남한주민들이 '2등 국민'이라고 간주하는 이북이주민들의 인권 상황은 더욱 열악할 것이다. 비록 인권이 서구 개념이지만 그 핵심은 한 명 한 명의 인간 자체를 소중하게 생각하고 존엄하게 바라보아야 한다는 의미다. 이는 동서양의 많은 전통에서도 드러나는 공통성으로 그 내용과 의미에서의 보편적 적용이 반드시 필요하다고 본다.

인권이란

인권human rights은 제2차 세계대전이 끝난 1945년부터 사용되기 시작한 비교적 새로운 용어이다. 인권이란 일반적으로 '모든 인간의 타고난 천성에 내재되어 있는 것으로, 이것이 보장되지 않으면 인간답게 살 수 없는 모든 권리'를 말한다(Reichert, 2011: 2). 인권은 인종, 성별, 연령, 종교, 국적, 경제력 등의 구분과 상관없이 평등하게 공유되는 보편적 권리를 의미하며, 이것은 정치·경제·사회·문화적 삶을 영위하는 과정 속에서 자유와 평등을 누리며 인간다운 삶을 보장받는 실질적 상황들을 통해 확인될 수 있다(Arat, 1991: 3). 인권의 철학적 가치는 생명, 자유·억압으로부터의 해방, 평등·차별하지 않음, 정의, 연대책임, 사회적 책임, 점진적 변화·평화·비폭력, 인간과 자연의 조화로 설명할 수 있다(이혜원 역, 2005: 44~56).

인권 이념은 1948년 12월 유엔에서 만장일치로 '세계인권선언Universal Declaration of Human Rights'을 채택하면서 국제관계에서 중요한 현안 문제로 부각되었다. 그러나 인권 개념이 국제사회에서 하나의 보편적 이념이자 공동의 가치규범으로 발전할 수 있었던 것은 1966년 12월 유엔 총회에서 발의된 '국제인권규약International Human Rights Covenants[12]'에 대해 각 국가들이 비준절차를 거쳐 1976년 유엔 총회에서 공식적으로 발효되면서 부터이다.

1976년 '국제인권규약'의 인권 개념은 '소극적 권리'와 '적극적 권리'로 구분할 수 있다(이동윤, 2009: 174). 보다 세부적으로 Ife(2010)는 지역사회에 거주하면서 일상적 삶을 사는 개인으로서 중요하게 고려해야 하는 인권을 사회권social rights, 경제권economic rights, 시민권civil/political rights, 문화권cultural rights, 환경권environmental rights, 영성권spiritual rights, 생존권survival rights으로 구분하였다(Ife, 2010: 157~199).

이러한 권리 구분은 인권의 3세대three generations 흐름을 통해 구체적으로 살펴볼 수 있다(Ife, 2008: 30~33). 인권 1세대는 시민적·정치적 권리civil and political rights로써 세계인권선언 제2조부터 제21조에 걸쳐 규정된 권리이며, 이를 '소극적 권리'로 지칭한다. 이 권리들은 부여, 획득, 실현되는 것이 아니라 보호되고 방어되어야 할 성격의 권리들이며, 개인의 자유를 박탈하는 어떠한 것으로부터도 해방을 보장하도록 고안된 권리이다. 1세대 인권은 투표권, 언론의 자유, 집회의 자유, 공정한 재판과 법 앞의 평등, 공민권과 사생활의 보장, 자기표현의 권리, 종교의 자유, 공무담임의 권리, 시민생활과 사회생활에의 자유로운 참여 등을 포함한다. 또한 이것은 존엄하게 대우받을 권리, 공공안전의 권리, 차별(종교적·인종적·성적 차별 등)받지 않을 권리, 합법적 사업을 보호받을 권리, 협박·희롱·고문·강요 등을 받지 않을 권리를 포함한다(Reichert, 2011: 20).

인권 2세대는 경제적·사회적·문화적 권리economic, social and cultural rights로

12. '국제인권규약'은 '경제·사회·문화적 권리에 관한 국제규약(국제사회권규약 A)'과 '시민적·정치적 권리에 관한 국제규약(국제자유권규약 B)'으로 구분된다.

써 세계인권선언 제22조부터 제27조까지 규정된 권리를 의미하며, 이를 '적극적 권리'라고 지칭하기도 한다. 이는 사회정의의 실현, 결핍으로부터의 자유, 사회·경제·문화생활에의 참여를 보장하는 것을 목표로 하고 있다. 2세대 권리는 사회적 급여와 서비스를 받을 권리로서 취업할 권리, 적정임금을 받을 권리, 사회보장에 대한 권리, 교육을 받을 권리, 적절한 의료보호를 받을 권리, 노년기에 존엄있게 대우받을 권리, 적당한 레크리에이션과 여가에 대한 권리 등을 포함한다(Reichert, 2011: 20).

인권 3세대는 집합적 권리collective rights로써 전체 인류를 위한 합법적이며 보편적 욕구인 평화·발전에 대한 권리와 파괴로부터 보호된 깨끗한 환경에 대한 권리로 점차 인식되고 있다. 3세대 인권은 경제개발에 대한 권리, 세계무역과 경제성장으로부터 혜택을 받을 권리, 결집력 있고 조화로운 사회에서 살 권리, 그리고 오염되지 않은 공기에서 숨 쉴 권리, 깨끗한 물을 마실 권리, '자연'을 경험할 권리 등과 같은 환경권을 포함한다. 3세대 인권을 조약과 협정으로 성문하는 것은 초보적 수준이며, 그 권리를 보호하거나 실현하기 위한 법적 기제도 초기 수준에 머물러 있다. 3세대 인권은 기존의 개인주의적·자유주의적 관점이 지배적인 인권 규정에 도전하여 소위 말하는 '아시아적 가치Asian Value'를 옹호하는 것이기도 하다(Ife, 2008: 33). 집합적 권리는 20세기에 들어서야 실질적 인권으로 인식되었다.

국제사회는 1세대와 2세대 인권인 시민적·정치적 권리와 경제·사회·문화적 권리에 대해 '세계인권선언'과 '국제인권규약'으로 국제인권 규범을 규율하는 중요한 행동 기준으로 삼고 있다. 이후에 이들 선언과 규약들은 '국제인권장전International Bill of Human Rights'이라 불리며 인간의 존엄성을 위해 필요한 최소한의 보편적 권리로서 인정받게 되었다(이동윤, 2009: 175).

하지만 보편주의에 기초하는 인권도 지역적 상황, 특히 동아시아 수준에서는 인권 대 주권의 논쟁이 지속되고 있다. 또 다른 차원에서 보면 인권의 발전과 제도화 수준이 높은 서구지역에도 보편적 권리로서의 인권은 도전받고 있다. 이들 지역의 대부분 국가에서 이주민과 동성애자, 그리고 특정 종교신자 등의 소수 집단들은 인권과 관련하여 차별적인 취급을 받고 있다. 특히 이주민 문제는 주권뿐만 아니라 인권과 민족적 정체성의 문제로 논쟁을 초래하고 있다(홍익표, 2005: 328~331). 마찬가지로 이북이주민의 인권 갈등은 남한, 북한 내부적 차원뿐만 아니라 동아시아 전체 차원에서도 지속되고 있다. 이북이주민의 열악한 상황을 서구에서는 인권의 침해로 규정하는 반면에 북한과 중국에서는 주권의 문제, 혹은 문화상대주의 차원으로 간주한다. 그렇다면 동아시아에서의 인권의 의미를 살펴보기로 하자[13].

동아시아에서의 인권

동아시아는 통상 역사적으로 '한자'와 '유교'를 공유했던 하나의 문화영역 혹은 문화권으로 정의된다. 동아시아에 관한 많은 진술이 이런 전제에서 출발한다. 그러나 공통된 특정 문화의 분포와 지리적 근접성의 문맥에서 정의되는 이런 동아시아는, 사실 역사적이거나 문화적이라기보다는 아주 현실적이고 이데올로기적 동기에서 '발명'되었다(김성환, 2010: 254)고 보기도 한다. 즉 동아시아는 일본의 '대동아 공영권'이라는 아시아주의를 바탕으로[14] 만들어졌다고 보는 것이다.

---

13. 이후의 내용들은 저자의 '동아시아의 상생을 위한 탈북이주민 인권의 재해석: 중국의 전통 「회남자」를 중심으로(인문논총, 제32집)'에서 수정, 보완되었음.

이러한 동아시아 담론은 정치경제적인 의도에 동원된 이데올로기의 영향을 받았다고 볼 수 있다(이승환, 2004: 288). '동아시아'가 발명되었든지, 지리적·문화적 실체이든지 간에 동아시아 담론은 대략 세 유형으로 대별할 수 있는데, 첫째 서구 근대를 극복하고 이를 대체할 새로운 문명이 동아시아에서 출현할 것을 기대하는 대안문명론, 둘째 고유의 동아시아적인 것에 주목하고 동아시아를 하나로 사고하는데 집중하는 정체성론, 셋째 동아시아 지역통합 구상과 연관된 공동체론이다(박상수, 2010: 79~83).

박상수(2010)의 유형화를 근거로 하여 동아시아에서의 인권 담론도 서구의 인권 관점을 포괄하고 대체할 수 있는 대안이 있는지, 서구의 인권과 동아시아의 정체성이 같은 맥락에서 이해되는지, 동아시아 지역통합에서의 인권 역할로 구체화해 볼 수 있다. 그러나 동아시아 차원에서 인권의 일차적 쟁점은 대안론이나 공동체론보다는 서구적 관점의 인간 존중과 동아시아적인 가치와의 충돌이라고 할 수 있다. 이러한 거대 담론에 대한 몇 몇 연구들(장은주, 2000; 조경란, 2005; 함재봉, 1999)이 존재한다. 이들 연구들은 정치적인 보편적 인권 일변도의 주장이나 아시아적 가치, 유가적 인권 담론만을 고집할 수도 없다는 규범적 문제를 주로 다루고 있다. 이북이주민의 경우 인권의 거대 담론에 참여하거나 동서양의 이분법적인 대립 구도로 인권 담론을 전개하는 것은 이들의 실제적 삶, 그리고 동아시아의 상생에도 이롭지 못하다.

그렇다면 실제적으로 동아시아의 이북이주민 인권을 보장할 방법은

---

14. 초기 일본의 아시아주의는 큰 호응을 받았지만 패권주의로 나아가면서 우려를 낳았고 태평양전쟁에서 일본의 패망으로 역사 속으로 사라지는 듯 했다. 그러나 전후 일본과 아시아 국가의 눈부신 경제성장이 이어지자 서구학자들은 동아시아를 '유교자본주의'로 새롭게 조명하였다. 그러다가 1990년대 후반에 아시아 금융위기로 유교자본주의에 대한 담론은 지속되지 않았다(이승환, 2004).

무엇인가. 우선 국제적 차원에서 인권 이슈를 확대할 수 있는 방법을 찾을 필요가 있다. 인권과 같은 보편적 가치는 국제레짐regime[15]을 통해 각국에 영향력을 행사할 수 있다. 인권레짐이란 '인권문제 영역에서 국제사회의 다층적 행위자(국가, 국제기구, NGO, 개인)들의 기대가 수렴되어진 일련의 국제적 규범체계 및 실행절차'를 말한다. 탈냉전 이후 민주주의와 인권보장을 위한 국제적 노력이 활발하게 전개되고 있는 바, 실질적이고 효율적인 측면에서도 지역 차원의 인권레짐이 확대되고 있다(서창록, 2005: 56~57).

그러나 인권이라는 영역의 특성상 지역별 인권레짐은 인권 후진국의 인권 개선을 촉진하는 국제적 협력을 가능케 하면서도 동시에 정치적 민감성과 정치적 저항 때문에 레짐의 효과를 높이기 어려운 측면도 존재하는 양면성을 갖고 있다(김근식, 2011: 192). 인권레짐의 효과를 높이기 위해서는 인권이라는 가치나 의제를 지지하는 국내 이익집단 혹은 정치세력이 존재해야 한다.

이북이주민과 관련 있는 북한이나 중국의 경우에 유의미한 인권레짐은 아직 존재하지 않는다. 이들 국가들은 인권영역에서 공동의 위협이 존재하지 않고 인권문제에 대한 다자주의 접근으로 얻게 될 가시적 이익보다 국내정치적 비용이 더 크다고 본다(김근식, 2011: 193). 북한과 중국에서 인권레짐의 형성은 그로 인한 국가이익이 아직 크지 않고, 필요성도 느끼지 못하고 있으며, 공유된 문화도 상대적으로 낮고, 다자대화의 경험도 일천하다는 점 등으로 매우 어려운 게 사실이다(이성우, 2008). 북한과 중국에서의 인권레짐은 그 필요성과 정당성에도 불구하고 아직 그 존재가 미미하며, 다만 유엔차원의 인권협력과 NGO 중심의 인권협력이 주종을 이루고

---

15. 국제레짐은 '국제관계의 특정 영역에서 행위자의 기대하는 바가 수렴되는 명시적 혹은 묵시적인 원칙, 규범, 규칙, 그리고 정책결정절차(Krasner, 1991: 2)'로 정의된다.

있다. 따라서 이북이주민의 인권을 보장할 수 있는 인권레짐은 크게 부각되어 존재한다고 볼 수 없다.

이북이주민의 인권보장을 위한 국제적 차원의 인권레짐이 존재하지 않는다면 형이상학적 차원에서 인권의 보편성과 동아시아의 특수성에 관한 실제적 논의가 필요하다. 장은주(2000)는 인권의 보편성은 서구적 형이상학이 확보한, 그래서 단지 특수한 문화적 맥락에서만 설득력을 갖는 '이성'이라는 외적 권위에 의해 보장된 어떤 실체적 규범의 보편성이 아니라고 하였다. 즉 인권의 보편성은 보편주의적 지향 그 자체에 있다고 보았다. 인권의 이념에 포함된 규범적 요청들은 전 세계적인 차원에서 모든 사람들에 대해 무제약적으로 타당해야 한다는 보편성을 담고 있다(장은주, 2000: 170).

그러나 인권의 보편성을 인정한다고 하더라도 실제적 상황의 적용에서는 차이가 있을 수 있다. 예를 들면, 중국의 이북이주민들도 중국의 다른 사람들과 똑같은 인간으로서 대우해 주어야 한다는 보편적 규범은 타당하다. 그러나 모든 중국인들에게 개인적이고 공동체적인 수준에서 이북이주민의 인권을 존중하는 삶의 양식을 받아들이라고 강요할 수는 없다. 마찬가지로 북한당국을 향해 북한주민들의 인권을 존중하라는 구호는 공허한 메아리에 불과할 수밖에 없다. 또한 남한 내부에서도 이북이주민의 인권이 남한주민과 마찬가지로 존중되고 있다고 확신하기도 어렵다.

한편, 서구 자체 내부에서도 인권의 이념이 단지 제한적으로만 실현되고 있으며, 서구가 인권의 이념을 비서구 사회와 문화들에 대한 제국주의적 간섭을 정당화하기 위해 사용하였다는 것은 사실이다(장은주, 2000: 177). 이러한 맥락에서 1993년 방콕선언은 "인권이 그 본질에 있어서 보편적이지만 국제적 규범의 설정이 역동적이고 진화중이라는 맥락에서 국가별, 지역별 특성과 역사적, 문화적, 그리고 종교적 배경이 가지는 다양한 의미를 염두에 두고 인권을 고려하여야만 한다고 인식한다"고 하였다(이상환, 2007: 331). 그러나 아시아의 문화적 자기주장이 서구의 문화적 제국주의에 대한 방어의 차원에서 시작되었다 하더라도 그 자체만으로는 그 문화적 자기주장이 정당성을 확보할 수는 없다(장은주, 2000: 173).

문화적 차원으로 인권의 세부적 관점의 차이를 살펴보면, 서구는 인권 보편성의 논리에 따라 시민·정치적 권리를 더 강조하고 있으며, 반면에 동아시아의 논리는 아시아의 문화적 특수성에 입각해서 경제·사회·문화적 권리를 더 중요시하고 있는 실정이다(정영선, 1999: 230). 동아시아에서 보다 강조하는 2세대 인권의 신장은 반드시 시민정치적 권리인 1세대 인권의 증진을 가져오는 것이 아니다.

정영선(1999)은 경제성장 및 발전이 자동적으로 시민·정치적 권리의 신장을 가져오는 것이 아니며, 민주주의가 바탕이 되지 않는 나라의 경제성장이 오히려 소득 분배구조의 불균형을 심화시키고, 시민들의 경제·사회·문화적 권리마저 배제하는 현상이 초래된다고 하였다. 이북이주민의 경우 동아시아와 서구의 문화적 특수성을 인정한다고 할지라도 1세대 인권뿐만 아니라 2세대 인권에 대한 논의조차도 북한과 중국에서는 거의 없는 실정이다.

인권 이념이 서구에만 존재하는 관점인지, 아니면 동아시아에도 이미 형성되어 역사적 전통 속에 내재되어 있는지를 확인할 필요가 있다. 왜냐하면 서구와 동아시아의 인권에 관한 이분법적 대립 속에 이북이주민의 인간 존중에 대한 논의가 희생당하고 있을지 모르기 때문이다. 장은주(2000)는 인권의 이념이 세계 각 문화 단위들의 문화적 정체성과 차이를 무시함으로써만 가능한 것이 아니라 오히려 단지 그러한 문화적 정체성 주장의 보호와 문화적 차이의 포용을 전제로 하여야 한다고 했다.

따라서 인권의 보편성은 미리부터 전제된 어떤 주어진 보편성일 수 없고, 다양한 문화적 차이들을 관통하는 문화 간의 대화라는 매개과정을 통해서만 비로소 확인될 수 있는 보편성일 수밖에 없다. 인권의 이념이 서구에서 최초로 발생되고 실현되기 시작했다는 역사적 우연성이 과장되어 서구중심적인 관점 속에서 '서구/비서구'의 문화주의적인 대립구도가 형성되었는지 모른다(장은주, 2000: 176).

문화적, 역사적 특성에 따라 인권에 대한 다양한 인식이 존재하는 것이 현실이라면 서구에서 생산된 인권 개념을 일률적으로 적용하는 것은 인권을 신장하기 위한 최상의 방법이 아니라는 주장이 설득력을 가진다. 아시아 지역의 인권을 신장하기 위한 노력은 아시아의 문화와 전통에 도전하기보다 토착적 인권 전통을 발굴하여 그것을 바탕으로 아시아인들이 인권의 가치에 자발적으로 동의하도록 설득할 수 있어야 한다는 것이다(이상환, 2007: 332). 예를 들면, 태국의 경우 불교의 비폭력 원칙이라는 과정을 통해 인권이라는 결론에 도달할 수 있을 것이다.

만약 인권의 '국지적 정당화'를 통해 인권을 존중하는 관행이 전통적 문화 위에 놓여 진다면 인권이 장기적으로 보호될 가능성은 더욱 커질 수 있다(정연식·이상환, 2000). 이와 같은 가능성을 동양의 전통적 문화에서 발견한다면 인권의 국지적 정당화는 가속화될 것이며, 중국의 이북이주민이나 북한주민들의 인권도 장기적으로 보호될 것이다. 또한 인권의 보편성은 확대되어 설명될 것이며, 우리 사회에도 이북이주민들을 포함한 이민자와 난민들의 인권에 보다 많은 관심을 가지게 될 것이다.

「회남자」를 통해 본 인권의 정당화

「회남자」

동아시아에서는 집단 내지 공동체의 권리가 사회정의의 핵심으로 받아들여지고 강조됨에 따라 집단권리가 개인의 권리를 압도하고 대체해 왔다. 동아시아에서 개인적 권리는 이기적이며 지양되어야 할 것으로 간주되어 왔다. 이러한 인권관은 유교 특유의 정치사상으로 귀결된다. 즉 유교는 개개인의 욕구를 긍정하고 그것들을 사회, 정치생활의 기본원칙으로 삼기보다는 공동체 사회 내에서 지켜야 되는 가치와 덕목을 최우선으로 상정하고 추구한다(정영선, 1999: 238). 유교사상에서는 결코 절대적인 인권, 공동체보다 우선하는 권리, 사회 전체의 이익을 위해서라도 침해할 수 없는 신성불가침의 개인영역이란 있을 수 없다(함재봉, 1996: 117).

이러한 맥락에서 이북이주민의 인권과 관련하여 주목할 점은 중국의 중화주의中華主義[16]라고 할 수 있다. 포스트모더니즘과 탈식민주의의 영향을 받은 중국의 학자들은 서구/동아시아, 근대/탈근대, 식민/탈식민을 대립시킨 가운데 민족문화의 주체적 지위를 회복하는 중화성의 회복을 추구한다(이욱연, 2004: 14~15). 중국은 유교를 근 백년 만에 대대적으로 부흥하면서 중화패권주의를 강화하려고 한다.[17]

이 과정에서 중국의 인권에 대한 태도는 이중적이다. 중국은 자국의 인

---

16. 모든 중심주의는 본질적으로 타자와의 평화적이고 대등한 수평적 관계를 인정하지 않는다. 힘이 충분치 않으면 대내적 단속으로 만족하지만, 힘이 강해지면 어떤 폭압적 수단을 쓰더라도 대외적으로 자기 논리를 관철시키려 드는 것이 중화주의와 같은 중심주의의 공통된 특징이다(김성환, 2010: 263).

17. 그러나 중화주의에 대한 우려는 지나치게 과장되었다고 주장하기도 한다(김희교, 2000).

권문제에 대한 국제사회의 비판과 개입을 선언적으로는 '내정간섭'이라고 주장하면서도 국제사회의 인권대화에 응하고 다자적 국제기구에 참여하였다.[18] 또 다른 차원에서는 선 개발론 등 국제사회에의 대응논리를 개발하고 인권을 서구적 가치의 결과물로 여기고 중국의 문화적 가치와 주권의 존중을 주장하고 있다(윤영덕, 2008: 202~205).

중국의 중화주의는 유교와 공생해왔다. 공자 이래로 유교는 진리의 순결성과 절대성에 대한 확신을 가지고 다른 것은 비진리라는 이분법을 제공하는 원리로 작용하였다. 그러나 모든 전통은 결코 순수하지도 단일하지도 않다. 유교적 '도덕공동체'는 더 이상 오늘날의 '도덕적 위기'를 해결할 수 있는 대안이 될 수 없으며, 우리에게 필요한 것은 인권의 '권리/법 공동체'라고 할 수 있다(장은주, 2000: 175).

중국의 전통 안에도 다양한 요소들이 있으며 그 요소들에 대한 다양한 해석가능성들이 서로 긴장하며 공존하고 있다. 즉 중국 역사상 유교의 절대주의와 보편주의만을 추종하였던 것은 아니었다. 유교가 국교로 등극했던 한무제의 시기에 회남왕 유안을 위시한 학자들이 공동집필한 「회남자」에서는 모든 나라와 민족 문화의 상대적 가치를 존중해야 한다고 주장하고 있다. 유교 경학이 절대주의적이고 수직적인 집단의식을 불러일으키는 동안, 「회남자」는 지배적인 집단의식을 해체하는 집단지성의 놀라운 개방성과 활력을 보여주었다(김성환, 2010: 280).

「회남자」는 회남왕 유안(劉安, B.C. 179~122)과 그 식객食客들이 편집하여 지은 책이다. 현재 판본은 모두 21편이지만 원래 「회남자」는 내편內篇 21

---

18. 중국은 1989년 천안문사태 이후 중국 인권정책의 비판과 국제사회에서 역할이 제한될 것을 우려해서 1997년 국제인권 A규약(경제적, 사회적, 문화적 권리에 관한 규약)에 가입하였고, 1998년 B규약(시민적, 정치적 권리에 관한 규약)에 가입하였다(윤영덕, 2008: 210).

편, 외편外篇 33편이 있었으나, 외편 33편은 당시 유실되어 전해지지 않고 있다. 「회남자」의 각 편은 한 사람의 저술이 아니라 여러 사람이 분담하였기 때문에 서로 모순되거나 중복되는 부분, 그리고 비논리적인 측면이 많다. 「회남자」는 그보다 100년 전에 이루어진 여씨춘추呂氏春秋의 체제를 본떠 저술했다고 알려져 있다. 그러나 여씨춘추가 유가 사상에 초점을 두고 있는데 비해 회남자는 도가에 중심을 두고 있다. 이때의 도가 사상 중에는 이미 음양오행설陰陽五行說이 있었으며, 여기에 유가儒家나 묵가墨家, 명가名家, 그리고 법가法家의 이론도 뒤섞여 있었다(신창호, 2005: 67). 「회남자」에는 어느 한 사상에 치중하기보다는 어느 분야를 막론하고 골고루 활용하여 국가 경영에 이바지 할 수 있도록 하는 실용주의적 발상이 담겨 있다.[19]

「회남자」는 하늘과 땅과 인간을 살피는 실용주의적 사상의 집대성이라 할 수 있으며 그 속에는 단일한 중심주의가 아니라 개별 인간(백성)의 삶을 중시하는, 인권의 이념에 내재된 인간답게 살 권리를 존중하는 사상이 담겨있다. 먼저 「회남자」의 범론훈에서 보면 '백성은 곤경에 직면하면 보다 나은 수단을 찾아내고... 예로부터 전해오는 관습이라도(때에 안 맞으면) 따를 수 없고... 마찬가지로 선왕의 법도라도 바꾸어 나아가야 한다'고 하였다(남상호, 2003: 114). 여기에서 백성은 자신의 보다 나은 삶을 위한 방법을 강구하고 선왕의 법도라도 바꿀 수 있다고 서술하고 있다. 이것은 백성이 인간답게 살기 위해 모든 권리를 행사할 수 있다는 것이다. 즉 인간

19. 현존하는 「회남자」의 내용을 간략하게 분류하면, 먼저 원도훈(原道訓)은 도가적 본체론(本體論)이고, 숙진훈(淑眞訓), 남명훈(覽冥訓), 정신훈(精神訓), 무칭훈(繆稱訓)은 유도가적 수양론이며, 천문훈(天文訓), 지형훈(地形訓), 시칙훈(時則訓)은 음양오행가적 생명환경론이고, 본경훈(本經訓), 주술훈(主術訓), 제속훈(濟俗訓), 범론훈(氾論訓), 수무훈(脩務訓), 태족훈(泰族訓)은 명가적 토론이고, 요략(要略)은 20편 전체를 요약한 총론이다(남상호, 2003: 113).

은 선천적으로 본질적으로 인간답게 살아갈 권리를 가진다는 사실의 강조이다. 「회남자」는 '모든 하천은 근원이 달라도 모두 바다로 흘러가고, 제자백가의 학설은 서로 달라도 모두 세상 다스리는 데 힘쓰는 것이다'라고 말하고 있다(남상호, 2003: 115). 이는 폭넓게 보면 인권의 철학적 가치인 평등을 말하는 것이며, 정치적 견해의 차이로 인한 인간존엄성의 제한을 경고하는 것이다.

「회남자」에서는 도가 사상 중에 음양오행설을 포함하고 있는데, 상생을 중심으로 만물의 변화를 설명하고 있다. 오행론의 근간을 이루는 변화의 기본 법칙과 작용은 상생과 상극에서 찾을 수 있다. 상생에는 밑거름이 되는 희생과 서로 돕는 상부상조의 의미가 담겨 있으며, 상극에는 처음부터 생장을 못하도록 막는 극제剋制와 일정한 것만 허락하고 더 이상의 진행은 막는 억제抑制의 뜻이 들어 있다. 상생과 상극은 돕는 작용과 막는 작용이라는 서로 상반되는 역할을 통하여 만물의 변화를 주도한다. 즉 상생이 없으면 성장할 수 없고 상극이 없으면 발전을 이룰 수 없으니, 상생은 길하고 상극은 흉한 것이 아니다. 상극은 상생의 지속적인 성장을 발전으로 유도하고, 상생은 상극의 고통을 한 단계 성숙한 성장으로 이끈다. 상생과 상극은 변화를 통해 순환하는 자연의 법칙이라 할 수 있다(김성태, 2010: 224~225).

따라서 이북이주민/중국인, 서구의 인권/중국의 주권이 상반되는 개념이라고 볼 수도 있지만 오행론에 따르면 이러한 차이는 상생으로 이어지는 변화의 주체로 작용할 수 있음을 말하는 것이다. 중국에서의 이북이주민 문제, 거기에 연결된 인권의 이슈는 중국을 포함한 동아시아의 걸림돌이 아니라 상생의 지속적인 성장을 유도하면서 동아시아인 전체를 보다 인간답게 살아가도록 만드는 매개로 작용할 수 있다. 이러한 인권의 국지적 정당화는 중국의 전통인 「회남자」와의 만남을 통해 구체적으로 확인할 수 있을 것이다.

「회남자」에서 발견한 인권의 국지적 정당화

중국에서의 이북이주민 인권과 관련된 내용을 1세대 인권과 2세대 인권으로 구분하여 제시하면서 「회남자」에 내재된 인권 사상과의 관련성을 탐색할 것이다. 이를 통해 동아시아에서의 이북이주민의 인권에 대한 국지적 정당화를 발견할 것이다.

1세대 인권 관점인 소극적 권리의 시민권civil rights[20]은 일상생활에 완전하고 평등하게 참여하고 기본적인 안전이 보장되며 차별이나 배제를 받지 않는 구조와 절차가 보장될 때 가능하다(Ife, 2010: 172). 이북이주민의 경우에 그들이 거주하는 지역에서 존엄한 인간으로서 처우 받고, 기본적인 안전을 보장 받으면서 차별이나 부당한 대우를 받지 않아야 한다는 권리이다.

시민권은 주권의 문제와도 결부되어 있다. 인권과 주권의 문제는 개별 국가들의 국내 수준뿐만 아니라 국제적·지역적 차원에서도 논의가 심화되고 있다. 인권을 옹호하는 사람들은 난민 문제나 대량학살 등과 같이 개별 국가들의 수준에서 일어나는 인권 문제에 대해 국제사회의 적극적 개입을 주장하고 있지만, 또 다른 측면에서는 국제사회가 정치적으로 개입하게 된다면 단지 일부 강대국들의 국익을 대변해 줄 뿐이라고 강변하고 있다(박정원, 2002). 이북이주민들이 일상생활의 평등, 사회구조적 차별과 배제로부터 벗어나는 완전한 시민권의 획득을 보장받아야 한다는 주

---

20. 시민권은 존엄성을 가지고 처우 받고 개인적 안전에 대한 존중과 관련된 권리이다. 예를 들면, 공정한 재판에 대한 권리, 재판 없이 수감되지 않을 권리, 법정 대리인을 세울 권리, 성폭력과 위협으로부터 자유로울 권리, 그리고 인종, 국적, 젠더, 나이, 신념, 종교, 장애로 인한 차별로부터의 권리를 말한다.

장은 언설로 그칠 가능성이 많다. 그러나 인간으로서의 존엄과 최소한의 안전에 대한 보장은 인간 삶의 정당하고 필수적인 기본적 요건이라 할 수 있다.

2세대 인권 관점인 적극적 권리의 경제권economic rights은 도구적인 것으로서 다른 권리들이 실현될 수 있도록 하기 때문에 다른 권리와의 관계 속에서 중요성을 갖는다(Ife, 2010: 165). 경제권의 보호를 위해서는 기존의 경제적 질서 안에서 효과적인 방법을 찾는 전략과 지배적인 경제 질서에 대한 대안적 방법을 개발하는 방식을 추구할 수 있다. 그러나 이북이주민의 경우에는 경제권을 그들 스스로 찾을 방법은 그리 많지 않다.

사회권social rights은 단순한 관계 이상을 넘어서는 것이며 교육, 보건, 주거, 레크리에이션, 배우자의 선택, 가족생활, 일과 의미 있는 인간관계, 소득보장 등을 보호하고 실현하는 사회정책의 영역이다(Ife, 2010: 157). 이러한 사회권은 국가에 의한 공적 역할, 시장에 의한 사적 역할, NGO 등의 제3섹터에 의한 역할로 달성된다고 본다.[21] 이북이주민의 경우에 국가, 시장, 제3섹터에 의한 사회권의 획득은 불가능하거나 미미한 실정이다. 중국의 경우, 이북이주민을 불법체류자로 규정하여 무국적자가 아닌 북한주민으로 규정하여 국제사회가 관여할 사항이 아니라고 한다(박호성, 2004: 3). 중국의 입장에서 보면, 보편적 인권의 수용 여부를 떠나 이북이주민들에 대한 사회권 자체를 논의할 필요성이 없는 것이다. 따라서 이북이주민들은 교육, 보건, 주거, 소득보장에 대해 권리로서 주장할 수 없으며, 최소한의 인간관계와 가족생활도 보장받을 수 없는 상황이다.

경제권과 사회권의 보장은 생존권이 자연스럽게 실현될 수 있도록 하

---

21. 사회권에 대한 세부적 논의는 너무 복잡하기 때문에 여기에서 다루는 것은 적절하지 않다. 다만 이북이주민의 인권이라는 차원에서 사회권을 다룬다.

는 바탕이 된다. 생존권survival rights은 인간의 생존을 위해 필요한 물, 음식, 주거, 보건 등에 대한 권리이다(Ife, 2010: 195). 음식은 거시적으로 식량 안보의 차원에서 고려될 수 있지만 개별적으로 보면 기아로 인한 질병이나 굶주림으로 죽어가는 상황에서는 인권의 위기로 다루어져야 한다. 이북이주민의 경우에 주거는 피난처와도 관련이 있다. 피난처는 인간성을 실현하고자 할 때 필요한 중요한 인권 이슈이다. 의료는 기본적인 권리이며, 빈국이든지 부국이든지 적절한 기본적인 의료서비스는 생존에 기본이 되는 요소이다. 난민이나 이주민의 경우에 의료는 생존의 필수불가결한 조건이 되는 것이다.

중국의 전통 「회남자」는 서구의 인권 개념과 맥락을 같이하는 인간의 존엄성, 생명 존중에 대한 광의적 내용들을 포함하고 있다. 「회남자」에서는 인간중심을 넘어 자연 전체를 하나의 거대한 생명체로 보았다. 「회남자」에서는 천지만물이 하나의 커다란 생명이고, 온 우주가 한 몸이라고 하였다. 인간도 자연의 섭리 안에서 살아가는 '자연 안의 존재'이다. 즉 인간이 자연을 제멋대로 조작할 수 있는 게 아니라, 실은 대자연이 인간을 낳고 양육한다고 본다. 따라서 「회남자」에서 우주는 천차만별인 사물의 자발적이고 자연스러운 작용이 조화를 이룬 하나의 커다란 생명이라고 본다(이석명, 2010: 7~11).

천지만물이 독립된 실체가 아니라 우주적 기운의 장場에서 하나로 연결되어 있다고 보는 「회남자」의 사상에서 본다면 이북이주민의 차별과 배제는 온당하지 않다. 이것은 중국인과의 비교되는 차별이든지 모든 생명(인간을 포함한)을 존중하여 '너도 생명이요, 나도 생명'이라는 상생의 관점에 위배되든지 간에 바람직하지 않다. 「회남자」의 '제속훈'에 보면 인간중심주의뿐만 아니라 특정한 가치기준으로 세상 모든 것을 재단하는 절대주의적 사고에 대한 반성도 촉구한다. '... 어리석은 자에게도 장점이 있고, 지혜로운 자에게도 부족함이 있다... 이를 통해 볼 때, 만물에는 귀하거나 천함이 없다. 그 귀한 바에 따라 귀히 여기면, 사물에는 귀하지 않은 것이 없다. 그 천한 바에 따라 천히 여기면, 사물은 천하지 않은 것이 없다'(김성환, 2007: 139~140).

이북이주민은 시대적, 상황적 조건에 의해 중국인들에게 「회남자」에서 말하는 어리석은 자, 천한 자로 분류될 수 있지만 「회남자」는 이러한 특정가치 기준으로 인간을 판단하지 않도록 경계하고 있다. 따라서 「회남자」의 사상을 존중한다면 이북이주민들의 인권에 대해 주권이나 문화상대주의에 의한 '아시아적 가치'[22]로 대응할 수만은 없다.

이북이주민의 경제권, 사회권, 생존권을 개별적으로 논의하려면 복잡미묘한 정치적, 역사적 상황을 고려해야 한다. 하지만 이러한 권리들은 생명을 가진 존엄한 존재인 인간이 보다 적극적으로 누려야 하는 권리로 논의를 좁혀 갈 수 있다. 이렇게 인간, 즉 생명 전체로 논의 확대하면 이북이주민들이 다른 사람들과 차별적으로 경험하는 인권침해의 시대적 상황과 「회남자」의 전제와는 사뭇 다르다. 「회남자」에서 세계는 살아 있는 생물체이다. 즉 「회남자」에서 살아 있는 모든 생물, 그리고 물과 불과 흙과 금속과 돌과 바람에 이르기까지 모든 사물은 긴밀하게 연관되어 보편적인 자연법칙의 지배를 받는다고 보았다.

「회남자」의 저자들은 음양陰陽과 오행五行이 천지만물에 대한 보편적인 우주적 질서라고 파악했다. 음양은 천지만물의 운동에서 조화를 강조하는 개념이다. 또한 우주만물의 운동변화를 설명하는 오행은 사물을 대

---

22. '아시아적 가치'는 리콴유가 싱가포르의 비민주적 사회 및 정치 질서를 정당화하고 중국이나 말레이사의 권위주의적인 정부가 자국내의 인권 유린을 정당화하기 위해 내세운 개념이다(장은주, 2000: 158). 그러나 아시아적 가치에 대한 논의는 옹호하는 입장(함재봉, 1999)과 문제 삼고 있는 입장(이승환, 1998)으로 나뉘어져 논쟁 중이다.

상화하거나 고립시키지 않는 사고방식이다. 나무 한 그루를 보더라도 그 나무와 다른 사물과의 관계부터 살핀다. 그러므로 '흐름行'이라고 하는 것이다. 오행에는 일방에서 다른 일방을 견제하는 흐름이 있는데 이를 상극相剋이라고 한다. 또 일방에서 다른 일방을 살리는 흐름이 있는데 이를 상생相生이라고 한다. 이처럼 음양오행은 어떤 사물을 다른 것과 분리된 고립적 대상으로 분별하지 않고, 대신 다른 사물과의 다양한 관계의 맥락에서 파악하는 이론체계다(김성환, 2007: 121).

이를 통해 본다면 중국인과 세계인, 중국인과 이북이주민, 중국인과 중국인, 이북이주민과 이북이주민, 이북이주민과 남한주민, 인간과 동물, 인간과 식물은 단절된 존재가 아니라 연결된 공동운명체라고 볼 수 있다. 따라서 이북이주민의 경제권의 박탈, 기본적인 인간관계와 가족생활의 유지뿐만 아니라 인간으로서의 기본적 생명의 유지까지도 어렵게 하는 상황은 「회남자」에 내재된 가치에 위배되는 것이다. 「회남자」에 내재되어 있는 가치인 모든 사물들을 서로 서로 살리면서, 분리되고 고립적으로 만들지 않아야 한다는 명제와 인권의 세부 영역인 경제권, 사회권, 생존권은 큰 차이가 없다고 할 수 있다.

「회남자」에서는 다른 가치체계의 존재나 의미에 대해 폄하하고 부정하고 적대시하는 원리주의자들을 경계한다. 이는 나와 다른 상대를 지배해 더 큰 힘을 얻고자 하는 집단주의 욕망에 기인한다고 보았다. 「회남자」는 '백가를 물리치고 오직 유교만 숭상해야 한다罷黜百家, 獨尊儒術'라는 시절에 개방적인 문화다원주의를 표방하였다. 「회남자」는 시대에 따라 힘써야 하는 것이 다르다고 했는데, 달라야 하는 것은 그 시대에 적절한 방법이다. 즉 시대의 상황 변화에 따라 사용 도구도 변화해야 한다는 것이다(남상호, 2003: 138).

「회남자」에 내재된 상대적 가치와 생명 존중 사상으로 비추어 본다면 서구의 인권 이념을 새로운 인간 존엄의 도구로 수용하여야 하는 것이다. 「회남자」를 통해 이북이주민과 같이 다른 문화, 지역으로부터 이주해 온 소위 '이방인'에 대한 중국의 태도가 역사적, 학술적으로 항상 단일하였던 것이 아님을 알 수 있다. 현재 주변인이고 이방인으로 자리매김되며 인간존엄성의 상실 상황에 있는 이북이주민들은 「회남자」에 내재된 인권 사상을 재발견시키는 존재들이다. 이를 통해 또 하나의 동양 전통이 인권 이념을 포함하고 있음을 발견할 수 있다. 「회남자」를 통해 인권이 의도를 가진 단순 서구의 산물이 아니라 보편적 인간성을 존중하는 인류의 역사적 산물이라는 사실을 확인할 수 있다.

인권, 이북이주민 그리고 공존

인권은 서구의 산물인가, 동양 즉 동아시아에서도 보편적 적용가능성이 있는가. 동아시아에서는 유교를 절대적이고 보편적인 진리로 숭배하는 사고방식 속에서 권위·억압·파벌·배타·독단의 문화가 자라나기도 했다. 서구중심주의를 대체하는 중화주의와 같이 자의식과 자기중심성에 갇힌 관념이 대두하기도 하였다. 왜냐하면 서구의 보편적 가치에 대해 동아시아는 민감하게 반응할 수밖에 없는 역사적 기원을 가지고 있다. 서구국가들은 인권 맥락에서 주권국가의 국내문제에 개입하면서 특수한 이익의 관철을 시도하기도 하였다. 따라서 인도주의적 개입의 명분으로 내세우는 인권은 서구적 맥락에서 형성된 개념이란 점에서 중국이나 북한에서 받아들이기 어려운 점도 있다.

미국의 경우 이와 같은 모순들이 지속적으로 지적되어 왔다. 미국은 자유민주주의의 全 세계적인 확산과 각국에서의 인권신장이 대외정책의 목표임을 공개적으로 표방해왔다. 그러나 미국은 자국의 예외주의exceptionalism 를을 바탕으로 냉전시대에 공산주의에 대항한다는 이유로 인권침해를 일삼는 제3 세계의 많은 권위주의국가의 정부들을 대상으로 군사적으로나 경제적으로 미국이 지원했던 것은 잘 알려진 사실이다(이상환, 2001: 66).

미국이 세계 인권문제에 관심을 갖게 되는 계기는 인권탄압적인 정부하의 국민들에 대한 동정심, 인권탄압적인 정부 지도자에 대한 분노, 인권탄압은 미국의 건국정신에 위배된다는 신념, 인권문제를 제기함으로써 대외적으로 미국의 이미지 제고, 그리고 동서 이념투쟁에서 인권문제의 외교적 수단으로의 활용가능성 등으로 요약될 수 있다(Fraser, 1979: 178, 이상환, 2001: 67에서 재인용). 미국의 타국에 대한 인권정책은 그 자체가 목적이라기보다는 수단적인 성격도 강하게 작용하였다고 볼 수도 있다.

유럽 국가들 내부도 1990년대 탈냉전 이후 동유럽 사회주의 국가들로부터 유입된 대규모의 난민과 이주노동자들에 대해 이중정책을 적용하고 있다. 어떤 경우에는 이들 이주민들을 특정한 기준에 의해 인위적으로 떼어놓고 토착민들과 서로 섞이지 못하게 하는 사회적 분리나 인위적 기준에 따라 불공정하게 대우하는 차별행위를 묵인하기도 하였다.[23] 유럽

23. 영국의 경우 1905년 외국인법(Aliens Act)으로 이민에 대한 국가의 통제적 역할을 강화하기 시작하였다. 1981년 영국 국적법(British Nationality Act)은 영국에서 태어난 사람에게 자동적으로 주어지던 시민권을 폐지하도록 변경되었다. 1980년대 이후로 영국에서의 상황과 유사하게 후진국에서 선진국으로 합법적인 이주는 점점 더 어려워졌다(Hayes, 2005: 183). 선진국에서는 노동력은 필요로 하지만 그에 따른 교육, 건강, 사회보장, 주택 등의 사회적 비용을 지출하기를 원하지는 않는다. 전쟁, 박해, 기아와 세계적 위기의 결과로 인해 망명하는 난민들은 영국으로의 입국이 어느 정도 가능하다. 그러나 난민들에 대한 접근도 전적으로 사회적 또는 경제적 비용부담에 초점이 맞추어져 있다. 난민들은 가난하며 부담되고 사회적 비용을 치러야 하는 대상으로 분류된다. 1999년 이민·망명법(Immigration and Asylum Act)은 이들에게 가족과 장애 수당을 없애고 바우처를 확대하고 강제적 분산을 가능하도록 만들어졌다. 난민들은 주택을 강제적으로 배치 받았으며 최저생활이하의 생활수준을 유지하고 있

의 이주민 인권정책은 통합적 인권정책[24]과 선별적 인권정책[25]으로 구분할 수 있다.

선별적 인권정책은 주로 철저하게 규제된 이주민 프로그램이 존재하며 이주자들의 법적 지위는 인정되지만 유입국의 시민보다 낮은 위치에 있고 귀화와 시민권 취득 가능성도 매우 낮으며, 유입국 사회와의 교류도 불평등하고 소원한 관계를 이루는 국가들에서 주로 채택된다. 유럽에서는 스위스가 이 정책을 실시하고 있는 전형적인 국가이며 독일도 어느 정도는 선별적 정책요소를 지니고 있다. 통합적 인권정책은 시민적 지위를 거주지와 연관시키며 시민권 취득이 비교적 용이한 프랑스와 같은 국가들이 수용하고 있다(홍익표, 2005: 332).

유럽의 이주민에 대한 차별과 배제는 경제적 위기가 발생할 때 더욱 확대되는 경향이 있다. 서유럽국가들의 경우 1990년대부터 난민들이 대규모로 유입하였을 때에 극우파와 극우정당들의 이주민에 대한 강경책들이 정당화되기도 하였다. 대부분의 서구국가들은 강압력을 행사하여 국제이주를 억제하고, 내부적으로는 이주민의 권리를 유보하거나 이들에게 제한적인 권리만 허용하려는 경향을 보이고 있다. 이는 세계화의 흐름이 정치경제의 주도적 행위자였던 국가의 능력과 자율성을 약화시켰지

다. 2002년의 국적·이민 망명법(Nationality, Immigration and Asylum Act)은 더욱 민족주의를 고취하고 난민들에게 적대적인 방향으로 만들어졌다. 난민들은 건강, 교육, 지역사회 자원에 접근하는 것이 점점 어려워지고 있다(Hayes, 2005: 185).

24. 특정한 사회계층과 사회집단이 배제되지 않고 모든 사회구성원들의 인권이 동등하게 보장되는 것을 말한다. 이주민의 경우 분리, 차별, 불평등의 상태를 극복하게 하여 사회구성원으로서의 공동의 규범과 가치를 내면화하여 민주적 공동체를 형성하도록 지향한다.

25. 지역과 국가의 정치경제적, 사회문화적 요인으로 인해 취약계층이나 소수집단의 인권을 배려하지 않고 차별하거나 배제하는 것을 말한다.

만 이주민 문제와 관련해서는 여전히 국가의 역할이 지배적이라는 것을 뜻한다.

이런 논쟁 속에 이북이주민들은 북한, 중국을 비롯한 이주 과정의 국가들, 그리고 남한에서 각각 다른 인권의 문제에 직면해 있다. 북한에서의 인권침해는 실태조차 제대로 파악되지 못하고 있으며, 중국에서의 인권문제는 국제적 언설로만 그치고 있다. 또한 남한의 이북이주민들도 법률적으로 남한주민들과 동등한 입장에 있다고는 하지만 그들은 결코 남한주민들과 같은 인권을 보장받고 있다고 느끼지 못한다. 남한사회가 아직 온전한 인권 보장 국가라고 할 수 없다는 사실을 인정한다면 스스로 혹은 일부 남한주민들이 '2등 국민'이라고 간주하는 이북이주민들의 인권 상황은 더욱 열악할 것이다. 비록 인권이 서구 개념이지만 그 핵심은 한 명 한 명의 인간 자체를 소중하게 생각하고 존엄하게 바라보아야 한다는 의미다. 이는 동서양의 많은 전통에서도 드러나는 공통성으로 그 내용과 의미에서의 보편적 적용이 반드시 필요하다고 본다. 특히 이북이주민들과 같이 삶의 근원적 터전으로부터 벗어난 이주민들에게는 더욱 강조되어야 하는 개념이 '인권'이라고 할 수 있다.

제2부

디아스포라, 노마드로서의 삶

BEYOND THE DIASPORA & NOMAD

4장:

과거, 그리고 현재의 삶은 어떠한가

> 남한사회는 이북이주민들의 초기 적응에서 기존의 그들 생활방식으로도 심리적 안전감을 유지할 수 있도록 지원하고 배려할 필요가 있다. 그리고 이들의 사회적응은 남한의 생활양식을 일방적으로 주입시킨다고 되는 것이 아니라 그들의 기존 삶의 방식 속에서 통합될 때 가능할 것이다. 따라서 우리가 동화라고 하는 적응 패턴도 결국 북한이탈주민들의 기존 생활양식과 능력에 근거하여 이루어지는 것이라 할 수 있다.

유랑과 정착

여기서는 이북이주민들이 탈북하여 남한에 정착하기까지의 과정과 관련된 그들의 경험을 탐색할 것이다[26]. 이북이주민들의 이동은 그것이 굶주림으로부터 벗어나려는 욕구, 인간존엄성의 상실에서 비롯된 정치적 사유, 혹은 보다 안전한 일상 유지의 방법을 찾으려는 시도, 그리고 이상적 삶의 추구에서 비롯되었든지 간에 일차적으로 그들의 생존과 관련되어 있다. 이북이주민들은 세계 속의 난민이 되어, 세계를 방랑하는 이산 유대인 즉 디아스포라처럼 떠돌고 있거나 남한을 비롯한 여러 국가에 정착하고 있다.[27]

---

26. 이후의 내용은 저자의 '이주민으로서의 북한이탈주민 경험 연구: 생존과 일상의 경계를 넘어(한국사회복지행정학, 18권 제1호)'에서 수정, 보완된 것들임.
27. 1990년 이후 북한을 떠나 세계 각국으로 이동한 이북이주민의 숫자는 대략 30만 명 정도에 이를 것으로 추정하고 있으며, 유엔난민기구(UNHCR)에 의하면 세계 각국에서 난민지위를 인정받은 이북이주민은 2001년 19명에서 2010년 917명으로 증가

세계 각국에서 난민 혹은 불법체류자로서 거주하고 있는 이북이주민들의 생존을 유지하고 일상적 삶을 살아가도록 하는 지원정책은 나라마다 다르지만 대체로 만족스러운 수준은 아니다. 남한은 『북한이탈주민의 보호 및 정착지원에 관한 법률』에 근거하여 다른 국가에 비교하여 행정적·물질적으로 높은 수준의 지원제도를 마련하고 있다(엄태완, 2015a). 그러나 이북이주민들의 불만은 점점 두드러지게 나타나서 극단적으로 탈남이라는 새로운 이동을 하기도 한다.[28]

물론 이북이주민들을 위한 남한의 제도들이 이들의 모든 욕구들을 충분히 만족시킬 수는 없을 것이다. 그러나 일부 남한 주민들이 과도한 지원 혹은 보상이라는 불평이 담긴 지원제도(정은미, 2013; 곽승준 외, 2015)도 포기하고 이북이주민들은 왜 국가적 차원의 지원정책이 거의 없다고 볼 수 있는 타국으로 이동 하는가. 선행 연구들에서는 이북이주민들이 남한사회에서 받는 차별과 무시 그리고 국민으로서의 평등한 권리의 부재 등으로 설명하기도 한다(박영자, 2011). 그러나 이러한 파편적 나열로 이들의 새로운 카오스 진입을 설명하기에는 부족함이 많다.

이런 맥락에서 여기서는 이북이주민들의 탈북으로부터 남한의 일상적 삶까지의 전반적 과정에 관련된 그들의 목소리를 생생하게 들어볼 것이다. 이들의 탈북 전후 인식은 어떻게 변화되었는지, 남한 삶의 구조적 모

하였으며, 중국과 남한을 제외한 세계 각국에 거주하고 있는 이북이주민들의 숫자는 수 천 명에 이르며, 중국의 경우에는 2만 명에서 10만 명까지 추정하고 있다(박명규 외, 2012).

28. 탈북자단체들은 남한 이주 후 제3국행을 택한 이북이주민의 수는 3,000~4,000명에 이를 것으로 추정하고 있으며, 실제로 한국을 떠났다가 다시 돌아온 이북이주민들은 "런던과 토론토에만 각각 1,000명 이상의 탈북자가 살고 있다"고 전하고 있어, 탈북자 10명 중 최소한 한 명 이상은 한국을 떠나 제3국으로의 선택을 한 셈이다(중앙일보, 2013).

순은 무엇인지, 어떠한 상황 속에서 일상을 유지하고 있는지, 남한에서 유용한 생존 혹은 일상적 삶의 도구는 무엇인지, 결국 현재 그들의 삶은 어떠한지 등의 질문으로 그 해답을 얻고자 하였다. 이는 이북이주민들의 직접 참여 속에서만 이루어질 수 있기 때문에 계량적 측정보다는 심층적 대화를 통해 서술적으로 드러내는 질적인 접근이 보다 유용할 것이다. 이를 위해 여기서는 근거이론연구방법이 선택되었으며, 이 연구방법은 '연구참여자가 경험에 어떻게 대처해 나가고 반응하는가'를 이해하는데 유용한 접근법(조흥식 외, 2015)으로써 이북이주민의 관점에서 그들의 삶을 이해하는데 적합하다고 판단하였기 때문이다.

연구의 참여자는 하나센터의 도움으로 이북이주민 밀접지역의 대상자 중 표본 추출의 적절성을 충족시킬 수 있는 대상들로 선정되었다. 참여자들은 연구의 필요성과 과정 그리고 향후 활용에 대해 동의한 11명(참여자 1: 남, 39세; 참여자 2: 여, 67세; 참여자 3: 여, 48세; 참여자 4: 여, 38세; 참여자 5: 남, 23세; 참여자 6: 남, 37세; 참여자 7: 남, 59세; 참여자 8: 여, 45세; 참여자 9: 남, 55세; 참여자 10: 여, 46세; 참여자 11: 여, 35세)이었으며, 이들과 심층면담을 실시하여 분석한 결과는 다음과 같다.

부유浮游하는 생애

여기서는 참여자들의 언어로 남북과 동아시아에서 부유하는 이북이주민들의 삶의 과정을 기록하고자 한다. 11명의 참여자와의 면접을 통해 얻은 자료를 근거로 지속적인 비교분석의 절차를 통해 밝혀진 개념을 명명하고, 유사한 개념끼리 무리지어 좀 더 추상화하여 범주화시키고, 이 범주의 속성과 차원에 따라 계속 발전시키는 과정을 수행한 결과, 총 122개의 개념과 35개의 하위범주, 15개의 상위범주로 유목화 되었다. 글의 연결은 근거이론연구방법에서 제시한 인과적 조건, 맥락적 조건, 중심현상, 중재적 조건, 작용/상호작용 전략, 결과의 순으로 진행된다.

인과적 조건

인과적 조건은 어떤 현상이 발생하거나 발전하도록 이끄는 사건이나 일들로 구성되는 것으로, 어떤 현상이 일어나게 된 원인이나 조건을 설명해주는 것이다(신경림, 2001). 즉 북한이주민들이 북한을 탈출할 수밖에 없었던 원인을 이야기하는 것이다. 자료를 분석한 결과 인과적 조건은 '생존을 위한 이동'으로 나타났다.

생존을 위한 이동

참여자들은 자신들의 생존을 위해 탈북하였다고 인식하고 있었다. 북한에서는 의식주를 포함한 인간의 기본적인 욕구를 충족하기가 어려웠으며, 자신들의 사회적 참여에 대한 최소한의 분배 몫도 배분받지 못했으며, 다양한 제약으로 가족을 유지하기 어려웠다고 하였다. 이는 일상, 즉 하루하루의 삶이 고통 속에 지속되었으며, 자신의 생명력 유지의 한계를 인식하였다는 것을 의미한다. 참여자들은 그 시점에서 자신들의 사회적 지위, 사회적 제약, 사회적 관계 등의 맥락을 파악하여 볼 때, 미래에도 보다 나은 삶을 살 수 없다고 보았다. 왜냐하면 그들은 가족과 친지들의 출신 성분이 좋지 않아 당원이 될 수 없었으며, 사회 체제의 영향으로 자기 자신이 자유의지를 가지고 도전할 수 있는 사회적 영역을 찾을 수 없었으며, 마찬가지의 연속선상에서 자녀들의 삶도 자신들과 유사할 것으로 예측하고 있었다.

참여자들은 일상의 고통스러운 삶과 미래의 희망도 발견할 수 없는 상황에서 그들을 보다 극적으로 움직이게 한 바탕에는 삶의 본능의 자극이 었음을 표현하였다. 기아로 인한 가족과 친지의 고통 목격, 타인의 죽음으로부터 자신의 삶의 본능을 더욱 자극받게 되었다. 따라서 참여자들은 과거와 현재의 일상적 고통 속에서 미래의 불확실성과 더욱 극적인 외부 충격을 체험하면서 자신의 생존을 지속하기 위해 새로운 선택, 즉 지리적 이동이 필요함을 알아차렸다.

참여자 3 　오직 너무 먹을 게 없고, 아들 하나 먼저 죽고, 그 다음 저 아들은 살려야 되겠다는 생각밖에 없었으니까. 그러니까 중국에 돈 벌러 들어왔는데...

참여자 8 　농사 진 것도 애국미를 바치랍니다. 인민들은 자기 농사 지은 것 다 바치고 또 애국미를 바치라니까. 또 인민군대를 지원하는 거 바치라니까. 그래 그거 아니 할 때는 분배를 짜릅니다.

참여자 7 　처참한 광경들이 많이 벌어졌습니다. 우리 가정에서 우리 어머니가 굶어 죽고, (중략) 그 다음 우리 가정에서는 먹을 게 없고. 가정 살림 다 팔아 먹었고. 마지막에 집까지 다 팔아먹고...

참여자 1 　당에서 사람들의 머리를 눌러나서... 그러니까 제 마음대로 머리를 쳐 들고 다니지도 못하고, 말도 못하게 하고. 딱 그저 제 하라는 대로만 하게끔. 뭐 한 마디로 사람을 완전, 뭐 코 낀 송아지처럼, 그저 오라면 오고...

참여자 4 　입당도 못하고 성분이 너무 걸리니까. 큰 오빠는 그 성분이 걸려가지고 대학도 못 가고. (중략) 그래 아버지 사망한 다음에 너무 배급도 안 되고 하니까 엄마 모르게 중국으로 넘어 왔거든요

맥락적 조건

맥락적 조건은 차원적으로 시공간에서 교차하여 사람들이 작용·상호작용을 통해 반응해야 하는 상황이나 문제들을 만들어내는 특수한 조건의 집합이다(신경림, 2001). 여기서 이북이주민들이 남한사회에서의 다양한 상황이나 문제를 만들어내는 특수한 조건으로는 '일상 회복의 어려움'과 '일상에서의 차이와 차별이 존재함'으로 나타났다.

일상 회복의 어려움

참여자들은 북한과 중국에 남겨진 가족들에 대한 죄책감과 연민을 가지고 있었으며, 자신의 조국을 배반하고 왔다는 의심에서 자유롭지 않다고 느끼고 있었다. 또한 이들은 이동 과정에서 경험한 스트레스로 인해 심리적·신체적 고통 속에서 일상적 삶을 위한 힘을 상실하고 있었으며, 이로 인해 새로운 삶의 공간에서 요구하는 인지적이고 행위적 요구들에 신속히 반응하기 어려웠다고 하였다.

참여자들에게 또 다른 일상적 삶으로 회복을 어렵게 하는 요인은 자신의 현실과 이상 간의 괴리가 커서 남한의 외부적으로 발전된 모습과 자신을 동일시한다거나 사지死地를 벗어난 노력에 대한 당연한 보상심리, 현실을 바탕으로 한 미래 계획을 잘 세우지 못하거나 북한에서의 학습이 남한 실제 생활과 동떨어진 상황 등이었다.

> 참여자 1　　북한에서는 사람들 자체를 세계를 모르게 만들어 버린단 말입니다. 세계를 완전 딱 절단해 버리고... 그저 이 북한 안에서만 손바닥 안에서 벗어 못나게끔...
>
> 참여자 6　　탈북자들에게... 교육한다고 안 됩니다. 절대로... 그 사상이 머릿속에서 빠져나가기 쉽지 않습니다. 한국으로 보면 어린애와 같습니다. 지금 한국에서 자라는 애들하고 같습니다.

참여자 10　　계속 위축성 위염이 되어 가지고 스트레스 받지 말고, 밥은 제때 먹고 양 조절하라고, 그러면서 지나간 생각 많이 하지 마라고 하데요.

참여자 11　　어떤 때는 사고라도 나서 북한에서, 중국에서 고생한 거 다 없어져 버렸으면 해요. 생각이 싹 없어져 버리면 머리도 안 아프고 할 건데

일상에서의 차이와 차별이 존재함

참여자들은 남북한의 구조적 특성에 기인한 차이와 차별이 있다고 생각하였다. 이들은 언어적 차이에 따른 차별이 있으며, 사회생활에서 남한의 재중동포와 동일선상에서 차별하며, 여전히 빨갱이라는 인식이 존재하며, 자신들을 동일 민족이라기보다는 호기심 혹은 두려운 사람으로 인식하거나 남한 사람들과 똑같은 기준에서 인권을 존중받지 못하며 남북한의 사회적 관계형성 패턴과 방법이 다르다고 하였다.

또한 참여자들은 자신들의 개별경험에 따라 차이와 차별의 수준이 다르다고 하였다. 이들은 어느 지역 혹은 어떤 직장에서 일하느냐에 따라 차별적 경험이 달랐으며, 개인의 상황적 조건에 따라 외로움과 소외감을 다르게 경험하며, 중국 경험은 남한 적응에 장단점이 있으며, 비자발적 탈북은 또 다른 남한 적응의 장애 요인이 된다고 하였다.

참여자 4　　상처가 많아지니, 왜 이 한국이라는데 왜 왔을까. 한국 오면 말도 같고, 생활습관이 조선 사람이니 어지간히 비슷할 줄 알았는데, 와보니까 문화차이가 심하고, 언어도 많이 다르고요 외래어 많이 쓰니까 잘 모르고...

참여자 9　　한국에서는 뭐 다 좋은 말로 하죠. 웃으면서 이야기하니 탈북자들은 다 자기 말이 맞다고 생각하는 겁니다. 나중에 그게 아니죠.

그럼 이게 뭔가. 왜 맞는다고 해놓고 뒤통수 치는가...

참여자 7　　중국에서 직행(북한을 탈출하여 중국 등 제3국 거주 기간이 거의 없는 사람들을 일컬음)하는 탈북자들은 한국 사회를 이해하는 능력이 많이 떨어져...

참여자 6　　좋은 사장 만나 일 계속 할 수 있었고, 회사 사장에 따라 일하기 엄청나게 힘든 곳도 많아.

참여자 3　　완전 북한에서 온 사람, 이 직장에서 처음 봤으니까, 정말 완전 동물 보듯이 했죠.

중심현상

중심현상은 '여기에서 무엇이 진행되고 있는가'를 나타내 주는 것으로 참여자가 일련의 작용/상호작용 전략에 의해 조절되는 중심 생각이나 사건이다(신경림, 2001). 참여자들이 남한의 일상에서 경험하는 중심현상은 '또 다른 생존-일상의 공간에서 버텨야 함'으로 나타났다.

또 다른 생존–일상의 공간에서 버텨야 함

참여자들은 남한이라는 새로운 공간의 또 다른 생존 현실에서 버티고 있거나 버텨야 한다는 인식 속에 있었다. 우선 이들은 남한사회에서 새로운 일상으로의 빠른 전환이 필요하다는 사실에 공감하고 있었으며, 이를 위해 탈북이전에 꿈꾼 남한 삶의 환상으로부터 벗어나야 하고, 남한 사회의 단지 한 명의 구성원임을 알아차려야 하며, 신체적, 심리적으로 회복하여 사회관계 속에 포함되어야 한다고 하였다. 참여자들은 남한의 제도적 혹은 개인적 차별 속에서도 버텨야 한다고 했으며, 예를 들면 남한주민들의 세금 낭비자가 아니라 생산적 활동자임을 알려야 하며, 2등 국민이 아니라 똑같은 국민으로 취급받기 위해 노력해야 한다고 하였다.

참여자들은 남북의 사회문화적 차이를 받아들여야 한다고 믿고 있었으며, 이를 위해 남한의 중심적 사상과 문화를 그대로 흡수해야 하며, 스스로 남북의 사회문화 차이를 극복하기 위해 노력해야 한다고 하였다. 또한 참여자들은 남한에서 생존과 더불어 일상적 삶을 살기 위해서는 현실과의 재빠른 타협이 필요하다고 했는데, 이를 살펴보면 국가 정책을 현실적으로 받아들여야 하고, 교육적 앎이 실제적 삶과 일치하지는 않음을 파악해야 하며, 자기중심적 사고와 행동을 넘어 사회 전체의 역동도 살펴봐야 한다고 하였다. 마지막으로 이들은 생존 혹은 더 나은 삶을 위해 지리적 이동을 하였지만 새로운 공간에서도 여전히 실존적 불안정성은 존재한다고 하였는데, 그것들은 인간으로서의 근원적 외로움과 이방인에 대한 사회구조적 소외가 개인 소외로 이어지며, 미래 생계의 불안정은 언제 어디서나 존재한다는 사실이라고 하였다.

참여자 5　　막 여기 와서 사람들은 다 되겠다. 대기업 사장이 되겠다는 환상도 가지고, 탈북자들끼리 너무 틀린 거죠.

참여자 9　　지금 이때까지는 이렇게 했지만 다 이런 것은 아니다. 생활이 뭐 이렇게 항상 꽃이 필거는 아니다. 국가 정책이 항상 우리에게 맞지는 않다는 (중략) 우리 스스로 참고 버티고 해야...

참여자 10　　외롭고 순간 많이 느꼈습니다. 아 똑같구나. 내가 이거 발품 팔지 않으면 안 되는구나...

참여자 6　　제가 암만 큰 시내를 돌아 다녀 봐도 자기가 그... 큰 흐름에 합류하지 못하고 내가 어느 정도의 기술이 없으면 살아가지 못하고, 여기서는 더해... 안 그럼 하층 국민밖에 안 돼...

참여자 5　　하나원에서 100가지 교육 받으면 10가지만 그대로고 나머지 90가지는 부딪혀서 해결해야 되는 문제고, 그대로 맞지는 않고. 내 생각대로 하면 사는 게 쉽지 않아...

참여자 3　　내가 스스로 다가가고 겪어보고 해야 해요. 그래야 친구들과 사귀고 어찌되었든 여기에서 살아갈 수 있어요.

중재적 조건

중재적 조건은 어떤 현상에 속하는 보다 광범위한 구조적 상황으로 주어진 상황 또는 맥락적 조건에서 취해진 작용/상호작용의 전략을 조장하거나 강요하도록 작용한다. 또한 작용/상호작용 전략을 방해하는 역할도 한다(신경림, 2001). 여기서는 '또 다른 생존-일상의 공간에서 버텨야 함'의 현상에서 작용/상호작용에 영향을 미치는 중재적 조건으로 '일차적 목적 달성으로 인한 동기부여', '과거 삶의 방식이 영향을 미침', '체계적 지원 정책이 존재함', '지역사회 지지가 작동함', '쉽게 자신의 목적을 달성할 수 없음' 등이 중재조건으로 작용/상호작용 전략에 영향을 주는 것으로 나타났다.

일차적 목적 달성으로 인한 동기부여

참여자들은 수많은 어려움 속에서 남한 입국이라는 간절한 소망을 이룬 성공 경험으로 인한 삶에 대한 의욕적 동기가 일상적 삶의 유지에 도움이 된다고 하였다. 이들은 탈북과정의 고난 속에서 남한 입국이 최종적 목표가 되며 자신들이 바라던 삶을 살 수 있으며 이상향으로서의 인간 삶을 살 수 있다고 믿으며, 이는 초기 남한 생활의 강력한 삶의 동기로 작용한다고 하였다. 또한 참여자들은 생존권적 기본권이외의 인권에도 관심을 가지며, 자신들의 삶과 다른 자녀들의 주류적 삶을 바라거나 보다 인간다운 생활을 할 수 있다는 소망 속에서 남한 생활을 시작한다고 하였다. 이는 이후 삶을 보다 적극적으로 살아가는 힘으로 작용할 수도 있지만 자신이 바라는 희망과 격차가 크면 클수록 무기력한 일상으로 이어질 수도 있다.

참여자 1 난 여기 와 보니까 나 다른 거보다 사람 인권 많이 존중해 준단 말이에요.

참여자 9 내가 여기 와서 겪고 보니까 야 정말 북한에서는 지옥 생활했구나. (중략) 평양에 갈라면 승인번호 받아야 되고... 여기는 그런 것 없지 않습니까. 어디든지 마음대로 갈 수 있지 않습니까.

참여자 2 우리 아이들 남한 사람들하고 같이 사는 걸 원하는 거죠.

참여자 8 이게 자유 민주주의 세계다. 사람이 살기 좋다. 북한에서 교육 받은 거 허구다. 진짜 생지옥은 북한이고, 여기가 진짜 지상낙원이지.

과거 삶의 방식이 영향을 미침

참여자들은 남한의 일상적 삶을 유지하는데 있어서 과거 삶의 방식이 많은 영향을 미치는 것으로 표현하였다. 우선 과거 경험의 긍정적 요인으로는 남한이주 전의 극단적으로 고통스런 삶과 현재 자신의 삶을 비교하거나 북한 체제보다 인간다운 생활을 할 수 있도록 해주는 남한 제도 등을 언급하였다. 하지만 이들은 태생적인 차이에 기인한 삶의 태도로부터 나타나는 열등의식 혹은 왜곡된 사회적응 시도로 또 다른 일상의 공간에서 생존에 위협을 받기도 하는 것으로 나타났다. 참여자들이 경험한 과거 삶의 방식은 이들의 생존과 일상적 삶을 유지하는 전략에 영향을 미치는 것으로 보인다.

참여자 7 내가 북한에서 나무껍질 먹고, 중국에서 숨어 살면서 먹고 살기 위해 투쟁하던 정신으로 여기 살면 되지, 왜 못사는가, 집을 주지, 국적을 해결해 주지, 거기다가 돈도 주지, 왜 못사는...

참여자 8 자본주의 삶의 방식을 경험하지 못한... 거져 겉만 보고... 국가에서 이렇게 보는 수급자, 기초생활수급자, 이런 수급 다 부족하다고 생각합니다. 여기서 물가를 잘 모르고...

참여자 4 이제 돈에 대해 너무 모른다. 너무 겁이 없다. 정말 겁 없습니다. 쓰는 거 보면 막연하게 자본주의라고 하는 게 이제 막 마음대로 모든 걸 쓴다고 보는 겁니다.

체계적 지원정책이 존재함

참여자들은 남한에서의 또 다른 생존-일상의 공간에서 버티는 데 있어서 체계적 지원정책의 영향이 작용하고 있다고 하였다. 남한의 이북이주민들에 대한 지원제도의 긍정적 역할로는 기본적 의식주 욕구가 해결됨과 동시에 이들에게 중요한 보건의료서비스를 남한주민들과 동일한 조건으로 받고 있다는 것이며, 이를 통해 남한사회가 자신들을 받아들이고 있다는 정서를 갖게 한다고 하였다. 한편으로는 남한의 지원제도가 이들로 하여금 제도적 모순을 활용하여 적극적 사회참여를 연기하도록 하거나 개별 맞춤형 제도가 되지 않아 보다 적극적으로 남한의 일상에 참여하는데 장애 요인이 되기도 한다고 하였다. 이러한 남한의 지원제도는 이북이주민들이 남한에서 일상적 삶을 유지하도록 하는 데 있어서 중재조건으로 분석되었다.

> 참여자 2　　일단 국정원 나오면 교육시켜 주죠, 자기가 정하면 집 나오고, 정착금 나눠 주고, 그리고 또 센터다 뭐다 해서 도와주고...
>
> 참여자 9　　계속 국가에서 주는 돈 받으려면 계속 아르바이트 해야... 그렇지 않으면 주는 돈 잘린다.
>
> 참여자 10　　능력이 없어 돈을 못 버는 사람은 기초수급자로 병원에 가도 다 무상으로 봐주게끔...
>
> 참여자 6　　우리 이야기, 요구를 제대로 들어주지 않아요. 우리가 정책을 그래 물어봐도 '통일부에서 그렇게 하는데요.' 그 이상도 이하도 없어요.

지역사회 지지가 작동함

참여자들은 남한에서 새로운 형태의 생존과 일상적 삶을 유지하는데 있어서 지역사회 지지가 영향을 미친다고 하였다. 참여자들에 의하면 지역사회 지지는 긍정적 차원과 부정적 차원이 동시에 작용한다고 하였다. 이들은 남한의 지역사회주민들의 온정주의적 지지를 경험하고 있다고 하였으며, 그것들은 민족적 동질성에 기인하거나 북한이나 탈북과정의 인간성 상실 경험 혹은 종교적, 미풍양속적인 지지라고 하였다.

반면에 참여자들이 지역사회주민들로부터 받은 충고들은 다양한 스펙트럼 속에서 영향을 미치는 것 같다고 하였다. 이들은 남한주민들의 진심이 담긴 충고나 제도적이고 상황적 차별에 대한 옹호적 지지로부터 일상적 삶을 유지할 수 있는 힘을 부여받지만, 남한주민들의 배려가 없는 직설적 충고나 호기심 차원에서 이루어지는 관심은 일상적 삶을 유지하는데 오히려 방해 요인으로 작용한다고 하였다. 이러한 중재조건으로서의 지역사회 지지는 이북이주민들의 일상생활을 유지할 수 있는 전략에 영향을 미치는 것으로 보인다.

> 참여자 4 북한 사람에 대한 정확한 실정은 모르지만 가슴 아파 한다는 거. 같은 민족으로서... 우리도 이렇게 스트레스 많이 받으면서 살고 있는데, 너희들은 북한에서 얼마나 힘들게 살았냐고...
>
> 참여자 3 아파트 주민들이 니네 나이는 어리지만, 그래도 고생 많이 한 게 그래도 살겠다고 의욕이 있는데, 이왕 와서 사는 거 남한테 뒤지지 말고 열심히 살아라.
>
> 참여자 10 한국사람 한마디 한마디가 내 크게 말 안 하니까. 나한테 가슴에 딱 맺히는 소리 같고, 그래 한 달 일하다가 계속 일자리 바꿨어요.
>
> 참여자 11 내가 속마음을 이야기하면 이해하고 다독여주는 사람이 있는가 하면 그거 이용해가지고 긁어내는 사람들 있잖아요.

쉽게 자신의 목적을 달성할 수 없음

참여자들은 남한에서 일상의 삶을 유지하면서 자신의 인생 목표를 달성하기에는 실제적 장벽이 높다는 인식을 하게 되는데, 그것들은 남한사회 사람들 간에 형성된 기존 인맥 관계에 포함되기가 어렵다거나 북한에서의 교육이 남한의 구직에 별로 도움이 되지 않는다거나 정확히 인식하기는 어렵지만 보다 구조적인 이방인으로서 자신들을 가두는 틀이 존재한다는 사실이라고 하였다. 또한 이들은 시간이 지나도 남한사회의 복잡성을 이해하기가 어려우며, 자신이 어느 정도의 수준에서 어떤 일을 해야 하는지를 정확하게 인지하기가 어렵다고 보았다.

참여자들은 사회의 어떤 부분, 혹은 대부분의 영역에서 그들이 포함될 수 없는 제한 범위가 있다고 믿었으며, 실제로 그러한 경험들을 수차례 체험하였다고 하였다. 참여자들은 남한의 국민으로 자격을 부여받고 모든 법과 제도적으로 평등하다고 형식적으로 인정받고 있지만 자신들이 남한의 모든 사회적 영역에 포함되는 과정에서의 한계는 분명히 있다고 하였다.

참여자 5　여기 와서 보니 인맥관계라는 게 참 중요한 것 같았습니다. 가는 데마다 다 이야기하시더라고요. 인맥관계 잘 유지해야 한다. 그러나 우리가 여기에서 할 수 있는 인맥이라고 해야...

참여자 8　여기 와서 진짜 똑같은 경쟁에서 못하는 거죠. 한국 사람한테 사기 못 치거든요. 왜? 그만한 의식이 안 되기 때문에 아무리해도 게임이 안되거든요. 그러니까 같은 탈북자한테 치는 거지요.

참여자 7　일자리를 구하려 해도 없어요. 전부 컴퓨터로, 특히 나이 많은 사람은 할 일이 없어요.

작용/상호작용 전략

작용/상호작용 전략은 중심현상이 맥락적 조건 안에서 존재하거나 특정한 조건하에서 존재하는 것처럼 현상을 다루고 조절하여 수행하고 반응하는데 쓰인다. 즉 현상에 대처하거나 다루기 위해 취해지는 의도적이고 고의적 행위이다(신경림, 2001). 작용/상호전략을 선택함에 있어서 참여자가 스스로 행하는 행위 자체에 주목하여 분류하였고, 중심현상을 다루는 행위로써 결과를 이끌어내는가에 초점을 맞춰 구분하였다. 여기서 '또 다른 생존-일상의 공간에서 버텨야 함' 현상을 다루고 조절하는데 사용하는 작용/상호작용 전략은 '사회 속으로 드러내기', '틀 속에 갇혀 지내기', '여기서 살아남기', '제3의 방법 찾기'로 나타났다.

사회 속으로 드러내기

참여자들은 '또 다른 생존-일상의 공간에서 버텨야 함'이라는 중심현상을 다루기 위한 전략으로 사회 속으로 드러내기를 지속하고 있었다. 참여자들은 남한의 제도 속에 자신을 맞추기 위해 노력하였고 자기 자신의 능력의 범위 안에서 살아가기 위해 남한의 다양한 제도들의 의미를 파악하면서 영구적으로 사회적 수혜자가 되지 않도록 그들 나름대로 삶에 최선을 다하고 있었다. 한편으로 참여자들은 개인적으로 흑백 논리로써 상황에 대처하거나 자존심에 상처를 주었다고 생각할 때는 격정적으로 자신을 표현하였다. 또한 상대에 맞춰 줄 수 있는 사람이 되도록 하는 것이 남한에서 버틸 수 있는 전략이라고 생각한 참여자도 있었으나 자신의 생존을 위해 보다 적극적으로 행동할 필요성이 있다고 보거나 이제 더 이상 물러설 곳이 없다는 심정으로 남한 생활에 임하기도 하였다.

참여자 6　　이 사회 와서 그만큼 받은 거 돌려주지는 못해도 제 혼자 열심히 살면 다른 사람 그래도 다른 남한테 부담이 안되지 않습니까.

참여자 1　　그래 어느 정도 시간이 지나면서부터 내가 나한테 맞추는 게 아니라 상대방한테 맞춰줄 수 있는 마음... 그런 준비가 필요하다고 느낍니다.

참여자 3　　사실 민원센터 갈 때마다 놀라고. 그런 깨끗한 환경... 이런 친절이 정말 주민센터나 시청 공공기관가면 더 친절하고... 나도 이렇게 평균적으로 친절하고 봉사하고 살아야겠다...

틀 속에 갇혀 지내기

참여자들은 남한의 정해진 틀 속에서 자신의 생존을 유지하는 전략을 선택하기도 하였다. 참여자들은 현재 어떤 수준에 머물러 있든지 간에 그것을 운명으로 여기거나 북한 보다는 기본 생활이 더욱 윤택함에 만족하기도 하며 남한 사회에서 제공하는 수혜적 서비스에 조용히 따르는 삶을 살고 있었다. 이에 더하여 특히 초기에, 이들은 자신의 정체성을 더욱 외부로 나타내지 않았으며, 일부 참여자들은 자신을 외부로 드러내었다가 소외와 차별을 경험한 이후로 더욱 자신의 모든 상황을 숨기려하였다고 했다. 그리고 이들은 다른 사람들이, 특히 남한 사람이라면 더욱 좋지만 재중동포라고 생각해도 그냥 두는 것이 생활을 하는데 더 편한 경우도 많다고 표현하였다.

참여자 2　　내 누구를 탓하겠어요. 내가 잘못 태어나서... 이렇게 다 겪어야 될 일이니까 괜찮아, 사람이 살려면 이것저것 다 맛보아야 하는데.

참여자 9　　나는 참아야 되는가? 아니면 성내야 되는가? 좋게 해야 한다. 부딪힐 필요는 없다.

참여자 7　　북한에서 왔다고 무조건 무서워하더란 말입니다. 그러니까 자기를 드러내기가 어렵고...

참여자 8　　　제일 처음에는 저도 숨겼어요. 중국에서 왔다고.

여기서 살아남기

참여자들은 '또 다른 생존-일상의 공간에서 버텨야 함'이라는 중심현상을 다루기 위한 전략으로 여기서 살아남기를 선택하였다. 참여자들은 자신들의 삶의 시공간적 현장에서 살아남기 위해 사회와의 연결을 끊임없이 시도하였는데, 그것들은 지역사회에서 봉사하거나 그들 스스로 비공식 집단을 만들어 활동하거나 남한의 구직 활동에 유용한 자격증 등을 취득하려는 노력을 했으며, 보다 먼 추상적 목표로는 자녀들이 남한 주류사회에 포함되도록 하는 것 등이었다.

참여자들은 차이가 차별이 되는 경험 속에서도 자신들이 여기 남한사회에서 살아남기 위해서 현재 사는 지역의 생활을 존중하며 맞추어가는 생활양식을 선택하거나 스스로 독불장군이 되지 않아야 한다고 다짐하며, 이것들은 모두 남한 내에서 다른 사람이나 제도 등에 부딪혀서 해결해야 한다고 하였다. 그리고 그들은 보다 적극적 차이를 활용하는 방법으로 문화적 차이를 생계의 수단으로 삼기도 했는데, 예를 들면 북한 음식으로 장사를 하는 것 등이었다.

참여자 4　　　우리가 모임을 꾸려서 봉사도하고 한 마음이 돼서 두고 온 고향 생각 날 때마다 거기 가서 그 사람들한테 잘 해주면 어떤 애들은 울기도 하고, 우리도 좋아요.

참여자 6　　　내가 다른 데서 온 사람이기 때문에... 생물, 동물 다 마찬가지 아닙니까. 무리에 섞여야 살아남을 수 있지... 내가 내라고 혼자 독불장군처럼 해서는 이 사람들한테 묻히기 어렵다 아닙니까.

참여자 9　　　북한요리, 한국음식과 완전 다르거든요. 함흥냉면, 평양

냉면 완전히 한국과 다른데. 음식점을 해도 이런 걸 잘 살려야...

참여자 7　　나는 그렇게 살아 왔지만 자식만큼은 탈북자 자식이라는 소리 듣게 하고 싶지 않고, 정말 내가 자식에게는 자존심 세우고 싶습니다.

참여자 3　　자격증 3, 4개씩 따고 있어요.

제3의 방법 찾기

참여자들은 '또 다른 생존-일상의 공간에서 버텨야 함'이라는 중심현상을 다루기 위한 전략으로 제3의 삶의 방법을 찾는 전략도 선택하였다. 참여자들은 중심현상을 다룸에 있어 개인적 한계에 도달하거나 특별한 대처 전략을 찾을 수 없을 경우에 또 다른 제3의 탈출구 찾기를 시도하였다. 이들은 다른 국외 지역으로 이동을 계획하기도 하고 탈북 브로커나 중국과의 밀거래로 일확천금을 목표로 하거나 자신들만의 세계 속에 갇힌 게토화된 삶을 살기도 한다고 하였다.

참여자들은 제3의 탈출구를 발견하지 못하게 되면 자신의 삶에 대한 기대치를 최소화하여 제도 의존적 삶을 살게 된다고 하였다. 이들은 정부 지원제도에 영구적으로 의존하기 위해 노력하며 자신의 이전 삶과 비교하여 최소한의 생계유지에 만족하며 지내거나 희망 없는 생리적 욕구 충족 속에서 단지 삶을 연명할 수도 있다고 표현하였다.

참여자 11　　그니까 북한 방식 그대로 가지고 와서, 탈북자끼리 탈북 사기도 많이 치고, 여기서 돈 가지고 중국 도망친 사람도 엄청 많고.

참여자 9　　저는 정부에서 지원해 주는 보조금에서 조금 조금 절약해서 샀습니다. 기타 뭐 필요한 것... 정부에서 주는 것만 해도 참 감사한 일입니다.

참여자 5　　급하게 돈 벌려고 젊은 친구들 브로커 하겠답니다. 브로커 해서 큰 돈 벌겠다고. 한 사람 오면 300만원, 350만원 번다고.

참여자 2　　　그래 몇 달 기다리면 얼마 나오고, 또 기초생활 잘려도 또 학원 다니면 돈 나오고, 이런 생각에 정부에도 의지 하는게 많죠.

결과

결과는 어떤 현상에 대처하거나 그 현상을 다루기 위하여 취해진 작용/상호작용 전략에 따라 나타나는 것이다. 이는 실제적, 잠재적일 수 있으며, 맥락조건이나 중재조건의 일부가 되어 작용/상호작용 전략에 영향을 미치게 될 수도 있다(신경림, 2001). 참여자들에 의하면, 여기서의 결과는 '일상으로서의 삶'과 '생존 중심의 삶'으로 나타났다.

일상으로서의 삶

참여자들은 '또 다른 생존-일상의 공간에서 버텨야 함'이라는 중심현상과 이를 조정하는 작용/상호작용 전략의 결과로 일상으로서의 삶을 유지하고 있는 것으로 나타났다. 참여자들은 남한으로 이주한 후 자신이 선택할 수 있는 삶을 살 수 있다는 기대, 자신의 책임과 의무가 있지만 스스로의 권리를 행사할 수 있다는 새로운 경험, 그리고 보다 먼 미래이지만 통일 이후 북한에서 남한의 삶을 바탕으로 성공적인 삶을 살 수 있다는 희망을 가지면서 현재의 다소 힘든 삶을 살아가고 있었다.

참여자들은 지금 여기에서 자신의 삶에 적응해 나가야 하기 때문에 과거 혹은 현재의 모든 응어리진 삶을 그대로 묻어 두고 살면서 자신의 기본적 생존권을 유지하도록 해주는 남한의 공식적 지원에 감사하거나, 남한의 체제에서 경험하는 어떤 부분에서 차이와 차별이 있기는 하지만 자신이 일하는 만큼의 대가가 있다는 사실 등이 새로운 공간에서의 일상을 유지하는 힘이라고 하였다.

참여자 1　여기 와서 인생이라는 거 알게 됐고, 북한에서는 그저 죽을 때까지 이렇게 사는 가... 여기 와서 보니, 자기 권리도 찾을 줄 알고. 말 할 것도 말도 해보고, 그 다음에 뭐 누릴 것도...

참여자 6　나는 가슴에 응어리가 맺힌 게 많아도 그대로 품고 살아가야지요. 자식은 다르게 살아야...

참여자 2　아파트 사람들이 탈북자 생계비 얼마 받나 물어봐요. 그럼 난 제대로 말을 못해요. 여기 사람들도 나만큼 받지 못하는 사람이 많아요. 그래 미안해 제대로 말을 못해요. 감사한 일이죠.

참여자 8　여기 하는 만큼 보수 오게 되면 그거 보람 느끼지 않아요. 자기가 하는 만큼 보수만 주어지면, 근데 자기 일한 만큼 보수 돌아오지 않아서 문제지요.

생존 중심의 삶

참여자들의 경험에 의하면 남한으로 이주한 새로운 삶은 다양한 상황 속에서 일상을 유지하기도 하지만 남한 주민들과의 비교 혹은 절대적 기준의 생존 유지라는 삶 속에서 희망이 없으며 실제적으로도 비참한 생활로 이어진다고 하였다. 참여자들은 남한 주민들과 비교해서 자신들이 너무 초라하다고 생각하였으며, 소수의 동료 북한이탈주민의 성공적인 삶에 극단적인 비교를 하거나 자신들은 어쩔 수 없이 최하층의 사람으로 살아야할 것이란 비관적 전망도 하였다. 따라서 이들은 인생의 새로운 목표를 찾는 것에 실패하거나 현실에서 목표를 찾는 것이 어려우면 헛된 과대망상적 성공을 추구하거나 어떤 의욕도 상실하는 무기력한 상황에 노출되거나 일상이 생의 유지에만 초점이 맞추어지기도 한다고 하였다.

참여자 9　제가 생각하기에 한국에 정착 못했습니다. (중략) 저 사람들은 저래 사는데, 나는 왜 이런가. 누구는 성공했는데, 나는 왜?

참여자 10 여기 목표를 세우기가 너무 힘들고, 목표가 있었으면 좋겠는데 정하기가 너무 힘들고.

참여자 11 몇 년 동안 계속 허망한 이야기만 하고 지내는 거죠...

참여자 7 아무것도 없이 그냥 아르바이트나 하고 도전을 포기하고 이렇게 사는 사람들이 많아.

참여자 5 우리는 어렵게 살거나 대부분 최하층에서 백성 그냥 최하층으로 계속 살아야.

일상으로의 적응

핵심범주

근거이론에서 선택코딩은 핵심범주를 밝히고 이 핵심범주를 중심으로 다른 모든 범주를 통합시키고 정교화하는 과정이다(김수지·신경림, 1996). 핵심범주는 연구의 중심 주제를 대변하는 것으로 '이 연구가 무엇에 관한 것'인지를 알려주는 것으로 몇 단어 안에 응축하는 추상화 작업이다(신경림, 2001). 여기서 이북이주민의 남한적응에 관한 핵심범주로 <불만족스런 상황에서도 일상적 삶에 최선을 다하는 과정>으로 나타났다. 이것은 이북이주민들이 남한적응 과정에서 일어나고 있는 중심현상, 여러 맥락과 조건들, 작용/상호작용 전략, 그리고 결과를 포괄하는 핵심범주이며, 지속적이고 순환적인 과정으로 나타났다.

참여자들은 남한에 이주한 이후로 보다 나은 삶에 대한 기대를 바탕으로 일상으로의 재빠른 복귀를 원하였다. 그러나 이들은 과거 이동과정의 경험으로부터 완전히 회복되지 못하고 있었으며 과거 생활세계와 남한의 사회구조 간의 차이에서 오는 괴리를 극복하는 것에 어려움을 가지고 있었다. 여기에 더해 참여자들은 구조적이고 개별적인 특성에 기인한 차이와 차별을 경험하고 있었다. 이러한 차이와 차별은 시간과 공간에 따라 구분이 모호해지기도 하였으며, 주류사회와의 차이는 결국 차별을 초래하도록 만들었다. 그런 맥락 속에서도 참여자들은 남한이라는 새로운 공간에서 일상적 삶을 유지하기 위해 자신이 할 수 있는 수준에서 버티고 있었다.

참여자들이 남한의 일상적 생활을 어렵게 유지해 나가는 과정에서 지역사회 지지와 체계적 지원제도는 이들의 남한 삶을 지탱하게 해 주는 중재적 역할을 하였다. 하지만 남한의 지원정책과 정서적 지지가 항상 이들에게 긍정적 요인이 되지는 않았다. 참여자들에 의하면 지원제도가 장기 적응보다는 단기 적응을 유도하여 오히려 사회참여를 늦추기도 하였으며, 개별 상황과 맞지 않은 경우에는 남한사회 전체를 불신하는 계기가 됨을 지적하였다. 남한 주민들의 정서적 지지는 삶을 버티게 하는 중요한 중재요인이지만 호기심 혹은 이전 경험과 관련된 상처를 주는 충고들로부터는 삶을 버티는 힘을 오히려 잃게 만든다고 하였다.

참여자들의 과거 삶은 남한에서 일상을 유지하는데 긍정적 자극제로서의 역할과 더불어 현재의 일상으로 전환하는 데에 있어 새로운 전략들을 필요로 하는 요인이었다. 또한 이들은 남한으로의 이주라는 일차적 목적 달성에 기인한 새로운 삶에 대한 동기부여가 특히 초기에 상당히 높지만 실제적 장벽을 발견하면서 서서히 옅어지게 된다고 하였다. 참여자들은 그들의 사고와 적응 방식이 남한 체제와는 달랐기 때문에 자신의 남한 적응 능력을 정확하게 인지하는 것도, 남한 사회의 복잡성을 이해하는 것도 어려웠다고 하였다. 이런 조건들 속에서 참여자들은 그들이 할 수 있는 최선의 적응 전략들을 수행할 수밖에 없었다고 하였다.

참여자들은 남한에서 일상적 삶을 버티는 전략으로 자신을 남한 사회에 드러내 보이거나 그 과정에서 상처가 심한 사람들이나 개인적 특성에 따라 남한에서 만든 제도적 틀의 범주를 벗어나지 않는 삶을 선택하기도 하였다. 하지만 이들은 남한이라는 새로운 공간에서 살아남기 위한 전략들을 자신의 수준에서 선택하였으며, 이는 남한의 제도, 지역사회의 지원 그리고 개인적 노력 등에 의해 다르게 진행되었다. 한편, 모든 일상적 삶을 버티는 적응적 전략이 실패하게 되면 이들은 새로운 탈출구를 마련하기 위해 또 다른 공간적 이동을 계획하거나 전적인 제도 의존적 삶을 기획하기도 하였다.

참여자들은 생존의 유지를 위해 이동을 결정하면서 다양한 과정 속에서 남한으로 이주하였지만 초기의 희망과는 달리 또 다른 일상으로의 전환이 결코 쉽지 않음을 알게 되었다. 이들은 초기의 미래 희망적 삶으로부터 점차 자신들이 처한 상황을 직시하고 현재 상황 그대로의 삶을 받아들이도록 내외적으로 강요받는다고 하였다. 물론 이북이주민들이 남한에 적응하는 방식은 다양하지만 어찌되었든 간에 결국 인간은 하루하루의 삶을 살아가는, 그리고 살아갈 수밖에 없는 실존적 존재임을 깨닫는다고 하였다. 이 과정에서 과거보다 기본 욕구 충족에서는 우위에 있지만 남한주민의 삶과 비교, 소외, 차별, 외로움, 희망 없음으로 인해 또 다른 공간에서 생존 유지가 유일한 목표가 되는 삶을 살기도 한다고 하였다. 이런 상황 속에서도 이북이주민들은 그들의 일상적 삶을 유지하기 위한 다양한 전략들을 선택하면서 남한사회에서 버티며 살아가고 있는 것으로 파악되었다.

적응 유형

이북이주민의 남한 이주 후 적응경험에 대한 이론을 구축하기 위해 유형분석을 실시하였다. 유형분석은 이론을 구축하기 위해 자료의 가설적 정형화 및 관계 진술문을 근거자료와 지속적으로 비교하여 각 범주 간에 반복적으로 나타난 관계를 정형화하는 것이다(오금숙, 2003). 이런 과정의 결과, 이북이주민의 남한 이주 후 적응은 '희망 연계-개척형', '무 목표-유지형', '절망 지배-무기력형'의 세 가지 유형으로 도출되었다.

희망 연계-개척형

모든 유형의 참여자들은 생존을 위한 이동을 결정하는 정도에서는 동일하게 강한 것으로 나타났다. 희망 연계-개척형의 경우 남한 이주 후 일상으로 회복하는 어려움의 정도가 낮았으며, 또 다른 세상인 남한에서 삶을 살아가기 위해 버티는 힘이 강했으며, 지역사회 지지와 남한 생활에 대한 동기부여가 지속적으로 유지되었다. 또한 이 유형은 과거 삶의 방식에 따른 영향을 비교적 덜 받고 있었으며 남한 사회에서 자신의 목적을 어느 정도 수준에서는 달성할 수 있다고 믿고 있었다. 따라서 이들은 남한에서 살아남기 위해 자신의 모든 역량을 집중했으며, 이를 위해 어떤 상황에서도 남한사회에 도전하고 함께 살아 갈 방도를 찾고자 하였다. 결국 이들은 자신들, 혹은 자녀들이 보다 나은 삶을 남한에서 살 수 있다는 희망을 어느 정도 가지고 현재의 일상에 자신들이 할 수 있는 만큼의 최선을 다하는 삶을 살고 있었다. 이 유형에는 사례 1, 사례 3, 사례 4, 사례 6의 참여자들이 속하였다. 이 유형에 속하는 참여자들의 특별한 인구사회학적 요인을 발견할 수는 없었다.

무목표-유지형

무목표-유지형의 경우 남한에 이주한 이후로 일상으로 회복하는데 어려움을 많이 가졌으며, 남한 생활에서도 차별을 많이 받는다고 인식하고 있었으며 남북의 사회문화적 차이가 남한 생활을 힘들게 하는 요인이라고 생각하고 있었다. 이 유형은 정부의 지원정책에 가장 민감한 반응을 보였으며, 지역사회 지지도 크게 받고 있다고 생각하지 않았으며 자신의 삶의 목적을 입국 초기에는 강하게 동기부여 받아 이루려고 노력하였으나 남한에서 생활하면 할수록 여러 가지 상황의 영향으로 인해 인생의 목적을 달성하기 어렵다고 판단하며 남한의 지원정책에 의존하려는 경향을 강하게 보였다. 따라서 이들은 자신들의 새로운 적응을 위해 사회에 참여하는 것이 아니라 남한사회에서 살아남기 위한 수준 정도에 그치고 있었으며, 남한에서의 새로운 역할이나 부딪히려는 노력보다는 자신들이 안전하게 살 수 있는 형태로 그대로 머무르기 위해 노력하였다. 또한 이 유형은 북한이나 제3국에서의 극단적 생존 경험과 남한 생활을 비교하면서 현재의 삶의 수준을 제도에 의지하여 유지하려는 경향을 보이기도 했다. 이 유형에는 사례 2, 사례 7, 사례 8, 사례 9, 사례 10의 참여자들이 속하였다. 여기서는 주로 고연령층에서 나타나고 있지만 상관관계로 설명하는 것은 바람직하지 않다.

절망 지배-무기력형

절망 지배-무기력형의 경우 참여자들은 보다 나은 삶을 위해 이동을 결정하지만 남한 이주 후 사회적으로 나타나는 차이와 차별의 장벽에 부딪히며 자신의 삶의 목적을 달성하는 것이 점차로 어렵다고 인식하고 있었다. 이들은 남한이라는 공간에서 삶을 지속적으로 유지하는데 집중하기보다는 또 다른 시공간에서 자신들의 새로운 삶을 살아갈 방안을 찾는데 관심이 높았다. 이 유형은 지역사회 지지도 크게 받고 있다고 인식하지 않았으며 북한에서의 삶의 방식을 전환하는데도 어려움이 있었으며, 남한이라는 이상향에 도착하였지만 초기의 목적의식과 삶의 의욕은 시간이 지남에 따라 자신의 현실적 목적을 달성할 수 없음을 인식하면서 급격한 좌절을 겪으며 사라져 가고 있었다. 따라서 이들은 시간이 지날수록 남한 사회의 주변부에 속하면서 제도 속에 포함되는 삶보다는 다른 생존 방식을 찾기를 갈구하였다. 이 유형은 남한 사회에서 삶을 유지하기가 어렵다고 판단하면서 새로운 탈출구를 제도 밖 혹은 지리적 공간 밖에서 찾기를 반복하며 제대로 정착하지 못하였다. 이 유형에는 사례 5, 사례 11의 참여자들이 속하였으며, 대체로 젊은 층이었다. 하지만 마찬가지로 연령이라는 인구사회학적 요인으로 이 유형을 예측하는 것은 바람직하지 않다.

이주민으로서의 이북이주민

여기서는 남한에 살고 있는 이북이주민들 11명의 이주 경험에 대해 내부자 관점을 통해 심층적 이해를 시도하였다. 이를 위해 근거이론방법으로 자료를 분석한 결과 <불만족스런 상황에서도 일상적 삶에 최선을 다하는 과정>이라는 핵심범주를 발견하였고, 이북이주민들의 적응 경험은 3가지 유형으로 분류되었다. 이를 바탕으로 이주민으로서 이북이주민의 삶과 관련된 새로운 의미를 파악하면 다음과 같다.

첫째, 문화적응 관점에서의 고찰이다. 베리(Berry, 1997)의 문화적응이론으로 바라볼 때 이북이주민들의 경우도 통합이 가장 바람직한 적응 형태라고 할 수 있다. 그러나 문화정체성이라는 측면에서 보았을 때 과연 다른 이주민들과 동일선상에서 논의될 수 있는가의 문제는 남아 있다. 또한 실제로 한 사회에서 소수 집단이 새롭게 이주하게 되면 이미 존재하는 다수의 주류 문화로 포함되거나 흡수된다. 이북이주민의 문화적응에 대한 연구에서 보면 동화형이 가장 우세하고 그 다음이 통합형으로 나타났고, 고립형과 주변화형은 잘 나타나지 않았다(윤인진, 2012).

이북이주민들의 삶의 과정을 분석한 결과, 이들이 북한문화와 정체성을 유지하거나, 남한문화와 정체성을 수용하였다고 단정하기는 어려웠다. 참여자들의 경우, 사회적응이라는 보다 직접적이고 일차적인 과업을 수행하는데 최선을 다하고 있었다. 문화적응의 측면에서 본다면 문화정체성의 유지보다는 사회참여를 보다 적극적으로 하는 동화형에 가까웠다. 동화이론에서 보면 아직까지 모범적 소수집단이론, 공간적 동화이론, 분절적 동화이론, 용광로이론 등으로 설명되기 보다는 문화·구조적 동화이론이 가장 가깝게 이들의 한국 삶을 설명하는 것으로 보인다. 또한 이북이주민의 경우, 문화적 다원주의 관점에서 바라보기 위해서는 더 많은 경험적 결과물이 축적되어야 가능할 것이다. 다만 다문화사회에서 이주민들은 단순히 주류사회에 동화되는 것이 아니라 그들 스스로 이익집단을 끊임없이 창출한다(Glazer & Moynihan, 1970)는 주장을 주목할 필요는 있다.

이주민들의 문화정체성을 포함한 정체성 문제는 상당히 복잡하고 쉽게 단정할 수 없는 부분이다. 이북이주민의 국가정체성 형성에 관한 연구를 보면, 이북이주민들은 국가정체성 혼란을 경험하면서 '고향이 북한인 한국 사람', '북한 출신 한국 국적자', '탈북한 한국 국적자', '탈국가적 개인주의자'로 새로운 국가정체성을 형성한다고 하였다(전우택 외, 2011). 결국 이는 '내가 누구인가'로 귀결되며 남한사회에서 부적응하게 될 때 더욱 크게 혼란스러울 가능성이 높다. 여기에서 이북이주민들은 물질적 풍요 혹은 자본주의에 대한 환상 속에 의욕과 실망의 교차 속에서 개인적, 상황적 특수성을 가지고 우리 사회에 적응해 가고 있었다. 이는 거시적 맥락에서 보면 동화이론으로 설명되겠지만 새로운 사회에서 자신들을 위해 만든 틀에 속에 어떻게 하든지 포함되려는 몸부림이라 할 수 있다.

둘째, 적응 유형에서의 고찰이다. 이주민들은 이주 과정, 그리고 정착 과정에서 다양한 심리사회문화적 위기를 경험한다. 난민과 이주민의 위기는 아동·청소년, 성인, 노인에 따라 적응패턴이 다르며 대처방법에서도 차이가 있다(Pumariega et al., 2005). 가족구성원들의 생활주기(life cycle)에 따른 독특한 갈등을 경험할 수도 있을 것이다. 여성의 경우에는 언어습득이 남성보다 빠르고 낮은 지위의 직업도 쉽게 찾을 수 있기 때문에 가족의 경제적 측면에 기여하게 된다. 이 경우에는 부부간의 권력이 이동되거나 남성의 역할 상실로 인한 갈등이 나타나게 된다(Potocky-Tripodi, 2002). 본 연구에서는 성별 등과 같은 인구사회학적 요인에 의해 대처방식이 어떻게 다르게 나타나는 지를 발견하지는 못하였다. 그러나 이북이주민들의 남한생활 대처방식이 개인적으로 차이가 날 수 있음을 확인할 수 있었다. 구체적으로 보면, 미래의 가능성을 가지고 남한사회에 적극적으로 도전하는 유형, 현재 삶에 만족하거나 이전의 삶과 비교하면서 현 수준을 유지하려는 유형, 그리고 희망을 발견하지 못하여 방황하거나 마지못해 삶을 살아가는 유형으로 구분할 수 있었다.

이북이주민들이 남한 사회에 어떤 유형으로 적응하는지에 관한 연구는 많지 않지만 대응자세와 생활조건으로 구분하여 설문조사 한 결과, 극복형 71.4%, 발전형 20.7%, 좌절형 6.4%, 과소성취형 1.5%로 나타났다(윤인진·채정민, 2010). 이 연구에서 보면 90% 이상의 이북이주민들은 남한사회에 적응하려고 노력하는 것으로 보인다. 그러나 그들의 체험을 직접 그들의 목소리로 듣는 경우에는 다르게 나타날 수도 있다. 남한의 이북이주민 연구는 아니지만 조계화(2009)는 미국 이민 한인 1세대의 생존 태도를 신념기반-만족형, 목표기반-노력형, 민족기반-고립형, 적응기반-절충형으로 분류하였다. 이는 이북이주민들 중 장기 생활자를 관찰한다면 다른 결과로 나타날 수 있음을 의미한다. 여기에서의 결과와 관련지어 보면, 희망 연계-개척형은 신념기반-만족형과 목표기반-노력형과 유사성을 보이며, 적응기반-절충형은 무목표-유지형과 비슷한 경우로 보인다. 민족기반-고립형은 절망지배-무기력형과 비슷하지는 않지만 주류사회로 진입하지 못한 점에서는 유사하다고 할 수 있다. 이 연구는 단기 생활자에 대한 접근이며, 조계화(2009)의 연구는 장기간 살고 있는 한인들에 대한 조사이었기 때문에 두 유형을 비교하면서 이북이주민들의 미래를 예측해 볼 수 있을 것이다.

또 다른 미국 한인 이민자의 초기 적응과정을 근거이론으로 접근한 연구에서는 이민자의 적응유형을 미래지향형, 현실적응형, 갈등형, 자포자기형으로 분류하였다(양진운, 2011). 미래지향형은 희망 연계-개척형과 유사하지만 이북이주민과 미국 한인 이민자와의 차이는 사전 이주 계획, 국적 취득, 언어 문제이었다. 하지만 사회적 성취 목적을 가지고 미래를 긍정적으로 바라보면서 사회에 적극적으로 참여한 점은 공통점이었다. 현실적응형과 무목표-유지형의 유사성을 찾는다면 소득과 경제적 수입에 민감한 반응을 보였다는 점이다. 갈등형은 부적응, 지인으로부터 사기, 재정 상황의 악화 등으로 이민 생활의 연장을 심각하게 고민하는 유형이었다. 자포자기형은 신분, 경제, 자녀교육에 대한 사전 준비가 불충분함에 따라 시행착오를 거듭하며 건강악화, 자녀교육의 실패 등으로 무기력하게 삶을 유지하는 유형이었다. 갈등형과 자포자기형은 절망 지배-무기력형과 유사하다고 할 수 있으며, 현 수준에서 이북이주민들을 위한 경제적 지원을 삭감한다면 더욱 폭넓게 나타날 수 있는 유형이다.

셋째, 적응단계 차원의 고찰이다. 본 연구에서 이북이주민들은 동화와 통합 지향적 삶을 살면서 그들의 문제를 극복하려고 하였다. 그러나 이러한 과정 속에서 이들이 좌절하고 절망할 경우에는 개인적 수준에서 혹은 사회적 차원에서 갈등하거나 자포자기의 무기력형으로 남겨지는 이북이주민들이 크게 증가하게 될 것이다. 베막(Bemak, 1989)은 난민의 적응 과정을 3단계로 제시하였다(Bemak, 1989: 22~27). 1단계에서 난민들은 새로운 환경에 숙달되기 위해 기존 삶의 방식을 사용하여 심리적 안전감을 느끼게 된다는 것이다. 2단계는 적응하기 위하여 이전 삶의 방식과 새롭게 습득된 기술을 비슷하게 활용하여 통합하게 되는 단계이다. 3단계에서는 미래의 성취목표를 세우고 기본적인 문화와 언어에 숙달하면서 심리적 안전감을 느끼게 된다. 이렇게 되어야만 미래계획과 자신의 삶에서 실현가능한 목표와 전략을 세우게 된다는 것이다.

이북이주민들이 남한사회로 이주하여 그들의 삶의 방식을 활용하여 새로운 환경에 어느 정도 적응하지 못한다면 목표를 상실하거나 무기력하게 상황에 대처하게 될 것이다. 이러한 결과가 바로 본 연구에서의 무목표-유지형이나 절망 지배-무기력형으로 나타날 수 있다. 베막(Bemak, 1989)이 제시한 적응 과정에서 2단계로 나아간 이북이주민들은 희망을 가지고 남한사회에서 성취 목표를 세우고 도전적 삶을 살게 될 것이다. 따라서 남한사회는 이북이주민들의 초기 적응에서 기존의 그들 생활방식으로도 심리적 안전감을 유지할 수 있도록 지원하고 배려할 필요가 있다. 그리고 이들의 사회적응은 남한의 생활양식을 일방적으로 주입시킨다고 되는 것이 아니라 그들의 기존 삶의 방식 속에서 통합될 때 가능할 것이다. 따라서 우리가 동화라고 하는 적응 패턴도 결국 북한이탈주민들의 기존 생활양식과 능력에 근거하여 이루어지는 것이라 할 수 있다.

여기서의 결과들을 바탕으로 향후 이북이주민의 일상적 삶에서 고민해야 할 부분들은 다음과 같다. 첫째, 우리가 이북이주민들을 단지 경제적 효율성 차원에서만 판단할 것이 아니라 인간으로서의 존엄성, 그리고 사회정의의 맥락에 보다 많은 초점을 두어야 한다는 것이다. 인터뷰 참여자들은 탈북 동기와 과정, 개인적 특성, 상황적 조건이 다양하게 차이나는 맥락 속에서 남한으로 이동하였으며, 그리고 현 공간에서 그들 나름의 최선으로 하루하루를 살아가는 실존적 존재들이었다. 남한의 이북이주민 정책과 서비스전달체계는 이들의 경제적 적응에 모든 초점이 맞추어져 있다. 다르게 말하면 경제적 자립을 통해 국민기초생활보장 수급권자에서 벗어나는 것을 남한 적응의 최종 목적으로 두는 것이다. 이는 전적으로 남한정부 혹은 남한주민들 중심의 지배적 사고이며 상호교류를 통한 대안이나 정책 결정을 시도하지 않은 것이라 할 수 있다.

여기서의 결과에서 보듯이 이북이주민들은 연령, 성별, 신체적·지적 능력, 개인적 운 등에 따라 그들에게 부여된 상황 속에서 최선의 삶을 살고 있었다. 참여자들의 삶의 피상적 모습이 무기력하고 의존적, 혹은 하루하루를 연명하는 것처럼 보이고 있다고 할지라도 현재의 모든 상황적 조건 속에서 최선의 노력을 다하는 그들은 그 속에서 행복과 인간 존엄성을 확보해야 한다. 따라서 이북이주민들의 남한에서의 적응 잣대를 경제적 자립에만 눈 이분법적 성공·실패 논리로 귀결되도록 하지 않아야 한다. 보다 중요한 것은 이들의 남한 삶의 과정, 예를 들면 얼마만큼 인간다운 대우를 받는지, 그리고 그러한 상황들을 본인들이 얼마만큼 인식하고 있는지, 지금의 삶이 행복한 지 등에 초점을 맞출 필요가 있다. 이를 위해서는 남북주민 모두가 참여하는 이상적인 토의 과정을 통해 이들에게 필요한 지원 정책과 제도들이 마련되어야 할 것이며, 서비스를 전달하는 관련 기관의 전문가들은 경제적 효율성 추구에만 관심을 가지는 것이 아니라 사회정의-인권 모델(Wronka, 2008)의 실천에 보다 많은 관심을 가질 필요가 있다.

둘째, 이북이주민들의 개별화 맥락에서 이들 삶의 과정에 나타나는 단계적 적응 특성을 밝히려는 노력이 지속적으로 필요함을 알 수 있었다. 참여자들은 자신들의 미래 삶에 대해 긍정적으로 바라보며 도전하려고 하는 유형, 현재 남한에서 지원하고 있는 정도에서 삶을 지속하려고 하는 유형, 자신의 목표와의 괴리를 현실에서 좁히지 못하며 절망 속에 있는 유형으로 분류되었다. 이러한 분류 결과에서 몇 가지 의미를 발견할 수 있다. 우선 왜 이런 유형으로 분류된 적응 패턴이 형성되는지를 파악하는 것이다. 인터뷰 참여자들은 제3국에서 한국을 이상향으로 생각하여 최종 목적지로 선택하지만 이주 후 시간이 지나면서 실제적 장벽에 부딪히며 현실적 삶을 살아 갈 수밖에 없었다. 그 결과가 여기서의 유형으로 나타났으며, 이런 과정으로 가는데 기여한 개인적, 정책적, 사회적, 문화적 요인들을 발견할 필요가 있을 것이다. 예를 들면, 지원 정책의 부적절함, 서비스 전달 과정의 문제 등을 재검토하는 것을 말한다.

셋째, 이북이주민 전체의 사회적 전망을 밝게 하는 정책 및 서비스들을 개발하고 확충할 필요성이다. 참여자들은 일상적 삶의 더 나은 기회를 바라며 살아가든지, 생존적 욕구의 충족을 유지하기 위해 살아가든지 간에 남한의 지원제도, 지역주민들의 정서적 지지 등을 바탕으로 자신의 삶을 살아가고 있었다. 물론 이북이주민들의 사회적, 개인적 일탈 행위도 증가하고 있지만 그들이 할 수 있는 수준에서 남한에서 한 명의 인간으로 살아가고 있다. 그러나 인터뷰 참여자들의 경우와 같이 실제적으로 사회진입 장벽이 높아 사회적으로 최대의 전망을 가질 수가 없다. 그렇다면 일자리나 교육기회의 강제적 재분배를 통해 평등분배의 효과를 보이는 소수자우대 정책을 보다 확대할 필요도 있다. 단순히 고위 공직에 소수의 이북이주민들을 할당하는 것은 이들 전체 사회에 전망을 밝게 하는데 효과가 없을 것이다. 소수자우대 정책은 대다수의 이북이주민들이 사회 속에서 실질적으로 기회의 평등이 보장된다는 전망을 발견하고 사회적 주체로서 대응하도록 하는 것이어야 한다. 물론 남한의 저소득층과의 역차별 논란 등이 있을 수 있지만 불평등을 감소시킨다는 큰 틀에서 보아야 할 것이다. 이는 개인의 출생, 행운, 노력 그리고 선택과 같은 자연적, 사회적 우연성에 의해 성취한 사회적 이득은 사회적으로 가장 어려운 계층의 사람들에게 이익을 가져다주고 이들에게 사회적 최소치가 보장될 때 정당화 된다(Ralws, 1971)라는 의미 속에서 그 해답을 찾아야 할 것이다.

5장:

남겨진 상처는 무엇인가

이북이주민들이 살아남는 과정에서 겪은 고통과 그 영향은 남한이라는 전혀 다른 공간에서도 지속될 수 있다. 이들은 외상으로 인한 심리내적인 정서적 고통의 지속뿐만 아니라 일상생활에서도 부적절한 대처 방식으로 표현할 수 있다. 이북이주민들은 외상 사건의 연속적 경험을 비이성적이고 비논리적인 방법으로 표출할 수 있으며, 남한주민들과 관계에서 짜증, 분노폭발과 같은 정서적 대처를 하거나 논리적 상황대처가 아니라 목적과 방향이 상실된 양극단의 감정과 행동을 드러낼 수 있다.

이주와 심리사회적 아픔

이북이주민의 이주는 환경적·문화적 원인에 의해 그들에게 심리사회적 어려움에 직면하도록 만든다. 이북이주민뿐만 아니라 세계 각지에서 유랑하는 난민이나 이주민들은 원래 삶의 터전에서 이동한 후에 슬픔, 소외와 외로움, 자존심 손상, 죄책감, 편집증, 불안, 우울, 물질남용, 외상후스트레스 장애 등과 관련이 될 수 있다(엄태완, 2010; Kemp & Rasbridge, 2004; Potocky-Tripodi, 2002).

슬픔grief

슬픔은 이북이주민들이 경험하는 수많은 상실감에 대한 가장 흔한 정서적 반응이다. 이들은 더 나은 삶을 살기 위해 남한으로 이주하였지만 가족과의 이별, 고향의 상실, 문화적 상이성 등으로 슬픈 감정을 유발하게 된다. 아레돈도-다우드(Arredondo-Dowd, 1981)는 이주민과 난민들이 경험하는 슬픔의 3단계 모델을 제시하였다.

1단계의 애도 과정grieving process에서 이주민들은 무감각, 쇼크, 불신을 경험한다. 이들은 친한 사람들과 환경을 더 이상 볼 수 없으며 실제로 작별을 했는지를 제대로 파악하지 못한다. 이러한 감정은 새로운 환경에 대한 이질감으로 인하여 커진다. 이주는 이들로 하여금 마이너리티가 되었다는 확신과 역할을 상실하며 압도당한 느낌을 가지게 한다. 이주민들이 가졌던 처음의 열정은 고난과 실망으로 인하여 서서히 경감하게 된다.

2단계의 증상표출symptomatic exposure 과정에서는 고통, 절망, 혼란감을 호소하게 된다. 정서적 상실감을 경험한 사람들은 향수병을 가지게 되며, 자신의 고국에 대해서는 이상화된 정서 또는 갈망을 표현하게 된다. 전치displacement, 투사, 반동형성과 같은 심리적 방어기제는 스트레스가 높은 상황에서 더욱 빈번히 사용하게 된다. 이주민들의 혼란과 당황 및 외로움으로 인한 분노감은 또 다른 가족에게 향하거나 내면화되기 쉽다.

3단계의 희망·긍정 과정에서는 자신의 삶을 재조직하고 새로운 출발과 관계를 맺게 된다. 이주민들에게 새로운 직장, 친구들, 집과 자동차와 같은 성취물들은 자극제가 될 수 있다. 또한 이들은 새로운 생활을 받아들이고 재정착국의 사람으로서 동일시하려고 한다.

이북이주민들과 같이 자신의 고국으로 돌아갈 수 없는 난민들은 자기 자신의 상실에 대한 슬픔은 없어지는 것 같지만, 그 기간이 어느 정도인지, 완전히 사라지는지에 관해서는 불확실하다. 난민들의 상실감이나 슬픔은 수년에 걸쳐서 반복적으로 나타날 수도 있으며, 사랑하는 사람의 죽음을 경험하였거나 부모나 형제들이 다른 나라에 있거나 고국에 남겨져 있는 경우에는 평생토록 숨겨진 고통을 가지게 된다. 또한 모든 이북이주민들이 희망·긍정의 과정으로 나아가는 것은 아니다. 1단계의 애도 과정에 보다 많은 시간을 가지는 사람들이 있으며, 어떤 경우에는 2단계 과정에서 끊임없이 슬픈 감정을 호소하면서 생활하는 이주민들도 많다.

소외와 외로움alienation and loneliness

이북이주민들은 가족, 친구와 같은 자연적 지지체계의 일부 또는 전부를 상실하고 새롭게 시작하게 된다. 가족 전체가 이주하였다고 할지라도 이주 과정의 스트레스 등으로 인하여 가족체계는 이주전과 똑같은 지지를 가족구성원들에게 제공하지 못할 수 있다. 이북이주민들은 남한이 자신들에게 적대적일 수도 있는 낯선 땅이 될 수도 있다. 이들에게 적대감이 없다고 할지라도 사회적·문화적 차이는 새로운 친구들을 사귀는데 중요한 장애물이 된다(엄태완, 2010).

이북이주민들이 남한에서 생활하면서 직업을 가진다고 할지라도 반드시 사회적 지지가 뒤따르는 것은 아니다. 어떤 경우에 이들에게 유일한 모임은 같은 처지의 이북이주민 집단에 국한될 수도 있다. 이북이주민들 사이에서도 성격차이, 사회경제적 차이, 정치적 견해차이 등으로 모두 친구가 될 수는 없다. 예를 들면 남한사회에서 잘 적응하고 상실과 변화에 유능하게 대처를 한 사람들은 적응에 어려움을 겪는 동료 이북이주민들을 이해하지 못하거나 심지어 비난할 수도 있다. 이 모든 것들이 이북이주민들의 소외감과 외로움을 증가시킬 것이다.

자존심self-esteem의 손상

일반적으로 난민들은 직업에서의 하향 이동, 성역할과 세대 간 역할의 변화, 그리고 문화적 규칙을 이해하지 못해서 오는 당황이나 조롱당하는 느낌에서 오는 자존심 손상이다(Ben-Porath, 1991). 이북이주민들의 경우에 북한에서의 직업보다 더 낮은 직업지위를 갖는 사람들은 아직까지 그리 많지 않다. 이는 향후 대규모 탈북이나 구조적 변화로 인한 인구 이동의 경우에 발생할 수 있다.

현재 보다 두드러진 자존심 손상의 이유는 성역할과 세대 간 역할의 변화이다. 이북이주민 남성들을 가부장적 문화에서 살아 왔다. 그러나 남한 이주 후 여성들은 남성들보다 더 빨리 평등주의 사상을 받아들이고 직업을 가지게 되며, 가족의 유일한 수입원이 될 수도 있다(엄태완, 2010). 따라서 많은 경우에 남성들은 가부장적 위치를 상실하게 되고 이는 낮은 자존심을 가지게 만든다. 부가적으로 자녀들은 그들의 부모들보다 더 빨리 남한의 주류문화에 동화하게 된다. 따라서 자녀들이 그들의 부모에게 주류문화를 전달하는 역학을 하게 된다. 이러한 경우에 부모들의 자존심은 낮아지게 된다.

이북이주민들은 남한에서 사회적 소수자 지위를 가지게 되며, 이는 이들의 자존심을 손상하게 만든다. 이북이주민들은 스스로 '2등 국민', 혹은 '하층 국민'이라는 생각을 가지기도 한다. 또한 자신들이 남한사회에서 이북이주민으로 알려지기 보다는 재중동포로 인식되는 것을 그대로 내버려 두기도 한다. 이북이주민들이 경험하는 사회적 소수자 지위와 그에 따른 차별은 자존심이 낮아지는 이유가 된다.

죄책감guilt

일반적으로 난민들은 생존 죄책감으로 고통 받는다. 난민들은 다른 많은 사람들이 죽거나 다친 상황에서 자신이 왜 살아남았는지에 대한 답 없는 질문을 계속한다. 고문을 경험한 난민들은 그들의 외상적 경험, 또는 고문자의 강요에 의해 수행된 폭력에 대한 죄책감을 가진다(Potocky-Tripodi, 2002).

이북이주민들도 북한 감옥이나 중국 등 제3국에서 생존을 위해 할 수 밖에 없었던 그들의 행동에 죄책감을 가진다. 특히 이북이주민들은 북한이나 중국에 남겨진 가족들에게 죄책감을 가진다. 북한에 있는 가족들은 이북이주민들의 어려움을 모른 채 비현실적이고 과도한 요구를 할 수도 있다. 이북이주민들은 남겨진 가족들의 요구를 충족시켜주지 못하는 것에 대한 죄책감도 느끼게 된다.

편집증paranoia

북한에서 박해를 많이 받아 온 이북이주민들의 경우에는 사회체계, 공공단체 및 권위적 인물과의 관계에서 편집증을 보일 수 있다. 또한 이북이주민들은 남한주민들이 보이는 적대감 혹은 이방인에 대한 경계 등에서 오는 스트레스 때문에 편집증에 취약성을 가질 수 있다. 이북이주민들은 사회적 고립, 생활스트레스, 저하된 자존심으로 인해 배우자의 부정에 대한 병적 질투와 망상(의처증, 의부증)을 가질 수도 있으며, 이는 신체적 학대와 가정폭력으로 이어지기도 한다. 편집증을 소유한 사람의 반응은 일시적 감정에서 정신병적 망상까지 다양한 범위에서 존재한다. 어떤 측면에서 이북이주민들이 가지는 어느 정도의 불신은 새로운 남한사회에 적응하는데 도움이 되기도 한다.

불안anxiety

불안은 모든 정신건강 문제의 근원이 되며, 이북이주민들의 경우에도 가장 흔히 호소하는 문제이다. 불안은 외상적 경험을 한 이북이주민들이 때때로 공황이나 공포증의 형태로 나타날 수도 있다. 또한 이들의 불안이 신체화 장애로 나타나기도 한다.

우울depression

우울은 이북이주민들에게 가장 흔한 정신건강의 문제이다. 앞서 언급된 슬픔, 외로움과 손상된 자존심은 우울의 고위험 요인들이다. 이북이주민들이 가지는 우울은 그 자체가 다양한 증상들을 가지고 있다. 흔하게 정서적, 심리적 호소보다는 신체적 증상을 호소하는 경우가 많다. 우울은 사회적응을 어렵게 할뿐만 아니라 자살사고 및 자살행동과 밀접한 연관을 가지고 있다(Lebret et al., 2006). 이북이주민들은 정상의 범위를 벗어난 우울을 경험하고 있으며, 다른 남한주민들과 비교하여도 높은 우울을 나타내고 있다(엄태완·이기영, 2004).

물질남용substance abuse

이북이주민들의 물질남용과 관련된 것들은 알코올과 마약이라 할 수 있다. 알코올의 경우 이주 과정, 그리고 남한생활에서의 스트레스를 경감하기 위해 사용하게 된다. 이북이주민 청소년의 알코올 남용에도 관심을 가져야 한다. 알코올과 달리 마약은 불법적인 물질로 법적 문제를 동반하게 된다. 아직 다수는 아니지만 이북이주민들 중에 마약과 관련된 범죄로 처벌을 받는 경우들도 있다.

이주와 외상

이북이주민들은 북한에서의 생활, 탈출 과정 그리고 남한에 정착하는 과정에서 다양한 경험과 어려움을 겪게 된다. 이때 많은 이북이주민들은 상상 이상의 충격적 경험, 즉 심리적 외상trauma을 겪게 된다. 이러한 스트레스로부터 빠르고 적절하게 회복되지 않으면 외상후스트레스 장애Post Traumatic Stress Disorder로 고통 받게 된다.[29] 이북이주민들이 경험하는 외상적 사건들은 남한의 일상생활에 지속적으로 영향을 미치기 때문에 중요한 관심 영역이다(엄태완, 2009a). 이북이주민들이 경험하는 외상은 다양하며, 그것이 각 개인에게 미치는 영향도 다르게 나타난다.

외상의 의미

개인이 외상적 사건에 노출되었다는 것은 다음의 두 가지 상황을 의미한다(APA, 1994). 첫째는 실제적이거나 위협적인 죽음 또는 심한 상해를 수반했던 사건, 혹은 자신이나 다른 사람의 신체적 안녕을 위협하는 사건을 경험하거나 목격한 경우이다. 둘째는 이러한 사건으로 강렬한 공포, 무기력 혹은 전율을 느끼는 경우이다. 외상적 사건으로는 전쟁의 경험, 붕괴된 건물에 갇힘, 신체적으로 치명적인 교통사고, 신체 절단, 성폭력, 고문, 심각한 구타, 사랑하는 사람의 죽음 목격, 생사를 넘나드는 기아상태 등이라고 할 수 있다.

이러한 외상은 처음에 충격, 공포 또는 일어난 일이 실제가 아니거나 비현실적이라고 느낄 수도 있다. 마치 자신의 정신이 몸을 떠난 것 같은 무감각을 느끼거나 심지어 외상 사건의 전체 또는 일부를 기억하지 못할 수도 있다. 이와 같은 외상 사건에 대한 개인들의 반응은 상당한 차이를 나타내게 되는데, 외상후스트레스 장애와 같은 정신적 문제로 진행되기도 하고 성장 또는 회복으로 나아가기도 한다(오수성 외, 2009: 19~24).

이북이주민의 외상에 대한 이해는 그들과 좋은 관계를 형성하여 통찰력 있게 바라볼 때 가능하다. 단지 현재의 증상이나 상황을 가지고 이북

---

29. 외상의 회복과 관련된 내용은 10장에서 다루게 될 것이다.

이주민의 외상을 제대로 이해하기 어려우며, 그들 자신이 가지고 있는 대처능력과 자원 그리고 각각의 경험들을 충분히 반영하여야 한다. 이러한 과정으로 나아가기 위한 간편한 방법은 존재하지 않으며, 오랜 기간 이북이주민들을 진심으로 이해하려는 마음으로 접근할 때 가능할 것이다.

외상의 결과

인간은 자신이 전혀 예상하지 못한 충격적 경험을 하게 되면 신체와 정신은 그것을 감당하지 못한다. 이북이주민들은 남한으로 이주하는 탈북 과정에서 충격적 경험, 즉 외상을 경험하게 된다. 이북이주민들의 외상은 사랑하는 사람의 사망, 고문, 협박, 사람에 대한 극단적 두려움, 폭행 및 성폭행 등이라고 할 수 있다(엄태완, 2009a).

이러한 극단적 공포는 전쟁 군인에 대한 연구를 통해 이해의 폭을 넓힐 수 있다. 쇼(Shaw, 1987)에 의하면, 전쟁터의 군인은 자신의 죽음과 부상을 부인하기 위해서 세 가지 방어적 기법을 사용한다고 하였다. 첫째, 자신에게는 어떤 총알이나 폭탄도 떨어지지 않고 다른 사람이나 장소에서 다른 누군가가 죽는다는 완벽한 인간적 신화를 쓴다는 것이다. 둘째, 그들은 보다 전능한 누군가가 자신을 보호할 것이라는 신화를 가지는데, 이는 신비한 능력을 지닌 지휘관이 자신을 보호할 것이라는 망상을 가지는 것이다. 마지막은 집단적 신화로써 자신들의 군대는 막강하여 반드시 그들을 보호할 것이라는 믿음을 가지는 것이다. 이렇게 위기에 처한 군인들의 심리적 현상을 '안전에 대한 착각'이라고 한다(Shaw, 1987).

그러나 이러한 두려움을 자신 밖의 일로 떼어놓는 일은 오래 갈 수가 없다. 자신의 가까운 곳에서 다른 사람이 부상을 당하거나, 지휘관이 사망하거나, 자신이 속한 군대가 패배할 수도 있다. 이러한 상황이 되면 이전의 안전착각 현상은 점점 사라지고 내부적 위험을 의식적으로 깨닫고

철저하게 무기력해지나 극단적 불안을 경험하게 된다. 그 다음에는 적들이 나를 죽이려 할 것이고, 나는 죽을 것이라고 생각한다. 어떠한 방법도 없이 기적이 일어나기를 기다릴 수밖에 없게 된다(정문용, 2004).

이북이주민의 경우에도 탈출과정에서 이와 같은 상황에서 무기력해지거나 극단적 불안을 경험하는 장면을 볼 수 있다(엄태완, 2009a). 이북이주민들은 외상을 경험하고 남한으로 이주한 이후로 오랜 기간 동안 다양한 어려움을 경험하게 된다. 외상 사건으로 인한 주요 증상은 일차적 증상과 이차적 증상으로 구분된다(김순진·김환, 2000; 오수성 외, 2009; Herman, 1997).

일차적 증상

일차적 증상은 '외상적 사건의 재경험', '지속적인 회피와 마비', '각성수준의 증가'로 구분할 수 있다. 외상적 사건의 재경험은 반복적이고 침투적인 회상(외상적 사건들이 의도하지 않았는데도 자꾸 떠오르며, 이때 강렬한 불안과 공포에서 호흡곤란, 혈압상승, 심계항진과 자신이 미쳐버리거나 죽을 것 같은 느낌), 반복되는 괴로운 꿈과 악몽(수년에서 수십 년 동안에 실제 경험된 악몽, 그 상황에서 일어날 수 있었던 악몽, 원래 경험과 다르지만 불가능하지 않은 악몽, 현실과 완전 유리된 악몽), 외상적 사건이 재발하고 있는 것처럼 행동하거나 느낌(이러한 경우 통합적인 기능인 의식, 기억, 정체감, 환경에 대한 지각의 붕괴를 동반하는 해리적 반응과 과거경험에 대한 생생한 재체험 플래시백 경험), 상징적 단서에 노출되었을 때의 심리적 고통(원래의 외상적 사건과 비슷하거나 상징적으로 나타내는 사건을 경험하게 될 때 고통이 심해짐), 생리적 재반응(경험한 외상적 사건과 유사한 상황에서 당시의 불안정한 생리반응이 나타남) 등이다.

지속적인 회피와 마비는 회피행동(회피는 외상과 관련되는 생각, 느낌, 대화뿐 아니라 외상이 회상될 만한 장소와 행동 및 사람들에게까지 적용되며, 불안을 감소하기 위해서 생각을 멈추지만 심하면 모든 사고, 지각, 감정, 언어반응을 멈추는 심리적 마비), 심인성 기억상실(외상적 사건의 여러 측면을 기억하지 못하는 것), 주요 활동에의 흥미 감소(예전에 참여했던 활동들에 대해 흥미를 상실), 타인으로부터 소원해지거나 분리되는 느낌(대인관계에서 타인과 정서적으로 가깝게 지내는 것의 어려움을 경험하며 생존자로서 고통과 슬픔을 표현해야 한다는 사회적 압력 등으로 이질감과 고립감 느낌), 정서 범위의 축소(극단적인 상황에서 기쁨, 슬픔, 증오, 공포 등의 감정을 느끼면서 살아가기가 너무 힘들었으며, 차라리 아무런 감정 없이 살아가는 것이 더 용이함), 미래가 단축된 느낌(철학적 비관주의, 짧은 인생, 미래의 또 다른 재앙, 결혼이나 자식을 갖는 것 포기, 직업이 없을 것으로 생각) 등이다.

각성수준의 증가는 수면곤란(가장 일반적이며 땀에 흠뻑 젖어 깨거나 함), 적대감 및 분노의 폭발(이유 없는 화냄, 권위나 주변 비지지자에 대한 분노), 집중곤란(기억손상, 집중력 곤란, 과제처리의 어려움), 과경계 및 과민 상태(외부세계에 항상 경계심과 긴장, 그리고 의심하며 심하면 편집증으로 발전), 과장된 놀람반응(갑작스런 일상사건에 대한 과장된 놀람) 등이다.

이차적 증상

이차적 증상은 우울(활력감퇴, 무희망, 무가치감, 피로감, 식욕 및 성욕상실 등), 불안(긴장, 신경쇠약, 두려움, 심장의 두근거림, 이유 없는 두려움), 충동적 행동(갑작스런 여행, 무단결석, 생활 스타일 변화, 거주지 변화), 물질남용(증상의 경감을 위함, 특히 이북이주민들과 난민들의 경우에 두드러지게 나타남), 신체화 증상(긴장감, 탈진, 근육통증, 두통, 알레르기 증상, 위염 등), 시간감각에서의 변화(시간 경과의 잘못된 지각, 시간적 순서의 혼란), 예언력이 있다는 느낌(극도의 무기력 상황에서 통제력 회복의 목적으로 영적 능력, 꿈의 예언력 믿음), 자아기능의 변화(비융통적 성격, 과거 발달단계로 퇴행, 침투적 사고와 느낌, 이미지 피하기 위한 과도한 방어), 생존자 죄의식(왜 나만 살아 남았는가, 그들의 파멸은 내 책임) 기타 이차적 증상(적응문제, 손상된 대인관계, 현저한 성적 하락, 생활방식의 변화, 강렬한 불신감, 배신감) 등이다.

외상적 상실의 심리적 역동

외부적 사건에 대한 외상과 마찬가지로 좋은 내적 대상의 상실에서도 외상적 경험을 할 수 있다. 프로이드(S. Freud)는 애도mourning와 우울melancholia을 구별하면서 어떻게 상실 이후에 삶의 목적과 의미를 회복하는지에 대한 과정을 설명하였다. 그는 우울이란 자존감을 상실하고 자신을 가치 없이 생각하고 처벌받기를 원하는 감정으로 설명하였다. 또한 불합리하게 위협받고 있다고 느끼거나 심지어 고통을 즐기거나 드러내놓기를 좋아하는 것처럼 설명하였다. 그러나 애도는 상실로 인해 고통을 받는 사람들이 나타내는 과정으로 보았다. 이들은 사랑하는 사람(대개 어머니, 좋은 대상)이 자신을 버렸다고 생각한다. 이들은 이전에 좋은 대상과 가졌던 깊은 애착이 거절과 무관심에 의해서 깨져버렸다고 생각한다(Alcock, 2003).

그러나 생존을 위해서 상실한 대상의 사랑을 어느 정도 보존해야 한다. 이러한 고통스런 현실을 피하기 위해서 자신을 전지전능한 사람으로 만들어서 자신을 버리고 떠난 사람과 동일시하여 자신을 비난한다. 자신을 버린 사람에 대한 책임이 자기 자신에 있다고 느낀다. 그러므로 자신을 버리고 떠난 사랑한 사람에 대한 분노와 좌절을 표현하는 대신에 공격성이 자기 자신에게로 향하게 된다. 자기 비난은 사랑한 대상에 대한 비난이 자아로 이동하게 된 것이다. 이는 애착을 유지하기 위해서 사랑하는 사람과의 관계를 포기하는 것이 아니라 공격을 다른 방법으로 하여 이미 떠나간 사랑하는 사람을 이상화하여 다시 보유하게 되는 것이다. 이를 통하여 초기 발달단계의 자기애적 유기abandonment에 의해 불러일으킨 분노와 미움으로부터 사랑하는 사람을 보호하게 된다(Alcock, 2003).

만약 좋은 대상의 사랑을 포기할 수 없거나 심지어 대상 그 자체가 사라지고 없더라도 자기애적 동일시가 일어나게 된다. 그 이후에 증오는 자기학대로 나타나게 되어서 상실의 고통은 가학적인 만족으로 자신의 일부가 된다. 외상 사건으로 인하여 자신을 공격하거나 그것으로 고통을 받는 사람들은 어느 정도 가학적 또는 피학적 상황이 존재한다. 자기학대는 동일시를 통하여 상실한 대상과 계속 관계하고 있다는 믿음을 가지게 한다. 동일시한 자신을 가치 없다고 여기고 사랑한 대상에 대한 증오와 분노는 알 필요가 없게 된다. 이것은 외상으로 인하여 생존이 흔들릴 때 나타나는 극단적인 방어이다. 다음은 이와 같은 과정을 경험하는 난민 여성의 사례이다(Alcock, 2003).

북아프리카의 18세 된 소녀는 고국과 가족 그리고 문화의 상실로 고통을 받았지만 더욱 즉각적인 위험 때문에 표면에 드러나지 않았다. 그녀의 불안은 다시 고국에 보내지는 것이었고 편집증과 무가치감은 더욱 그녀를 괴롭혔다. 역설적으로 많은 난민들의 고국은 보고 싶은 장소이기도 하지만 생명을 위협하는 곳이기도 하다. 게다가 이러한 위험은 편집증적 환상이 아니라 긴박한 현실이다. 상담에서 그녀는 영국으로 이주한다면 안전할 것이라고 생각했다면서 얼마나 어렵게 왔는지를 계속해서 울면서 설명하였다. 그녀의 어머니는 어렸을 때 사망했으며 아버지는 대학에서 일했으며 그곳에서 정치적 발언을 하다가 실종된 후 본 적이 없다고 하였다. 다른 형제자매들은 쫓겨났으며, 그녀는 할머니가 숨겨주었고 영국으로 밀입국 할 수 있었다고 하였다. 그녀는 어떠한 고국의 소식도 알려고 하지 않았다.

그녀는 문화가 다른 소녀들과 함께 공동 주택에 거주했다. 그녀는 이방인들과 함께 지내는 것이 어렵다고 생각했으며, 다른 소녀들이 그녀를 적대시한다고 느꼈다. 그녀는 피부 문제로 의사에게 가서 신체적 고통을 호소하였다. 3주 전에 그녀는 신발 끈을 묶다가 그것으로 자신의 목을 맬 수 있다는 상상을 하였다. 그녀는 스스로 자신을 자해할 수 있을지도 모른다는 두려움으로 떨고 있다고 상담가에게 말하였다. 그녀는 개인적 위험이 있으며 가족들이 납치되었던 그 도시로 다시 보내질 가능성 때문에 그 당시에 경험하였던 두려움이 지속되었다. 과거의 외상은 생생하였지만 그것에 대해서 생각하는 것은 너무 큰 고통이었다. 그녀는 기억할 수도 없으며 알기를 원하지도 않는다고 하였다. 이 소녀와 같이 고향이나 사랑하는 사람의 상실은 다른 쇼킹한 사건이나 좌절된 경험이 동반되어 복잡한 양상으로 나타난다(Alcock, 2003).

참을 수 없는 고통을 경험한 사람들은 해리disassociation라는 방어를 통하여 생존을 계속하지만 심리적 대가는 크게 치르게 된다. 외부의 외상은 정신을 분리할 수 없지만, 심리내적 외상은 정신을 분리할 수 있다(Kalshed, 1996). 외상의 외부적 현상은 끝나지만 심리적으로 외상은 계속해서 개인 안에서 상처를 내게 된다. 위의 사례와 같이 그녀의 분노와 공격성은 자신의 내부로만 향하게 된다. 그녀의 악마적 분노 대상은 분리된 자기 자신 안에 존재하여 평생토록 그녀를 괴롭힐 수 있다.

위니 캇(Winnicott, 1971)은 외상 사건이 발생하면 자아의 계속성이 단절되고 존재의 영속성에 의문을 가지게 된다고 하였다. 이는 발달초기의 모자관계로 설명할 수 있다. 심리내면의 좋은 대상(사랑하는 어머니)에 대한 정신적 표상representation은 아이를 끊임없이 돌보는 실제적 어머니의 행동에 의해서 유지된다. 어머니가 눈앞에서 사라지고 자신의 욕구를 채워주지 못할 때 아이는 어머니의 존재를 기억하거나 다시 돌아올 것을 생각하는 정신적 능력이 없다. 아이가 사라진 어머니의 존재를 X시간만 기억할 능력이 있다면, 그 이상의 시간 동안 부재할 때 어머니의 이미지는 점점 희미해지고 마침내는 사라지게 된다. 이때 아이는 스트레스를 경험하게 되지만 어머니가 x+y시간 이후에 돌아오게 되면 다시 편안해지고 스트레스는 해소된다. 아이에게 큰 문제는 없다.

그러나 아이가 어머니의 존재를 기억할 수 있는 시간을 지나치게 초과

한다면(이 시간을 z라 칭함, 즉 x+y+z시간), 아이는 외상을 입게 된다. 어머니가 x+y+z시간 이후에 돌아온다고 하더라도 아이의 외상은 회복되지 않는다. 여기서의 외상은 아이에게 삶의 계속성의 단절을 의미하는 것이다. 이것은 아이가 혼자 남겨져 자신이 소멸된다는 공포로 발생하는 알 수 없는 불안이 반복되거나 자아구조 붕괴의 급성 혼란에서 벗어나기 위해 방어기제를 사용하도록 요구한다.

이와 같은 어머니와 관계 단절은 아이에게 정신적 위기를 가지고 온다. 또한 이것은 생존을 위해서 필요한 신뢰를 유지할 수 있는 존재의 영속성을 훼손하는 상황이다. 회복은 초기에 제공된 계속성을 다시 유지하도록 출발하는 것을 의미한다. 이것은 존재의 계속성의 단절을 경험한 어른들에게도 마찬가지로 적용된다(Winnicott, 1971).

외상은 개인에게 존재감의 단절 또는 중단을 의미하는 경험이다. 외부의 외상은 개인 전체에 광범위하게 영향을 미치게 된다. 현실을 개인이 통제할 수 없을 때 방어도 마찬가지로 극단적으로 향하게 된다. 이 경우에 마음은 전혀 통제할 수 없는 방향으로 흐르게 되며, 개인은 생존을 위해서 다른 사람들이 미쳤다고 생각하는 방어들을 사용하게 된다(Garland, 1998).

칠레에서 이주한 난민 학생의 사례이다(Alcock, 2003). 수 시간 동안 작은 상자 안에 감금되어 있을 때 마치 의식이 그의 신체에서 분리된 것처럼 느껴졌다. 이것은 그의 손발에서 발생하는 극심한 통증을 벗어나는 유일한 방법이었다. 또 다른 베트남에서 이주한 학생은 다음과 같이 회상하였다(Alcock, 2003). 낮과 밤의 기온차가 극심한 곳에서 쇠창살로 만든 상자 속에서 여러 날을 갇혀 있었는데, 신체로부터의 해리가 너무 심해서 유체이탈을 경험하였다고 하였다. 신체로부터 정신의 분리는 정신병의 증상이다. 그것은 참을 수 없는 신체적, 정신적 고통으로부터 생존하기 위한 자구책이다. 사람들은 외상 사건 이후에 다시 삶을 살아가지만 그 영향은 사라지지 않는다. 이 두 학생들도 자신들이 당한 고문 장면을 떠올릴 수 있는 현실이 발생하게 된다면 또다시 억압된 외상 경험의 문제들이 표면으로 나타나게 될 것이다. 이러한 고문장면을 다시 떠오르게 만든 사람들과 관계할 때 이들은 그 당시의 고문자와 동일시하여 적대시하거나 분노 감정을 폭발할 것이다.

비정상적 방어는 생존을 가능하게 할 수 있다. 그러나 극단적 자극 아래에서 정상적인 방어기제는 완전하게 생존을 보장할 수 없다. 외상적 경험은 정상적 삶에 대처하고 초기의 공격성과 두려움을 관리하기 위해 조직된 방어체계의 단절을 가져온다. 외상적 경험은 개인의 정상적 방어기제에 의해서 잘 관리되던 초기의 두려움과 환상을 다시 일깨우며 현재의 외상적 사건과 합쳐져서 더욱 불안을 증가하게 할 것이다. 외적 사건은 붕괴를 의미하는 마음속 깊은 불안과 만나게 된다. 위니 캇(Winnicott, 1971)이 말한 존재의 계속성 단절이 너무 오래되는 것이다. 즉 모자관계에서 나타나는 단절인 x+y+z의 시간이 너무 길어지는 것이다. 시간이 지나도 외상 사건이 사라지는 것이 아니라 개인의 정신 속에 그림자로 남아 있는 것이다. 외상의 경험은 극복되는 것이 아니라 함께 간직하면서 삶을 사는 것이다.

외상 체험 사례

여기서는 이북이주민들이 경험한 외상 체험 사례를 살펴보기로 한다[30].

---

30. 이 사례는 저자의 '북한이탈주민의 남한이주 과정의 외상적 체험에 대한 현상학적

이 연구의 참여자는 이북이주민 중에서 외상을 경험하고 자신들의 의식적인 체험을 적절하게 표현할 수 있는 기준을 충족시키는 사람들이었다. 자료수집과 분석을 위해서 현상학적 연구방법을 적용하였으며, 여기서는 생활세계에서 일상의 체험을 통해 인간을 총체적으로 이해하는 것이 가능하다고 주장한 콜라이찌(Colaizzi, 1978)의 방법을 사용하였다. 참여자는 7명이었다(참여자 1: 남, 35세; 참여자 2: 여, 45세; 참여자 3: 여, 34세; 참여자 4: 남, 47세; 참여자 5: 여, 40세; 참여자 6: 여, 44세; 참여자 7: 남, 47세). 분석 결과, 참여자의 경험을 기술한 텍스트를 반복하여 되돌아가보는 심사숙고의 머무름을 통해 2가지의 본질적 주제와 6개의 주제 묶음으로 구성할 수 있었다.

삶과 죽음의 경계에서의 몸부림

생즉사 사즉생生卽死 死卽生의 결행

참여자들은 탈북과정과 중국 및 동남아시아 등의 제3국에서 극단적 기아, 질병, 투옥으로 인한 신체적 혹은 정서적 고문, 생사를 넘나드는 공포의 지속과 같은 외상 사건을 경험한 사람들이었다. 이들이 경험하는 외상사건은 생사의 기로에서 체험하기 때문에 항상 삶과 죽음의 문제와 결부되어 있었다. 인간에게 삶과 죽음의 본능이 공존하기 때문에 참여자들은 생사의 문제에 항상 불안정하게 매달려 있었다.

이는 개체가 죽음을 회피하려는 무한정의 에너지를 소비해야 하는 내적 고통에 직면하게 되고 불안이 극단에 이르러 현실적 판단력에 문제가 생길 수 있는 상황이라 할 수 있었다. 이러한 경우에 이들은 오히려 삶을 포기함으로써 내적 에너지의 소실과 혼란을 최소화시켜 생존적 대처를

연구(한국사회복지학, 제61권 제2호)'에 포함된 일부 내용임.

가능하게 만들었다. 즉 생즉사 사즉생의 인지적 지각을 하였던 것이다. 참여자는 자신이 '칼날 위에 서 있다'고 생각하는 순간에 지금까지 자신을 감싸고 있던 공포와 불안이 사라졌다고 밝혔다. 또한 위기적 상황에서 '죽음을 각오하고 대처를 하면 살고, 살려고 발버둥 치면 오히려 죽음의 상황에 내몰리게 됨'을 인지하였다.

> 참여자 2 근데 사람이 내가 칼날 위에 섰잖아요. 내 숨통이 왔다갔다... 하는 판이니까 그런 거 무섭다는 생각이 어느 한 순간에 사라지고...
>
> 참여자 3 보위부 감옥에 잡히면 6개월을 못 가서 시체로 나와야 되는 무서운 곳이거든요. 그러니까 거기서 못 견디고 다 죽어서 나가는 거지요. 배고프고 춥고 막 얼어 죽고 굶어 죽고 다음에 스트레스... 그 정신적인 스트레스... (중략) 그러니까 웬만해서 오직 살아야한다는... 살아야 된다는 강인한 생각이 없으면 진짜 거기서 못 견디고 죽어 나오거든요.
>
> 참여자 6 무조건 살아야겠다. 무조건 살아야겠다. 무조건 신이 있다면 우리를 좀 보살펴 달라고 제발 좀 살려달라고...

칼끝의 긴장과 공포의 지속

참여자들이 체험한 외상 사건은 항상 극도의 긴장을 수반하게 됨을 알 수 있었다. 긴장의 완화 없이 연속되는 긴장과 불안은 이후에 삶의 활동성과 연결된다. 외상 사건이 만든 경직과 불안은 각 개인의 심리와 신체에 영향을 미치게 되고, 이는 심리적, 신체적 혼란과 왜곡에 관련된다. 이들이 탈출과정과 제3국의 체험은 극도의 긴장과 공포심을 유지하게 하는 사건들이었다. 외상 사건을 경험하는 순간의 극단적 긴장은 짧은 순간이지만 이후에 동반되는 불안과 공포의 감정은 오랜 기간 지속된다.

참여자 2 극도의 극도의... 진짜 최고 극도지 그런 건...

참여자 3 완전히 불안한 정도가 아니라 굉장히 예민하고 상황이. 그러고 여기서 또 총에 맞아죽을지 잡혀죽을지 또 물이 떨어지면 목말라 죽을지...

참여자 4 거짓이 아니고 중국에서 3년 동안에 신발은, 신발은 벗고 잔 날이 많은데 바지를 못 벗고 잔 날이 더 많은 거 같습니다.

참여자 5 우리는 한동네 한집에 앉아가지고 그 칼끝까지 신경 곤두세우고 그 칼끝까지... 그게 더 힘들었던 거 같아요.

참여자 6 근데 공안들이 와서 딱 묻거든, 근데 공안 딱 보는 순간 황당해 막 숨 막히고 심장이 뛰잖아요... 그래 가지고 아무것도 생각이 안 나는. (중략) 공안이 묻는 말에 말이 거꾸로 나오고 중국 수도를 딱 물어보는데 수도도 생각이 안나요.

생존 본능에 충실

참여자들은 탈출 과정에서 이성의 지배를 벗어난 상태에서는 생의 유지를 위한 동물적 본능이 나타났다. 이러한 행동의 반복과 강렬한 인상이 이후의 삶에 어떤 영향을 미칠 수 있다. 한 참여자는 북한을 탈출하여 중국 공안에 쫓기는 위기의 순간에 자녀를 버리고 자신이 먼저 앞장서서 도망간 경우를 회상하였다. 이러한 상황의 설명에서 어른(본인)이 붙잡히면 모두가 잡히는 결과가 되기 때문이라는 현실적 이유들과 함께 자신의 행동에 대한 합리성을 강조하였다.

다른 참여자는 기아 상태에서 살아남은 이야기를 영웅담으로 포장하여 자신만이 생존에 성공하였음을 나타내었다. 이러한 특별한 상황에서도 생존한 자신이 안정적인 남한 일상에서 어려움을 겪고 있다는 것은 억울하고 설명이 되지 않을 수도 있다. 따라서 이들이 탈출과정과 남한사회의 시간 경과와 공간을 고려하지 못한다면 사회적 삶의 복잡성을 이해하지 못하고 단기간의 목적 달성이나 행운에 지속적으로 집착할 수도 있다.

> 참여자 1 벼룩이에요. 여름철 빈대하고 이거는 뭐 지옥도 아니고 완전히 있다 아닙니까. 짐승도 그래 해 놓으면 안 살 겁니다. (중략) 설명하면 믿을 사람이 없거든요. (중략) 이걸 견디는 힘이라고... 어떻게 보면 사람의 본능이라고 생각합니다.
>
> 참여자 7 본능적으로 살아나왔습니다. 그러니까 낮에서는 산에 들어가서 숨어 있고, 숨어 있다가 뭐 풀 뜯어서 공가놓고...이렇게 70일을 산속을 걸었어요.
>
> 참여자 2 경비군이구나... 그 다음에 막 뛰는데 자식이고 뭐고 없더라고... 아니, 어느 한순간에 당황하니까 내부터 막 뛰는 거예요. (중략) 엄마하면서 막 따라오는데 난 언제 아를 돌볼 시간은 없더라고 내... 돌보고 뭐고 아무튼 그 순간엔 정신은 그저 빠지는기라.
>
> 참여자 4 이제는 굶어죽었구나 생각했는데. 토끼를 하나 딱 봤어요. 3일 만에 토끼를 봤는데, 얼었더라고요. 돌을 이렇게 해서 쳐서 가죽을 뜯어버리고 땅땅 얼은 거를 돌에 땅땅 쳐대니까 그 살점들이 돌에 박혀서 뚝뚝 떨어져요. 근데 그거 주워 먹고...

살아남음과 살아가는 것의 차이

잠재된 극단성의 미해결

참여자들은 탈북과정과 제3국에서의 극단적 위기 경험도 극복했으니 혹은 살아남았으므로 '남한생활은 아무 것도 아니다'라는 생각이 있었다. 이러한 사고양식은 남한 생활에서의 어려움에 대처하는 유용한 개인적 자원이 될 수도 있지만, 일상적 사회생활에서는 오히려 단점이 될 수도 있다. 이와 같은 패턴이 경제영역에서도 확장되어 '나는 일확천금의 획득이 가능하다. 왜냐하면 나는 사지에서 살아왔으니까'로 연결하기도 했다.

참여자 1 제가... 저 보고 그러는 게 아니고 여기 오신 분들... 보통사람이 아닙니다. 평상시에 또 가만히 있어도예 그... 한계에 치달으면 제일 무서운 사람들이라고 생각하거든예.

참여자 3 그 감옥에서 나올 때 간수들이 그러더라구요. 거기서 그렇게 견딘 사람은 역사상 내가 처음이랍니다... 하하하

참여자 7 처음에 와 가지고 힘들게 살아온 그... 내가 뭐 이러이러한 죽을 경험도 다 했는데 이거는 아무것도 아니다 이래 생각합니다. 이 사회에서... 거기서 온 모든 아들이 그래 생각해가지고, 하루아침에 일확천금을 벌어가지고...

돌아오지 않는 평상심

참여자들의 외상적 사건의 체험은 그 순간의 경험으로 끝나는 것이 아니라 이들에게 영향을 미친 정도에 따라서 이후의 삶에서도 지속적으로 되살아남을 알 수 있었다. 외상 경험은 유사한 체험에 대한 놀람이나 거부반응도 문제가 되지만 계속되는 악몽도 삶을 힘들게 하였다. 악몽은 그 자체로 끝나는 것이 아니라 불면과도 연관이 되며 이는 일상적 생활에서 문제를 가지게 된다. 이들은 감옥에서의 고통, 탈출과정의 긴장, 남한행의 목적 달성에 대한 초조감 등이 반복적으로 악몽이 되어서 나타났다. 이러한 악몽의 반복은 불면을 가져오게 되고 심리적·정신적 고통을 수반하게 되는 것이다. 이는 남한 일상생활이나 대인관계에 에너지를 집중할 수 없는 이북이주민들의 내적 고통을 말한다.

참여자 1 한 3년까지는 북한에 있는 꿈을 계속 꾸대요. 아... 괴롭더라고요... 아침에 일어나면 기분이... 내 요 와 있는데... 와 빨리 한국가야

되는데 갈라하는데 안 가지거든예...

참여자 2　　　　한국에 오자마자 한 3~4년은 불면증에 시달려가지고 TV를 보면서 아무리 잠을 자보려고 별에 별 그걸 다 해도 잠이 안 오는 거죠. 그리고 어떤 때는 술 한 잔 마시면서 해도.. 수면제를 먹어봐도 잠이 안 오고 밤새 그냥 새벽 6시까지...

참여자 3　　　　그게 8년은 가더라고요. (중략) 아침에 눈뜨고 밤새도록 눈만 감으면 악몽에 시달리거든요. 철조망에서 막 빠져 나올라고 하는... 뭐 깊은 구렁텅이에서 이리 헤메고 저리 헤메고... 이게 꿈이야 생시야.

참여자 4　　　　잠은 정말 힘듭니다. 그게... TV를 보고 있어도 그 TV를 보고 있는 것이 아니고 북한의 생활이 그 TV 속에 나오고 있습니다.

참여자들의 외상적 체험은 개체로 하여금 에너지를 소진하게 만들고 새로운 에너지를 흡수하는 것에 대해 경직성을 가지게 만들었다. 외상 사건을 경험한 이들은 남한 정착과정에서 새로운 삶의 에너지가 생성되지 않아서 어려움을 호소하고 있었다. 한 참여자는 '단지 사는 이유가 목숨이 붙어 있으니까 목적 없이 움직인다'고 하였다. 또 다른 참여자는 살아가는 에너지가 완전히 소진되어 '공중에 붕 뜬것 같은 삶'을 설명하며 새로운 활력이 생겨나지 않아서 기본적 일상생활도 어려운 상태를 설명하였다. 또 다른 참여자는 공황장애와 같은 경험, 아침에 눈을 뜨고도 수 시간 동안 일어날 수 없었던 경험을 이야기하였다. 이러한 상태는 보통 수년 동안 지속되는데 이를 해결하기 위한 자가 수단으로 알코올이나 약물을 남용하기도 하였다. 인간에게 에너지의 지속적 소진은 죽음을 생각하게 하여 삶을 포기하는 죽음소망을 가지게 할 수도 있다.

참여자 3　　　　그러면서 체력적으로 한계가 오고, 병원에 가도 병명도 없어요. (중략) 기가 빠져나가고, 온몸에 피가 다 빠져나가는 그럴듯한 느낌을 많이 받는다든가. (중략) 기가 너무 빠져 아침에 눈을 떠가지고 일어나는 과정이 하여튼 두 시간이 걸릴 정도로 못 일어나는 거 있죠.

참여자 4　　죽음에 대한 불안 이런 것도 어쩌면 두 번이나 겪었으니까, 이제는 죽는 게 겁이 안 나더라고요. (중략) 오히려 죽으면 속은 편하겠다. 그런 생각은 나죠.

참여자 5　　뭐 기운을 못 차리는 거 있잖아요. 그것도 한 5년이 되니까 이제 좀 낫네요. 처음에 한 3~4년 될 때가지는 여름에 걸어 다니지를 못했어요. (중략) 그 혹시 모 뭐가 뭔지 항상 어지럽고 막 사람이 막 가라앉는 거 있잖아요. 그게 요즘에도 쫌…

참여자 6　　난 지금도… 난 지금도 그래요 그게 습관적인지 내가 너무 고달프다고 생각해서 그런지 난 진짜 죽음이라는 게 눈 깜짝할 사이에 깜빡 죽어버린다면 난 이순간 죽어도 행복하겠다.

축소된 행동반경

참여자들이 경험한 외상 사건은 주로 사람과의 관계에서 비롯되었다. 이들의 체험은 감옥에서의 고문, 공안으로 부터의 쫓김, 제3국에서의 배신으로 인한 고통, 탈출과정의 긴장과 같은 다른 사람이 공포의 중심에 있었다. 이러한 경험은 이후에 다른 사람과 관계를 하는 것 자체를 싫어하거나 어려워하도록 만들었다. 또한 지속적인 배신으로 인한 외상적 체험은 의심증을 나타내게 되고, 이는 생존을 위한 과정에서는 효과적인 기제로 작용할 수 있지만 일상생활에서는 고립을 불러일으킬 수 있는 요인이 될 수도 있다. 이들이 체득한 '우리끼리 살자 타인은 믿을 수 없다'는 태도는 남한사회의 적응을 제약하는 요인으로 작용하게 될 수도 있다. 한 참여자가 '약간의 허점을 보이는 순간에도 생사를 넘나드는 위기 상황이었다'는 고백은 매사에 완벽을 추구하도록 만들었다. 완벽성의 추구는 장점도 있지만 경직성과 융통성이 떨어지며 사회생활에서 적극성을 보여주지 못하는 단점도 가지게 된다.

참여자 2 내가 원래 곁에 사람 두기를 좋아했어요. (중략) 지금은 사람 끌기 싫어해요. 싫어요. 싫어요. 그거가 싫어요. 그러니까 막 이렇게 회사생활하기도 싫고 무리 속에 들기도 싫고.

참여자 4 처음에 2년 동안은 한국 사람하고 접촉하는 거를 싫어했어요. (중략) 처음에 2년 동안은 주로 북한사람과만 대상하고...

참여자 5 웬만하면 완벽을 추구하고 그래요. 약간 허점을 보이면 이상한 일이 생기고 약간만 뭐가 어째도 무서운 일을 당하고 그랬잖아요. 그러니까 그게 너무 지치게 해요.

외상 체험자로서의 이북이주민

이북이주민들은 그들 고향에서의 아픔, 이주 과정의 고통, 남한 적응 과정에서의 당혹감과 혼란으로부터 자유로울 수 없다. 이북이주민 각자는 개인적 상황과 경험에 따라 다르겠지만 많은 상실감에 따른 슬픔과 외로움, 그리고 불안에 지속적으로 맞닥뜨릴 수밖에 없다. 이북이주민들이 가지는 심리적 상처 중에서도 고향의 상실로 인한 고통은 개인의 내면뿐만 아니라 사회생활 전반에도 영향을 미치게 된다.

이북이주민들은 자신의 고향으로 언제든지 돌아갈 수 없는 상황에 처해 있다. 인간의 감각과 기억은 고향의 환경에 영향을 받는다. 모든 사람들은 어렸을 때 경험한 빗소리, 바람, 공기의 촉감과 같은 자연환경이 정서적 안정의 기본 바탕으로 자리 잡는다. 또한 그 지역사람들의 목소리 톤, 행동과 감정표현 방법, 음악, 음식과 옷 입는 방법을 배우고 평생토록 공감하게 된다. 이러한 것들은 문화라는 이름으로 일생토록 개인들의 의식과 무의식 속에서 영향력을 행사한다. 위니 캇(Winnicott, 1971)은 문화를 통하여 그 민족 또는 지역의 경험을 다음 세대에 전달하게 되고, 개인의 자아정체감도 초기의 문화적 경험을 통하여 강화되고 형성되는데, 이는 인간 내부의 자동적인 발달과정으로 일어난다고 하였다.

인간에게 고향의 상실은 삶의 의미를 잃어버리도록 한다. 그 과정에서 심리적 혼란과 더불어 삶의 목적도 사라지게 된다. 이북이주민들은 고향의 상실로 인한 참을 수 없는 심리적 고통을 해결하고자 심리적 방어기제를 작용시킬 수 있다. 이와 같은 상황에서는 극단적인 분리splitting와 자아분열을 일으키게 된다(Alcock, 2003). 이북이주민들은 상실을 회복하거나 새로운 생명력, 목적, 의미를 되찾는 것이 어렵다고 항상 생각하게 된다. 또한 이들은 상당한 기간, 혹은 영원히 향수병을 가지고 살아갈 수도 있다.

향수병homesickness은 자신이 사랑하고 당연하게 느끼던 오래된 환경의 상실에 대한 반작용이며, 새로운 낯선 환경에 대한 이질감, 변화된 생활방식과 기후 그리고 음식 및 다양하게 부딪히는 생활스트레스에 대한 반작용이기도 하다(Alcock, 2003). 향수병은 계속되는 슬픔, 수면 장애, 무기력이 나타나며 심지어는 심계항진과 바보가 된 듯한 느낌을 가지게 된다(Fiennes, 2002).

이북이주민들의 경우에는 이주민들과 달리 현재로선 자신의 고향으로 돌아갈 수 없는 상황이다. 특히 가족도 없이 혼자서 생활하고 있는 경우에는 심리적, 정신적으로 상당한 혼란이나 고통 속에서 살아갈 수밖에 없다. 남한사회에서 제대로 적응하지 못할 경우에는 더 이상 갈 곳이 없다는 심리적 압박감에 시달리게 되고, 이는 신체적, 정신적 문제로 이어지게 된다. 이와 동시에 남한주민들의 이북이주민들에 대한 적대감과 차별은 어려움을 더욱 증폭시키게 할 것이다. 고향으로 돌아갈 수 있지만 현실적 여건으로 가지 못하는 것과 전혀 불가능한 상황은 다르다. 이북이주민의 경우에는 후자에 해당하며 이는 더욱 향수병을 불러일으키게 한다.

이러한 고향 상실의 외상적 고통과 더불어 인터뷰 참여자들은 신체적·심리적 고문, 기아, 치료받지 못한 심각한 신체적 질병, 투옥 또는 죽음의 공포, 심각한 폭행, 극단적 긴장의 지속 등과 같은 외상의 경험으로 인해 수년이 지난 현재 상황에서도 그 체험의 연속선상에서 고통을 받고 있었다. 즉 이북이주민들이 외상 사건에서 살아남은 과정에서 각인된 이미지와 기억은 수 년 동안 지속되어 현재 삶과 관련을 맺고 있었다(엄태완, 2008).

이북이주민들과 유사한 체험을 하는 난민 연구에서도 외상의 실태와 그 결과인 외상후스트레스장애에 집중되고 있다(Keyes, 2000). 극단적인 고통을 경험한 사람들은 심리적 방어를 통해서 삶을 유지하지만 내적인 큰 비용을 치르게 된다(Kalshed, 1996). 외상이 표면적으로 종결되었다고 하더라도 심리내면에서의 갈등은 지속된다는 것이다. 이북이주민들의 탈북과정의 외상이 내적 세계에만 관련을 가지는 것이 아니라 일상생활과 이어진다. 이북이주민들이 외상 사건에서 경험한 분노와 공격성을 자신에게도 향하지만 타인에게도 적대감을 표현할 수 있다. 외상은 존재감을 상실하게 하고 자아의 계속성을 좌절시키기 때문에(Winnicott, 1971) 외부환경과 관계를 지속하거나 유지하는 개인적 힘을 상실하게 한다. 따라서 이북이주민의 경우에 남한생활에서 대인관계의 어려움을 호소하며 고립된 생활을 지속할 수 있다.

인간은 외상과 같은 극단적 경험을 하게 되면 자신이 처한 상황에 대한 내적인 분노와 함께 그 체험에 대한 설명을 순차적으로 자신에게 요구하게 된다(Alcock, 2003). 이에 대한 객관적인 사실을 확인하지 못하게 된다면 분노의 무차별적이고 비이성적 표출이 나타나게 되고 점차로 그러한 연유를 정리하려는 시도를 하게 된다. 이렇게 자신을 합리화할 수 있는 논리를 개발하지 않으면 불안과 공포를 피할 수가 없다. 이북이주민들이 겪은 외상의 경우에도 같은 원리가 적용될 수 있기 때문에 이들이 남한사회에서 나타내는 부적절함의 일부를 이해할 수 있다.

이러한 부적응은 이북이주민들이기에 나타나는 현상이 아니라 인간의 특별한 경험에서 나타나는 개별적 특성이라는 사실이 중요하다. 이북이주민들이 살아남는 과정에서 겪은 고통과 그 영향은 남한이라는 전혀 다른 공간에서도 지속될 수 있다. 이들은 외상으로 인한 심리내적인 정서적 고통의 지속뿐만 아니라 일상생활에서도 부적절한 방식으로 표현할 수 있다. 이북이주민들은 외상 사건의 연속적 경험을 비이성적이고 비논리적인 방법으로 표출할 수 있으며, 남한주민들과 관계에서 짜증, 분노폭발과 같은 정서적 대처를 하거나 논리적 상황대처가 아니라 목적과 방향이 상실된 양극단의 감정과 행동을 드러낼 수 있다. 또한 자신들의 고통스런 경험의 이유를 객관적으로 파악하거나 보상받을 방법도 없음을 알게 된다. 그러나 남한사회 전체 또는 자신이 관계하고 있는 대인관계에서 외상을 보상받거나 이해받고 싶은 태도가 의식적 또는 무의식 속에 내재되어 표현될 수 있다.

이북이주민들의 외상 자체뿐만 아니라 외상의 대처기제도 일상생활과 밀접하게 관련될 수 있다. 이들이 극단적 생존과정에서 유용하였던 대처기제가 남한의 일상적 삶에서는 오히려 부적응을 초래하는 경우도 발생할 것이다. 탈북과정의 위기적 사건에서는 '죽기살기식'의 대처가 성공적이었다면 이것이 일상적 삶에서 항상 유용한 기제가 되지는 않을 수 있다. 또한 탈북과정의 외상은 죽음 아니면 삶의 선택적 상황을 요구 한다고 생각하였는데, 이러한 이분법적 사고틀로 인지가 재구성된다면 직장생활을 포함한 사회생활에서 어려움을 가질 수밖에 없다. 사지死地에서의 생존은 남한생활을 손쉽게 생각하여 공간이 다른 곳에서의 적응이 달라야 함을 인식하지 못할 수도 있다.

이북이주민들의 남한이주 과정의 외상적 체험은 남한생활과 지속적으로 연관성을 가질 수 있다. 이들의 경험은 단지 개인의 정서적인 고통의 지속만이 아니라 남한생활에서의 왜곡된 표현과 대처 및 세상을 보는 관점에도 변화를 가져올 수 있다는 사실이다. 이와 같은 현상들에 대한 맥락적 판단을 이들과 관계 맺고 있는 모든 남한사람들이 어느 정도 이해할 필요가 있다. 그렇지 않으면 서로 간의 의미 없는 갈등만 불러일으킬 수 있다. 또한 다른 많은 이북이주민들의 특성이라는 사실들도 환경과 인간이 접촉하는 과정에서 발생한 보편적 현상일 수 있음도 고려해야 한다. 이를 통해 외상 등의 극단적 인생 경험을 한 사람들이 보일 수 있는 삶, 그리고 사회에 대한 어떤 부정적 태도들을 이해하면서 이북이주민들에 대한 선입견을 가지지 않아야 한다.

6장:

어떤 힘으로 삶을 버티는가

> 이북이주민을 위한 지역사회 프로그램은 정신건강 및 심리상담, 초기 정착지원 및 사례관리, 사회적응, 취업지원, 지역사회 통합 및 인식개선, 지역 네트워크 및 인프라 구축으로 구분할 수 있다. 인터뷰 참여자를 통해 이들이 사회적 관계를 시도할 수 있는 충분한 내적 힘을 가지고 있음을 확인하였다. 특히 정착 초기에 이북이주민에 대한 관여는 참여자들이 중요하게 생각한 자존심의 존중과 오히려 역설적인 그들의 남한 사회에 대한 이타심을 이해하면서 이루어져야 할 것이다.

버티는 힘

이북이주민들에 대한 우리의 관심은 이들의 생활, 즉 삶 자체에 두어야 한다. 왜냐하면 이북이주민들에 대한 정치적, 사회적, 문화적인 다양한 자료들은 이들의 현재 삶에 직접적으로 의미 있게 작용되지 않을 수도 있기 때문이다. 즉 이북이주민들의 일상적 삶과 관련 있는 주제에 보다 집중해야 한다는 의미다.

이와 관련 있는 연구들은 이북이주민 개인과 가족의 심리정신적 고통(조영아 외, 2005; 홍창형, 2004)과 부적응의 문제(이금순 외, 2005; 이부미, 2003; 조영아·전우택, 2005; 조정아 외, 2006)에 대한 실태와 해결책 제시에 집중되고 있다. 또 다른 차원에서 질적 연구를 통하여 이북이주민들의 남한 삶을 있는 그대로 고찰하면서 문제를 확인하거나 문제와 관련된 의미 파악도 이루어지고 있다(김태현·노치영, 2003; 엄태완 2012; 정향진, 2005). 이런 흐름에서 몇몇 연구에서는 이북이주민들의 탈출 전前과 과정에서 경험하는 심리 정신적 위기를 집중적으로 조명하거나, 위기 이후의 부정적 요인뿐만 아니라 개인

내적인 긍정성을 확인하려는 시도들도 있다(김현경, 2007). 이들 연구에서는 이북이주민들의 남한생활은 새로운 적응이 요구되고, 이는 삶의 위기를 가져오게 되며, 이를 해결하기 위해서는 시간적, 공간적, 문화적인 원인의 이해와 사회적 지원이 중요하다고 강조하고 있다.

그러나 이북이주민들의 남한생활의 위기적 상황을 외부에서 수동적으로 접근하거나, 문제 중심의 해결방안을 객관적으로 파악하는 것에는 한계가 있을 것이다. 그렇다면 이북이주민들이 남한생활에서 경험하는 삶의 문제에 어떻게 접근해야 할까? 이북이주민에 대한 사회적이고 정책적인 접근의 중요성을 강조하면서 이들 자체의 삶의 힘을 발견하여야 한다. 이북이주민들의 미해결 과제들인 가족과의 이별, 고향에 대한 향수, 외로움, 슬픔과 같은 심리적 고통과 탈출 과정의 외상trauma, 우울과 같은 정신적 문제, 사회적 차별과 낙인의 주제들에 집중한다면 이들의 긍정적 힘을 발견할 수가 없을 것이다. 지금까지 이북이주민들은 주로 지원 대상으로 간주되면서 그들이 가지고 있는 내적 힘에 대해서는 주목받지 못했다.

이북이주민들의 남한생활에서 나타나는 부정적 요인 또는 적응 중심의 차원에서 벗어나서 일상의 삶을 지속적으로 유지하게 하는 개인 내부적이면서 사회 관계적인 요인들을 탐구할 필요성이 제기되는 것이다. 이북이주민들의 일상적 삶을 유지하는 요인들에 대한 관심이 필요한 이유는 강점 관점을 바탕으로 이북이주민의 실질적 삶의 질에 영향을 미치는 정책과 실천방안들을 고려하는 자료가 될 수 있기 때문이다. 따라서 여기서는 질적 연구방법을 통해 이북이주민들이 남한사회에서 생존 또는 삶을 지속하게 하는 개인의 심리적이고 관계적인 주제들을 파악해 볼 것이다[31].

---

31. 여기서의 내용은 저자의 '북한이탈주민의 심리사회적 위기 대처과정의 긍정적 힘에

이는 이북이주민 9명(참여자 1: 여, 34세; 참여자 2: 남, 47세; 참여자 3: 여, 40세; 참여자 4: 여, 45세; 참여자 5: 남, 35세; 참여자 6: 남, 47세; 참여자 7: 여, 44세; 참여자 8: 남, 73세; 참여자 9: 여, 36세)을 대상으로 심층 인터뷰를 통해 이루어질 것이다. 이들 참여자의 연령은 34세에서 73세의 범위이며, 모두 결혼 경험이 있다. 그중에서 5명은 현재에도 결혼생활을 유지하고 있으며 모두 1명이상의 자녀들과 함께 생활하고 있다. 이들의 남한 생활은 3년 이상 7년 이하인 사람들로 모두 2000년 이후에 남한에 입국한 사람들이다. 참여자들이 남한에서의 삶을 유지하는 힘을 살펴보기 위한 연구방법으로는 패튼(Patton, 2002)의 주제분석thematic analysis 방법을 적용하였다. 이 방법은 연구 문제의 각 영역과 관련되는 면접 자료를 정리하고 영역별로 개념과 범주로 유목화하여 원자료를 축약하는 코딩을 실시한 후 자료에서 반복적으로 나타나는 유의미한 주제를 발견하는 과정으로 이루어진다.

자기 성찰로부터의 힘

받아들이는 힘

참여자들은 초기에 남한 사람, 사회 및 문화적 차이와 관계에서 어려움을 호소하거나 분노표출의 시도를 표현하였으나, 점차로 시간이 흐를수록 그러한 상황에 대한 현실 인식과 대처를 시도하는 것으로 보였다. 이들은 실제로 나타나는 문제들을 받아들이면서 자신이 당면한 문제들에 집중하려는 경향을 보였다. 또 다른 차원에서 참여자들은 모든 문제와 상황을 표출하지 않으면서 그대로 수용한다는 것이다. 일상의 모든 부분을 자신

대한 질적 연구(정신보건과 사회사업, 제32집)'에서 수정, 보완되었음.

의 탓으로 돌린다면 정서적 문제를 수반할 수도 있으나, 삶의 일정부분에서 이러한 받아들임은 다른 개인적이고 사회적인 에너지를 활용할 수 있는 바탕이 될 수도 있다.

참여자들은 남한사람들과의 관계는 시간이 필요함을 인식하고 개인적 차원과 사회적 차원의 해결이 필요함을 자각하고 있었다. 그리고 대인관계에서 자신만의 받아들이는 방식을 가지고 있었다. 자신의 실질적 욕구를 충족하기 위해서 불필요한 감정이나 에너지를 사용하지 않으려고 하였으며, 이러한 과정 속에서 현실에 집중하기 위해서 노력하였다.

> 참여자 3　　중국에서 오셨나 뭐 그러다 보면 어쨌든 부자연스러운 거예요. 그런 것들은 우리가 할 수 없는 문제들이지 문제가 없는 건 아닌데. 우리가 여러 가지 부닥치는데 이왕 부닥치는 문제들은 어쩔 수 없는 문제들이라고 생각해요.
>
> 참여자 4　　그 시간이 지나면 많이 안 나아지겠습니까? 말투도 무언가 달라질 것이고, 여기 세월이 흐르다 보니 생각하는 거라든가 좀 나아지면 나아졌지 나빠지지는 않겠지요.
>
> 참여자 7　　여기 분들이 '어 외국사람 외국 사람인가 외국 사람인가 봐요.' 이런 다구요. 내보고 그러면, '네' 그저 그렇게 웃어 버리고 맙니다. 그런 그 사람들을 어찌 뭐라 하겠습니까? 그게 지내보니깐 그게 편안한 거예요. 처음에는 그저 중국 사람이라 하면 그저 그게 싫어 가지고 상대방이 말을 꺼낼까봐 겁이 났는데 이제는 그냥 마 늘 아무렇게나 말하겠으면 말해라.
>
> 참여자 9　　말이 다르다 하면 '네네.' 말씨가 틀리네 '네네 말씨가 틀립니다.' 어디서 왔어요? '먼 데서 왔습니다.' 그러면 상대방도 웃습니다. 그래 돌아서 내가 생각하니 이래 편안한 편안하게 이렇게 하면 될 거 가지고 처음에는 왜 내가 이레 스트레스 받으며 그리 상대방이 뭐라 할 까봐 그랬는지 지금은 막 대합니다.

스스로 존중하는 힘

참여자들은 북한 탈출 과정의 본능적 생존과 남한에서의 편견과 낙인의 상황에서도 인간에 대한 존엄성을 끊임없이 확인하였다. 북한 탈출의 죄책감은 가족에 대한 책임감으로 나타났으며, 이는 남한에서 경제적 이득을 획득하는 이유로 표면화되었다. 남한사회에 의존한다는 사회적 인식과 자신의 느낌을 거부하기 위해서 독립심을 부각하기 위해서 노력하였다. 이 과정에서 본인들에게는 어느 정도의 심리적 문제를 가질 수도 있지만 현실세계에서 독립적인 삶을 살아가는 데는 유용한 기제가 될 수도 있다. 또한 참여자들은 사회적 현실에서 조금 벗어나는 경우도 있었지만 자신의 정체성을 유지하려고 노력하였다.

참여자들이 탈출 과정과 남한생활의 어려움에서도 살아남거나 견디는 또 다른 힘은 가족에 대한 책임감이었다. 탈출 과정에서 자신들의 삶의 포기는 자녀들의 생존에도 직접적으로 영향을 미치게 된다는 사실에 생의 집착을 가져오는 에너지를 사용하였다. 참여자들의 책임감이 개체의 생존 본능보다 앞서는 것은 아니지만 일상적 삶을 이끌어 가는 하나의 힘이었다.

참여자 1 　　그러면서 돈을 벌어가지고 북한 가족들한테 '어떻게 하면 연락을 해서 보내줄까, 가족들을 살려줄까' 오직 그 생각뿐이 없었죠.

참여자 4 　　마음이 편했고 이제부터는 어떻게 '이 아이들 데리고 어떻게 살아야하나' (중략) 그러면서 그 다음부터는 북한 가족들 걱정, 생각... 살아있을까? 예 그전까지는 너무나도 절박한 상황이니까 가족들 생각도 안 나더라고요. 오직 살아야 된다는 거 그 생각뿐, 내가 살아야 가족도 있고 이러니까 내 생각뿐이 못했는데 이제는 마음의 여유가 좀 생기고 하니까 가족들 걱정도 하게 되고...

참여자 7 　　그저 마음먹으니깐 되는가 봐요. 내가 우리 큰 딸 보고도 그래요. 나 못살아도 작은 애 계산하고 산다(남한으로 데려오기 위해서). 우리 둘째 언제 데리고 올지는 몰라도 꼭 데리고 오겠다.

참여자 8　　　　우리… 내 조금 모다 둔 돈. 우리 딸이 조금 모다 둔, 그 정부에서 주는 돈을 좀 절약해서 빡빡 긁어서 ○○만원을 그렇게 냈어요. 그래서 자식들 데리고 오고… 그게 내 삶의 전부였습니다.

참여자들은 자신의 삶을 다른 사람이나 제도에 의존하지 않겠다는 의지를 표현하였다. 자신의 모습이 다른 사람들에게 의존적으로 보여질까봐서 의도적으로 밝고 힘찬 모습을 보였다. 물론 그러한 모습이 내적으로 많은 에너지를 소비하는 것은 사실이지만 실제 삶을 수행하는 데는 유용한 기제가 되는 것이다.

참여자 2　　　　요양원에 가 있으라는데… 뭐 요양원에 가있으면 뭐합니까, 못 사는 거 뻔히 아는데 고쳐지지도 않는데 뻔히 고치지도 못하는 것을. 차라리 내 혼자 어디 마음 편하게 집에 있고 내가 어디 나가고 싶을 때 나가는 게 좋지.

참여자 3　　　　그만큼 사는 것도 진짜 그런 거는 어쩔 수 없는 거죠. 애들도 적응해가지고 뭐 힘든 일은 있거든요 허나 그건 개네가 넘어야 할 산이고 내가 대신해 줄 수도 없고.

참여자 4　　　　나가서는 아무생각 없어요. 나가서 일할 때는 진짜 모든 사람들이 걱정 없는 사람 같다고… 밝다고 힘든 것도 많겠는데 밝다고… (중략) 그래 내 표 낸다고 해서 그 사람들이 내… 뭐 도와줄 것도 아니고 오히려 그 사람들한테 좀 얕잡아 보일수도 있잖아요.

참여자 5　　　　자기 힘으로 살면서 물론 뭐… 자기 뭐 살면서 어려울 수도 있겠지… 근데…어려워도 자기 노력을 하고 해야 한 번씩은 운수도 따라오지 안 그렇습니까.

참여자들은 북한이라는 열등한 사회에서 오지 않았으며, 자신들 또한 열등하지 않기 때문에 비굴하게 생존을 위해 연연하지 않겠다는 의지를 표현하였다. 남한에 온 것이 삶의 실패를 의미하거나 투항이 아니라는 것을 강조하였으며, 역설적으로 남한사회에 후원금을 기부하며 이를 행동으로 직접 보여주기도 하였다. 이러한 주제들은 분명히 새로운 사회적 도전을 가능하게 하는 에너지가 될 것이다. 또한 장기적으로도 삶의 목표를 세우고 나아가는 힘이 된다.

> 참여자 2　나는 남한사회에 투항 할라고 한 게 아니다. 거... 내 아버지 명예 찾을라고 왔다 나는. 나 보고 그딴 소리 하지 말라. 투항이란 소리 하지 말라.
>
> 참여자 4　너 북한에서 대학교에서 대학을 나왔다 해도 여기 초등학생보다 수준이 못하다. 속으로 두고 보자고.... 복지관에 후원금이 들어가는 거 있거든요. (중략) 한국에 뭐 우리보다 못사는 사람도 많은데 그래도 멀리서 왔다고 신경 써 주시고 하는데 크게 보답 못해도 마음으로 후원금 내고 있어.
>
> 참여자 7　말씨가 딱 틀리니깐 그러니깐 기가 딱 죽는 기라 그래도 그냥 일해서 돈 벌어야 되겠다 싶어 가지고.

머무르는 힘

참여자들이 지역사회에서 살아갈 수 있는 힘은 더 이상 돌아갈 수 있는 심리적 또는 실제적 장소가 없다는 사실에 기인하였다. 남한의 일상을 유지하는 또 다른 주제는 탈출 전 및 탈출 과정과의 비교를 통해 안정 또는 의미를 개인적으로 부여하는 것이었다. 이는 남한 생활의 특정한 문제들에 대처하는 인식에 긍정적으로 영향을 미칠 수 있다. 마지막으로 남한에서의 삶을 지탱하는 힘은 과거에 얽매이는 것이 아니라, 현재에서 미래를 바라보는 사고패턴을 유지한다는 것이었다. 이러한 미래가 자신이나 자녀의 신체적, 심리적, 사회적 안녕에 국한된다고 하더라도 현재를 움직이는 힘이 된다는 사실이었다.

참여자들은 남한이라는 사회에서 생활하면서 누구도 자신을 대신해서 삶을 살아 줄 수 없다는 깨달음으로써 삶의 에너지를 최대한 사용하였다. 이러한 에너지의 지속적 사용이 길어진다면 소진의 문제가 발생할 수 있지만, 단기간의 삶의 적응과 문제해결에는 의미 있게 작용할 수 있다. 또한 이들은 심리적 장소뿐만 아니라 지리적으로도 되돌아 갈 곳을 상실했다는 사실을 느끼게 된다. 이는 상실감과 향수병에 빠질 수 있는 요인으로 작용할 수도 있지만 신체와 정신을 앞으로 나아가게 하거나 적응으로 향하게 동기부여 하는 요인이 될 수 있다.

> 참여자 1 해야 된다는, 내가 이거 아니면 아무도 이거 대신해줄 사람이 없으니까 내가 해야 된다는 오직 그런 생각 때문에 견디고 버티고 했었는데…
>
> 참여자 5 저도 있다 아닙니까 과거를 되풀이하고 싶은 생각이 없거든예… 아… 괴롭단 생각인데 이제 다시 그런 세월이 오면 차라리 죽고 말지…
>
> 참여자 8 그럼요 그럴 필요도 없지… (중략) 이제는 돌아갈 곳이 없지요.

참여자들은 북한보다 남한에서 기본 욕구 충족, 개인적 자유 및 사회적 활동 등에서 보다 풍요롭다고 표현하였다. 개인의 가치와 상황에 의해서 차이는 나타나지만 남한 이주전과 비교하여 현재의 삶이 우위에 있다고 생각하고 있었다. 이러한 비교 우위를 통한 안정감 및 적응적 태도는 장기적으로 영향을 미친다고 할 수는 없을 것이다. 그러나 분명한 것은 3~7년 된 이북이주민들이 일상적 삶을 유지하는 힘으로 작용하였다는 사실이다.

참여자 4　　아 내가 너무 긍정적이지 못하다… 북한에서 비하면 뭐 거기 어디 시의원보다… 북한에서는 책임, 비서 뭐뭐 그런 사람 있거든… 그런 사람들 생활보다도 몇 십 배는 좋고 그렇게 긍정적으로 생각하면 진짜…

참여자 5　　힘든데… 잘 살아야 될 건데요. (중략) 그래도 북한보다는 여는 밥은 먹고 산다 아닙니까.

참여자 6　　별반 뭐 그런 거는 전혀 없는데 우리는 뭐 여기서는 사회적 압박 그런 거는 받지 않으니까 이북에 있을 때는 항상 긴장감을 딱 놓으면 안되거든예. 말 한마디 실수하거나 이러면 뭐 바로 어려우니까.

참여자 8　　여기 와서 뭐… 먹고입고 사는 거는 뭐 근심 안하죠… 다 편안히죠…

참여자 9　　저는 뭐 행복하다고 볼까요 글쎄요 뭐 북한에서 사는 거보다는 행복하겠죠. 그나마 자유가 있으니까 사람이 언어에서 자유가 있고 행동에서 자유가 있잖아요. 북한은 언어에 자유가 없고 행동에 자유가 없어요.

참여자들은 자녀들과 자신들의 미래의 실제 생활에 대해서 고민하고 있었다. 자녀들의 교육에 대한 걱정과 자신의 노후에 겪게 되는 경제적 문제와 같은 현실적 상황들을 생각하고 있었다. 이는 현재의 삶을 미래와 연결하고 있다는 사실이기 때문에 당연히 지금의 생활에 영향을 미치게 된다. 이는 보다 장기적으로 이북이주민들의 현 생활에 의미 있는 동기부여 요인이 될 수 있다.

참여자 1　　지나간 과거에 얽매이지 말고 앞을 생각해야 되니까 자식들을 또 올바르게 키워야 되고 내가 겪고 살았던 이런 걸 대물림 하지 않기 위해서 잘 키워야 된다.

참여자 3 점점 나아지겠지요. (중략) 그래 그것도 그래 다른 집이랑 그 일단 흘러가는 대로 사는 거 있잖아요. 근데 괜히 나만 막 조바심 나는 거 있잖아요.

참여자 4 제일... 중요한건 내가 노년에... 어떻게 살아가야 되겠다... 근데 목숨이 질겨가지고 질질 끌어서 노후에 까지 살게 되면 그때 가서 힘이 없을 때 어떻게 해야 되요. 그거가 문제지요.

참여자 9 살아가는 문제가 중요하죠. 살아가는 문제. 어떻게 벌어서 먹고 살겠느냐 하는 게 가장 중요하겠죠.

환경 접촉으로부터의 힘

새로움에 동기 부여된 힘

참여자들이 새로운 사회문화에 접촉하는 경험은 항상 어렵거나 불안을 나타내는 것만은 아니었다. 남한사회에서는 자신이 하는 만큼 대가를 지불한다는 사실에 동기부여 되고 있었다. 또한 남한사회는 어느 정도 개인적인 물질적 욕구를 충족할 수 있으며, 개인의 상황에 따라 다르지만 사회의 다양한 분야에서 원칙적으로 자유롭게 접촉할 수 있다는 사실에서 살아가는 힘을 얻고 있었다.

이북이주민들이 입국 초기에 막연한 기대를 가진다는 사실과 달리 참여자들은 남한의 사회문화적 상황을 긍정적이고 새로운 도전적 현상으로 받아들이고 있었다. 이러한 사실들이 현실적 생활과 연결되는 사람들과 그렇지 않은 개인들과 차이는 있겠지만, 새로운 사회문화는 행동에 자극을 주는 동력이 충분히 되었다.

참여자 1　　　처음에 철없을 때 생각으로는 한국에 와보니까 너무너무 우리가 진짜 생각도 못한 완전히 낙원이지요. 천국에 왔는데 이런 사회에서 못 먹고 못사는 사람들은 이해가 안 되는 거예요. (중략) 북한에는 썩어 빠지게 일을 해도 돈이라는 게 없거든요. 돈을 안주면서 일을 하거든요. 직장생활을 하거든요 근데 뭐 한 시간을 일하든 뭘 하든 돈이 딱딱 나오는데 '이런 사회에서 왜 못 먹고 못 사냐'. 이런 게 이해가 잘 갔어요.

참여자 4　　　한국에 와서 딱 보니까 이쁜 옷도 많고 애기들... 키우는 게 재밌게 키울 수 있는... 그런...조건이 많잖아요. 유모차도 있고... 여기 와서 우리 애 3살 되어서 내가 유모차를 사서... 그거 끌고 싶어서...그랬어요.

참여자 7　　　한국에 도착해서, 한국은 이렇게 잘 꾸려놨을까 우리가 움직여서 뭐 세상 구경 해보고 살았어요. 그래 그저 구경도 해보고 한국에 와서.

참여자 9　　　자유도 있고, 제가 봤을 때는 여기는 자기가 부지런하면 살아요. 자기가 부지런하면 저축은 못하고 살겠지만도 유지는 하고 살아요. 큰돈은 저금을 못하겠지만

참여자들은 북한을 탈출하여 중국에서 생활하면서부터 다양한 세상이 존재한다는 것을 인식하였다. 이러한 인식의 전환은 중국이나 제3국에서 남한행을 결정하는 계기로 작용하였다. 남한에 도착한 이후에도 이 사회가 어떻게 움직이며 어떤 것에 가치를 부여하는지(그러한 모든 가치가 바람직한지 아닌지를 떠나서)를 파악하여 그 기준에 맞추려고 하였다. 남한사회에서 생활하기 위해서 어떻게 사람들을 만나야 하며, 어떤 기준으로 삶을 살아야 하는지를 파악하였다.

참여자 2　　　그것이 있잖아요... '나는 평생 이렇게 살아야 되는가 보다'하고 살았습니다... 그런데 중국에 와보고 한국에 와보고 하니깐 사람의 생각이 달라지더라고요. 내가 너무도 머저리처럼 살았다는 것을 알

겠더라고요.

참여자 3　　그러면서 자꾸만 하나하나 가지고 싶은 거예요. 돈 한 푼도 안 쓰고 이렇게 모아두고 한 푼 한 푼 모아야 돈 몇 푼 안 되지만 일단은 뭐 애들 공부시키려면 일단 엉덩이가 든든하지 않겠습니까.

참여자 9　　여기 사람들이 살아가는 자체가 남한테 싫은 소리를 안 해요. 속으로는 생각을 해도 표현을 안 해요. 그래서 그런 걸 봤을 때 나도 잘 못하면서 누구를 보고 누가 더 잘했다 이런 말을 할 필요가 굳이 없어요. 이 사회에는 나만 잘하면 되는 거야.

외부에 손 내미는 힘

참여자들은 남한사회에서 생활기간이 길어지면서 자신을 노출해야 한다는 사실을 인식하고 있었다. 남한사람들과의 관계에서도 마음을 열고 받아들이는 자세를 취할 때 상호간에 의사소통이 진실해질 수 있다고 하였다. 이러한 열린 마음으로 사회전체에 손을 내밀 때 원조 받을 수 있음을 알고 있었다. 이 과정의 원조는 개인의 심리적 문제, 자녀 문제, 경제적 문제로 확대될 수 있다고 하였다. 또한 단순히 수동적인 노출만이 아니라 보다 적극적인 사회를 향한 몸짓도 필요하다고 보았다. 참여자들은 수차례의 실패에도 지속적으로 일자리를 찾거나, 자녀에게도 지속적으로 용기를 불러일으키며 남한사회에 도전하라고 격려하였다.

참여자들은 자신을 남한의 다른 사람들에게 노출하는 것에 대한 두려움을 줄여야 한다고 했다. 물론 개인적 특성 및 환경적 요인이 복합적으로 작용하겠지만 개인이 사회체계와 상호작용할 준비를 하는 것은 의미있는 일이다. 또한 남북주민 모두 상호 열린 체계로 있을 때 관계는 훨씬 수월하고 용이하다는 표현하였다. 열린 체계는 개인적이거나 사회적인 고통을 노출하거나 받아들일 수 있는 힘이 있을 때 가능할 것이다.

참여자 3 나이 탓인가 조금은 솔직히 이렇게 이야기하는 것도 많이 변화한 거예요. 상태가 오픈 된 거지.

참여자 4 아니 뭐 솔직히 친구도 한국 여자 분이 친구가 있고 이렇게 되면, 내가 모르는 거는 물으면 좋잖아요.

참여자 9 그렇게 다가오는 사람들한테는 저도 다가갈 수가 있어요. 그런데 상대방이 나를 아 저 사람이 어디 사람일까 이래 색안경을 끼고 보는 사람이면 내가 다가갈 수가 없어요.

낯선 사회에서 원조를 요청하는 것은 어려운 일이다. 원조요청의 방법도 잘 모를 것이고, 원조에 대한 상대방의 인식도 부담이 될 것이다. 그러나 참여자들은 사회를 향해서 원조를 요청하는 용기를 보였다. 이렇게 사회로 향한 그들의 요청이 항상 원하는 대로 성공하지는 않았지만 그 과정에서 삶을 살아가는 긍정적 에너지를 확보하고 있었다.

참여자 3 그러니까 그런 식으로 만사를 힘들게 하고 힘들게 사는 거지. 아프면 아프다고 도움청하고 이러면 도움 받는 거예요. 내가 어느 순간부터 내 힘으로는 안 되니까. 그러니까 쉽게 할 수 있는 방법을 아는 사람이 있는가.

참여자 4 간단히 한마디로 말하면 스스로가 많은 물음표를 달고 사는 거예요 나에 대해서도 그렇고 이 세상에 대한 모든 게 다 물음표가 많은 거예요. 많은데 아무리 고민을 거듭해도 답이 안 나오는 거예요. (중략) 그래 이럴 때는 이렇게 당신이 마음을 먹고 이런 식으로 하면 지내는 게 편해질 것입니다 그런 기대를 하고 간 거예요.

참여자 7 학교 안가겠다고 (중략) 안 되겠다 싶어 가지고 선생님한테 전화 했지요. 아들이 이런데요. 좀 어찌 도와 달라고요. 적응 못해서 자꾸 이러는데 나 한번만 3학년 졸업해야 되겠는데 한번만 좀 도와 달라고 (중략) 그러니깐 선생님이 그런가 싶어 우리 집에도 오시고... 그 선생님 괜찮았어요.

참여자들의 적응 여부를 떠나서 어떠한 형태로든지 사회와 부딪히는 장면의 연속이 사회 속에서 생활을 지속할 수 있는 자원이었다. 북한의 실상을 밝히고 싶다는 개인적 의무감부터 기본적 생존권의 획득을 위한 활동까지 다양한 사회적 도전을 준비하거나 시도하고 있었다. 어떤 경우에는 개인적 열등감의 극복을 위해서 사회에 도전하는 자세를 보이기도 하였으며, 개인적 이익을 위해 끊임없이 사회의 문을 두드리기도 했다. 이러한 사회와의 작용-반작용이 이들의 일상을 이끌어 가는 긍정적 힘이 됨을 알 수 있었다.

> 참여자 2　　북한실상을 나는 빨리 전 세계에 공개했으면 좋겠더라고요. 그게 내 바램입니다. 나는 여기 온 사람들하고 내 정신상태가 틀립니다.
>
> 참여자 3　　이미지를 좀 바꿔줘야 이런 사회에서 저한테 좋고. 기존의 이미지하고 계속 바뀌지 않고 하면은 어느 사람이 이야기 할라고 하겠습니까.
>
> 참여자 5　　취업하려고 이력서를 몇 번씩 내고 (중략) 이 사회에서 말없이 사는 사회는 못 되는 거구나 이런 느낌이 딱 들더라구예. 이거 또 멀 해야 되는지도 모르겠더라고... 그래도 계속해서 뭘 좀 해야 먹고 사냐를 생각했죠.
>
> 참여자 7　　저는 마 말투가 틀려도 다 조선말이니깐은 그것은 괜찮드라고요. 중국에서 막 그 시달림에 그 생각 하면 마 이건 아무 것도 아니구나 싶어 가지고요.

함께 하려는 힘

사회생활에 참여하기 위해서 일차적인 것은 그 사회의 역동 속에 있어야 한다. 참여자들은 개인적 능력의 범위 안에서 사회참여를 갈망하고 그 속에 힘들게 포함되어 있었다. 자녀들의 교육도 남한사회의 일반적 흐름에서 고민하고 있으며 상이한 경제체제를 습득하면서 살아가고 있었다. 참여자들은 남한주민들과 함께 해야 하는 의미를 파악하고 있었다. 남한사회와 연결되어 있어야 심리적, 사회적, 경제적인 일상생활을 보다 편리하고 향상되게 할 수 있음을 인지하였다. 이를 바탕으로 남북의 차이를 판단하여 남한사회에서 그들의 사회경제적 지위를 확보하기 위한 노력들을 수행하고 있었다.

참여자들은 탈출과정의 고통을 잊거나 남한사회 및 주민과의 동화를 위해 사회참여를 시도하였다. 이 과정에서 남한체계와 함께 하는 의미를 발견하게 되었다. 이러한 인식의 전환은 또 다른 어울림을 시도하는 계기가 되어서 순환 반복적으로 작용하였다.

> 참여자 2 한국 사람하고 한국 분들하고 같이 앉아 말하면 생활은 이런 식으로 해야 하고 사는 방법은 이렇게 하는게 좋고... 그러니까는 더 들을 말이 우리가 배울게 더 많더라고요.
>
> 참여자 4 그러니까 회사 같은데 가서 그 5년간 시간이 긴 시간이... 시간이 길잖아요. 그 긴 시간 안에 한국 사람들하고 막 어울려가지고 생활을 했다면 애들처럼. 애들은... 금방 적응하더라고요.
>
> 참여자 5 매일 노동판에 나갈 수는 없다 아닙니까 뭘 해... 이 사회에서 뭘 할라면 보통 다른 사람들하고... 그 혼합이 되야 된다 아닙니까... 여기 사람들하고 같이 어울려야 된다 아닙니까.
>
> 참여자 7 이 사회에 적응하려면 하나라도 더 잘 아는 게 좋잖아요... 근데 그 따라가는 분위기가 안되니까... 내 혼자 맨날 독단적으로... (중략) 대화를 하고 서로 시간을 보내고 시간이... 공간이 없으니까... 북한 이미지가 별로 쉽게 안 벗기지더라구요... (중략) 막 어울려서 어디 가서 티가 안 났으면 좋겠다. 뭐 그런 생각도.

사회적 가치가 인간 삶의 윤리적 원칙에 위배되는지에 관계없이 적응이라는 것은 그러한 가치 속에 포함되는 것이라고 할 수 있다. 참여자들도 혼란 속에 있는 남한의 교육제도와 경제적 가치의 극단적 추구 및 현재의 사회문화적 흐름에 동참하려는 모습이 나타났다. 이북이주민들에게 이상적인 적응을 요구할 수는 없다. 현재의 사회문화적, 법적, 제도적인 범위에서 크게 벗어나지 않는 사회역동의 참여는 지속적으로 격려되어야 할 것이다. 또한 참여자들은 지역사회의 범위 안에서 어떠한 형태로든지 참여하는 것의 중요성을 표현하였다. 학생의 경우에는 학교에서, 직장인의 경우에는 직장에서, 그리고 경제적 생활인은 그 터전 안에서 적응 또는 부적응의 형태를 보였다는 것이다. 사회라는 테두리 안에서 보이는 부적응이 사회적 위축으로 고립되는 것보다는 훨씬 유용하다는 사실을 알고 있었다.

참여자 3 없는 살림에 더 돈을 쪼개서 또 학원을 보내고 싶은데도 너무 비싸지 그러니까 막 그런 걸 전전긍긍하면서 남 하는 것도 따라 해야 되겠고.

참여자 4 새벽에는 4시에 일어나 과일 따러 창원에 갔다가 빨리 오면 8시 이렇게 오거든요. 그래 와서 밥은 뭐 막 급하게 퍼먹고 또 10시 전에 나가믄 노점장사니까 다 내리고 챙기고 해야 되잖아요. 저녁에 한 10시 반, 11시 이때 되믄 들어오거든요. 그러니까 잠은 서너 시간 밖에 못자요.

참여자 7 힘듭니다. 그래 내 힘들더라고요. (중략) 정착하는 것도 다 제 나름 다르고 쫓아가기 바쁘고, 그게 제 노력이 들어가야 그것도 정착도 잘 되고 이래요. 우선 사는데 몰두하느라고요 정신이 없고.

참여자 6 바로 엎어버리고 돈도 안주겠다고 지랄해서 돈도 주라 노동부에 고발해버리겠다. 또 싸움질해서 돈을 기어코 받아가지고 또 돈 바로 안줘요. 실제 한국사람 같으면 돈 그렇게 안주고 못 견디지 안 그렇습니까? 그런데서 스트레스 억수로 많이 주는 기라예. 그래도 받아냈죠...

참여자 9 그렇다고 내가 또 그 회사를 죽을 때까지 다닌다는 보장이 없어요. (중략) 정말 이러지도 못하고 저러지고 못하고 그냥 이렇게 회사 가서 일해도 계약직으로 일하고 일용직으로 일할 수밖에 없어요. 그래도 벗어나면 안 되잖아요.

사회참여에 대한 의미를 발견하고 사회역동에 참여하기 시작하면서 참여자들은 사회적 격차에 대한 도전을 시도하였다. 사회현실에 대한 통찰적 인식은 욕구를 만들고 이는 다시 극복을 위한 도전을 시도하게 된다. 참여자들은 주위 환경의 영향과 개인적 특성에 의해 자신의 나름대로 이 사회내의 차이와 차별에 대한 인식을 하였다. 남북주민 간의 차별뿐만 아니라 남한사회 내에서 그들이 어떠한 위치를 차지할 것인가를 고민하기 시작했다는 것이다. 남북의 차이에 대한 수동적 태도가 아니라 개인이 일상생활을 수행하는데 있어 보다 능동적으로 접근한다는 사실이다.

참여자 3 주변에 몇몇 아는 분들은 부모 둘 다 교사라서 그런가 기가 눌리는 거예요 막 자기 그 집 애를 교육하는 방식이나 이런걸 보면 나는 그때 발버둥만 치고 있는 거지.

참여자 4 하도 많은 선택을 하고 있지요. 우리가 생각 없이 살면 같은 상황에서 뭐 고민 안하고 답이 나오나요. 그 정도로 나는 자꾸 노력을 하다보니까.

참여자 5 빈부격차가 너무 심하다 보니까 야 참 심하다... 살기 힘들구나... (중략) 일단 한국사회를 알아야 이 사람들하고 휩쓸려가지고요... 이 사회가 어떻게 돌아가는지... 이 사회의 주 장점이 뭔지 단점이 뭔지 요런 거 다 파악해가지고 이 사람들하고 어떤 관계를 했으면 어떻게 대인관계를 했으면... 이 사회는 어떻게 대인관계를 하면... 그 살아남을 수 있겠다...

참여자 7 졸업할 당시 그러드만 어느 날 시험 치러 간다고 가드만 후에 합격 통지서 그래 가지고 ○○대학 되어서 잘 댕기고 있어요. (중략) 학교 안 갈려는 거, 가슴 아파도 욕하며 욕했죠. 그래 가지고 앞에서는 모질게 해도 뒤에 가서는 가슴 아프고. 하지만 우리 딸이 지금에 와서는 다 어머니 덕이라면서...

참여자 9 앞으로 어떻게 여기는 대학을 못가면... 특히 남자는 대학을 나와야 하잖아요... 대학까지는 보내야 하는데 어떻게 벌어서 대학까지 보낼 것인가... 고민이 됩니다.

능동적 참여자로서의 이북이주민

참여자들의 북한 탈출 결심은 쉽지 않았다. 개인의 내외부적인 밀어내는 힘이 강렬한 경우에만 실행하였다. 즉 이래도 죽고, 저래도 죽는 경우가 되어야 시도해 볼 수 있는 현실이라는 것이다. 중국이나 제3국에서의 한국행 결정도 또 다른 밀어내는 힘의 작용이었다. '죽더라도 먹을 것이 있는 곳으로 가다가 죽자'라는 심정은 또 다른 세상을 경험하고 재추진력을 가지게 하였다.

참여자들의 탈북 결심 이후에 남한 입국까지의 과정에서도 순조롭지 않아서 투옥, 생존의 위기, 기아, 극단적 불안, 신체적 질병, 가족과의 이별 등의 어려움을 경험하였다. 그러나 참여자들은 이러한 과정 속에서 살아남아 다시 일상적 생활을 할 수 있는 내적 외적인 힘들이 있었다. 이북이주민들을 문제 중심으로 파악하여 해결책을 제시하는 방법은 어떤 부분에서는 필요할 것이다. 이와 함께 이북이주민들이 새로운 사회에서도 위축되거나 사회와 단절되지 않고 지역사회에 거주할 수 있는 그들 스스로의 힘을 발견하여 강화하는 것도 중요하다.

우선 인터뷰 참여자들을 통해 이북이주민들은 능동적으로 책임감을 가지고 사회현실을 파악하여 공동체 형성을 스스로 할 수 있는 힘이 있음을 확인하였다. 일반적으로 이북이주민들과 유사한 난민들은 재정착국의 부적응자로 간주되어 치료와 조정의 대상으로 알려져 있다(엄태완, 2007). 따라서 이들의 심리적, 정신적, 사회적 문제해결을 위해서 다양한 방법들을 계획하고 전략을 수립하였다. 이북이주민들의 경우에도 적응교육, 심리사회적 치료, 가족개입, 남한주민 인식개선, 정착도우미 지원 등을 통하여 적응 장애물을 제거하고 외부지원을 강화하기 위한 노력을 지속하고 있다. 이는 주로 외부적 지원이었으며, 이북이주민들의 역량이나 능력에 관해서는 상대적으로 간과한 측면이 있다. 그러나 참여자들을 통해 이북이주민들은 스스로 삶을 살아가는 내외적인 힘들이 있다는 사실을 발견하였다.

이북이주민을 위한 지역사회 프로그램은 정신건강 및 심리상담, 초기 정착지원 및 사례관리, 사회적응, 취업지원, 지역사회 통합 및 인식개선, 지역 네트워크 및 인프라 구축으로 구분할 수 있다(김선화, 2007; 이금순 외, 2005; 조정아 외, 2006). 인터뷰 참여자를 통해 이들이 사회적 관계를 시도할 수 있는 충분한 내적 힘을 가지고 있음을 확인하였다. 특히 정착 초기에 이북이주민에 대한 관여는 참여자들이 중요하게 생각한 자존심의 존중과 오히려 역설적인 그들의 남한 사회에 대한 이타심을 이해하면서 이루어져야 할 것이다. 서비스 담당자는 이북이주민들이 내면에 가지고 있는 열린 체계의 가능성을 확인하면서 어울림의 욕구도 표현되고 충족시킬 수 있도록 해야 할 것이다.

이북이주민 자조모임의 경우에도 심리적 안정의 의미를 지나치게 부각하지 않고 남한의 사회역동에 참여하는 다양한 성공 및 실패담을 통하여 동기부여 하도록 해야 한다. 이북이주민들을 단지 수동적 존재로 보는 것이 아니라 남한 사회문화 속의 능동적 참여자로 인식해야 한다. 참여자들을 통해 보면 이들은 경제적 욕구와 취업에 대한 도전의식도 있으며, 남한주민들과의 비교를 통해 동기부여 하고 있었다. 이북이주민들을 위한 지역 네트워크와 인프라 구축에서도 이들이 스스로 남한사회의 공동체에 참여할 수 있는 힘이 있다는 사실을 기초로 해야 한다.

7장:

노마드로서의 의미는 무엇인가

> 노마드로서 이북이주민 여성들은 강인한 생명력을 새로운 공동체에 내어주었다. 이들은 절망과 무기력한 일상을 뛰어넘어 원초적 본능의 일깨움으로 자신을 해체하며 생명력을 회복하였다. 물론 그 과정에서 일부는 존재의 본질을 알아차리지 못하여 회복이 더딘 경우도 있었지만 대다수는 창조성과 긍정성을 통해 새로운 가치, 새로운 정주지를 찾고 그 속에서 자신의 생명력과 본질을 찾아 나아갔다.

탈북 노마드: 여성의 경우

통일부 자료에 의하면 2000년 이후 남한으로 이주한 이북이주민 중 70% 이상이 여성이었으며, 2015년에는 80%가 여성이었다(통일부, 2016). 여기서는 이렇게 대다수를 차지하는 이북이주민 여성들을 창조적 행위자로서의 가능성을 살펴보기로 하자[32]. 대부분 이북이주민 여성들은 자기 자신 혹은 가족의 경제적 어려움을 해결하고자 탈북하여 중국이나 아시아 각국에서 생활하다가 남한으로 이주하고 있다. 이들 중 많은 수의 이북이주민 여성들은 중국 등의 국가에서 생존을 위해 남성과 동거를 하거나, 인신매매를 당하거나, 불법체류자로서 고통스런 삶을 살아 왔다(박영호 외, 2010). 이런 상황은 이들에게 또 다른 선택을 하도록 하는 힘으로 작용하여 새로운 공간으로의 이동, 즉 남한이나 다양한 국가로 이동하게 만들었다.

---

32. 이후의 내용은 저자의 '북한이탈여성 이동의 재해석: 노마드로서의 의미는 무엇인가?(여성연구, 88권 제1호)'에서 수정, 보완되었음.

인구이동은 그 지역 공동체의 변화를 불러오는 중요한 요인이 된다. 이러한 연유로 이주민에 대한 연구자들의 관심은 매우 높으며 이북이주민 여성들도 예외는 아니다. 지금까지 이북이주민 여성에 대한 연구들은 주로 중국이나 남한에서의 심리사회적 문제 혹은 적응의 이슈 등을 다루고 있다(김승현·최빛내, 2013; 김현경, 2012; 박성정·오은진, 2012; 한인영·홍선희, 2012). 즉 이북이주민 여성은 국제적 문젯거리, 남한사회 적응과 부적응의 사회적 과제로만 보여져왔다는 것이다.

그렇다면 이 시점에서 이북이주민 여성들의 탈북, 중국이나 아시아 각국에서의 일시적 거주, 남한이나 세계의 다양한 나라로 이동하는 현상을 새롭게 볼 수 있는 방법은 없을까? 우선 우리는 이북이주민 여성에 대해 문젯거리로 보는 관점에서 역동적 변화의 매개체로 바라볼 수 있어야 한다. 이를 통해 이북이주민 여성들이 남한에서 사회적 부담으로만 부각되는 것이 아니라 새로운 생명력을 부여하는 노마드로서 자리매김할 가능성을 발견할 필요가 있다. 즉 이북이주민 여성을 사회적 부담요인으로만 바라보는 것이 아니라 보다 긍정적이고 창조적인 매개체로서의 가능성을 탐색해야 한다는 것이다.

이를 위해 이북이주민 여성들의 독특한 이동 경험은 새로운 정착지에 어떤 의미를 부여하는 지를 확인할 필요가 있다. 이러한 연구는 논리적 실증주의에 의한 객관적 자료 수집과 수학적 자료처리보다는 이들이 이동하면서 겪은 경험의 의미가 일상적 세계와 관련 지워서 어떻게 설명될 수 있는가라는 현상학적 연구방법으로 접근하는 것이 보다 타당하다. 이북이주민 여성의 이동 체험 속에 나타나는 그대로의 경험을 중시하여 어떠한 비판·반성도 하지 않는 자연적 태도만이 그들의 현재 일상적 삶과 관련된 행위의 의도나 동기 등을 통합적으로 이해할 수 있을 것이다. 이러한 접근을 통해 노마드로서 이북이주민 여성들은 과연 남한사회에 창조적이고 긍정적인 어떤 의미를 가질 수 있는 지를 탐색하고자 한다. 이 목적을 달성하기 위한 연구문제는 다음과 같다. 첫째, 이북이주민 여성들은 자신들이 이동하면서 경험한 사건들을 어떻게 이해하고 있는가? 둘째, 이북이주민 여성들이 이동하면서 경험한 사건들의 창조적, 긍정적 의미의 본질은 무엇인가? 이 연구의 참여자는 이북이주민 여성 9명(참여자 1: 39세; 참여자 2: 41세; 참여자 3: 49세; 참여자 4: 47세; 참여자 5: 37세; 참여자 6: 29세; 참여자 7: 34세; 참여자 8: 33세; 참여자 9: 37세)이었다.

생명력 대對 회복력

이북이주민 여성의 이동은 개인적 방랑 욕구에서 시작되었지만, 공간적 범위가 확장되면서 개인을 넘어 새로운 사회에도 가치 있는 존재로 의미부여 되는 출발이었다. 이러한 탐색에서의 핵심적 주제는 생명력의 이동, 즉 의례적인 일상으로 구조화된 공동체 내부에 역동적 이동으로부터 탄생한 새로운 생성물을 내던져 줌에 있었다. 노마드로서 이북이주민 여성들은 지역 공동체에 새로운 가치, 더 나아가 상생의 변화매개체로 작용할 수 있을 것이다.

참여자들의 고통스런 코뚜레 같은 일상의 삶과 절망으로 인해 파생된 위태로운 생명력은 이후 역동적 이동의 과정을 통해 사람 살리는 '회복력'으로 의미를 부여받을 수 있는 선험적 힘이었다. 이 과정에서 참여자들은 가치 없다는 존재들의 가치를 확인받으면서, 이들의 노마드적 성향으로 인해 태생된 열림을 통한 새로운 질서와 가치를 형성하게 한 초석은 '경계에 선 생명력'과 관련이 된다는 맥락을 이해 할 수 있었다. 이러한 현상들의 구조적 가설에 대한 표현들은 아래에서와 같다.

일상의 코뚜레 대對 열림 에너지

일상의 코뚜레

이북이주민 여성들은 다양한 상황에서, 출생부터 어떤 시점까지 생명력을 보존하기 위해 이끌려 다닐 수밖에 없었다. 이북이주민 여성들은 자신의 존재를 인식하기 이전부터 생명력 보존을 위한 행위에 참여하고 있었다. 북한에서는 일상생활을 위한 사회적 제도들이 충분히 기능하고 있지 않기 때문에 가족과 같은 비공식적 자원들이 생존을 위한 필수적 도구일 수밖에 없다.

참여자와 같이 모의 사망에도 불구하고 전적으로 아동에 의해 아동이 양육되거나, 개인적 기아는 사회적 문제로 인식되고 있지 않았으며, 가족의 생존을 위해 개인의 신체를 희생하는 경우도 있었다. 이는 일상의 삶이 생존을 위해 쳇바퀴 돌아가듯 얽매여 있다는 의미다. 즉 개인의 생명력 보존이 일상의 의미이고 목표가 되고 있었다. 연구 참여자들의 일상적 삶은 언제나 기본적인 욕구인 생존과 관련되어 있었다. 다시 말하면 이들의 생명력 보존은 일상성에서 늘 위태할 수 있다는 의미다.

일상이란 '날마다', '다른 날과 다름없는 보통의 날', '늘 되풀이되는 나날들', '하루하루' 또는 '그날그날' 등을 뜻한다. 일상성은 나날을 살아가는 실존 방식이며, 누구에게나 익숙한 것, 사회적으로 습관화된 것이다(남정희, 2004). 참여자들의 일상성은 하루하루의 생존을 유지하기 위해 체득한 생활양식으로 이루어졌다. 참여자들은 일상의 인위적인 삶과 불완전함을 쇄신할 수 있는 방법을 발견하지 못하고 있었다. 참여자들은 실존적 공허와 실제적 고통 또는 불완전성에 의해 무기력하고 무의미한 일상에 참여할 수밖에 없었다.

참여자 1 사람들이 뭐 먹지 못해서 쓰러졌나? 하지요. 굶어서 쓰러졌나? 하지요. 뭐 아프니까 어떻게 창피스러운 것도 몰라요. 정신이 없으니까...

참여자 4 소외양간처럼... 맨 바닥에 짚을 깔고 거기서 날 낳았거든요. 날 낳다가. 어머니가... 나를 낳고 이레 만에 돌아가셨어요. 그다음 내 위에 언니가 있었대요. 그래 그 언니가... 9살 된 언니가 나를... 동생인 나를 업고서리 이집 저집에 동냥젖을 얻어 먹이다가...

참여자 5 나머지는 엄마가 장사해서 벌어야만 사는데 우리 엄마가 장사할 줄 모르다 보니까 그저 쪼개 살고 쪼개 살고 하다 보니까 우리 엄마가 선택한 길이 수혈소에 다녔단 말입니다. 누구한테 이런 이야기 한 적 없는데... 수혈소 가면 피를 팔아서...

얼림 에너지

참여자들은 일상의 구조적 억압으로부터 벗어날 어떠한 개인적, 사회적 장치도 발견할 수 없었다. 사회문화적 차원에서 개인의 일상적 삶을 활력으로 바꾸기 위한 문화적 장치가 축제이다. 축제는 모든 제약의 굴레에서 벗어나는 초월적 일탈을 통해 일상적인 삶의 새로운 정렬을 한다. 축제를 통해 일상을 벗어난 일탈은 자기의 정신적 고양과 새 가치와 새 질서의 정렬이라는 효과를 목적으로 한다. 일상에서의 일탈과 그로 인한 무질서는 나태해지기 쉽고, 진부해지기 쉬운 삶과 의미를 새로이 쇄신하고 정돈하는 기능을 한다(이정재, 2001).

참여자들의 경우에 일상적 삶의 무기력과 의미를 재조정하고 새로운 나날을 살아갈 수 있는 축제와 같은 문화적·사회적인 장치들을 일상에서 경험하기가 쉽지 않았다. 따라서 이들은 원초적인 생명력을 일상으로부터 회복하기 어려웠으며, 일상의 일탈을 통한 새로운 삶의 활력과 가치를 발견하지 못하고 진부한 일상에 이끌려 다닐 수밖에 없었다.

참여자들의 무한 반복적인 수동적 침체의 이면에는 새로움에 대한 이끌림과 삶의 모험에 대한 갈망도 동시에 지속적으로 증가하였다. 즉 참여자들은 일상의 고통스런 무기력의 반복을 통해 자신의 생명력 회복을 위한 상상적, 실제적 열림을 지향하였다. 이러한 힘을 바탕으로 이들은 끊임없이 반복되는 이동 충동과 모험에 대해 열린 자세로 대처하였다. 이 과정에서 나타난 방랑은 새로운 문화를 만들어내는 힘이 된다.

이북이주민 여성들의 유목적 행위는 그들과 관련 있는 지리적, 사회적 공간에 영향을 미치게 될 것이다. 참여자들의 경우에도 남한으로 오는 여정은 정해진 일반적인 방식이 아닌 루트를 통해 왔지만, 이는 오히려 우리 사회를 오래 지속되게 하는 안정적 제도들을 만드는데 기여할 수 있다. 이들은 일상의 무한 반복되는 고통에서도 생에 대한 열정이 지속되었으며, 이에 추동된 이들의 이동 과정에 보여준 자유로움과 노마드적 열림 에너지는 기존 사회에 새로운 질서를 창조하는데 하나의 의미로 작용할 것이다.

> 참여자 1 사철을 다 방황생활하구요. 그 다음에는 고향 땅을 등지고, 부모 형제도 다 등지고 그저 각 곳에 안 간 나라가 없잖아요. 중국에도 북한 사람들이 안 간 성이 없어요. 각 곳에 다 있어요. 북한 사람들이. 탈북자들이. 살 길을 찾아서.
>
> 참여자 6 나는 생각이요. 나는 내가 이 자리 머물러 있고 싶지 않은 거예요. 나는 내가 발전하고 싶고요. 내가 너무 자아도취된 거, 그런 건 아니고요. 하여간 내 생각은 그렇거든요.

참여자들의 개인적인 일상의 얽매임으로부터 생명력을 회복하기 위한 열린 행위는 새로운 정주지에도 새로운 열림의 질서를 부여하게 된다. 국제적 이동의 근대 역사를 통해서도 인구의 이동은 문화이동을 의미하며 새로운 문명을 탄생을 가져오기도 하였다. 근대 역사에서 국제적 인구 이동의 첫 출발은 1500년부터 1800년까지의 중상주의시기로, 경제의 성장과 식민지화의 진행으로 인해 유럽인들이 아메리카, 아프리카, 아시아, 오세아니아 지역 등으로 이주한 것이다. 이후에도 산업화, 제1차 세계대전, 탈산업화 등의 영향으로 대규모 국제적 인구 이동이 있었다(김용찬, 2006).

이러한 방랑은 지구적 차원에서 새로운 질서를 부여하는 행위들이었다. 탈냉전이 본격화된 1980년대 후반부터는 불법이주, 망명신청자와 난민의 국제 이동이 두드러지게 나타나고 있다. 이북이주민 여성들도 이런 맥락 속에서 이해할 수 있으며, 이들의 이동은 동북아 공동체의 변화를 불러오는 미세한 요인으로 작용할 수도 있다. 개인적이고 가족적 이유에 기인한 이북이주민 여성의 이동은 남한 사회에도 새로운 질서를 부여하는데 이바지할 수 있다. 즉 이러한 열림의 에너지는 나태한 기존의 생명력을 일깨울 수 있는 조건들 중에 하나가 될 것이다.

절망 대對 우연성

절망

이북이주민 여성들의 희망은 생존적·심리적·사회적 결핍으로부터의 도피라고 할 수 있었다. 그러나 이들은 직선적 인과론에 의거해 볼 때 전혀 희망이 없다고 판단하고 있었다. 절망hopelessness을 가진 개인들은 그들에게 바람직한 일이 일어날 것 같지 않고, 그들이 노력하는 일이 결코 성공하지 못할 것 같고, 중요한 목적은 달성될 수 없고, 나쁜 문제들은 결코 해결될 수 없다고 인지한다(Beck and Steer, 1988).

참여자들은 북한에서 자신의 삶이 지속된다고 하더라도 생존의 유지를 위한 기본 욕구를 충족할 수 없다고 인식하고 있었다. 참여자들은 기아로 인한 자녀 생존의 실패, 가족전체의 쇠락, 미래를 위한 준비와 기대에 대한 상실감이 그들의 삶을 지배하고 있었다. 이러한 절망의 지속으로 인해 참여자들은 그들의 인간성을 유지하고 생명력을 보존할 가능성이 높지 않다고 생각하였다.

참여자들은 현재의 상황이 어렵고 고통스런 무질서 속에 있었지만 시간이 지나거나 보다 자세한 탐색을 통해서도 새로운 질서나 희망을 발견할 가능성을 찾을 수 없었다. 이는 개인의 위기가 아무리 해결이 불가능하고 혼돈스러워도 주의 깊게 접근하면 아직까지 인식하지 못한 포괄적인 메시지를 내포하고 있다(James and Gilliland, 2001)라는 근원적 의미로의 접근도 어렵게 하는 것이었다. 참여자들은 삶의 좌표가 모호했으며, 이에 따라 불안은 극도에 이르렀고 소위 혼돈이론chaos theory에서 말하는 무작위적 무질서 속에서 일어나는 궁극적인 우주의 질서를 발견할 수 없었다. 이는 개인의 생명력이 지속될 수 있다는 확신을 할 수 없는 혼돈스러움에서 성장과 변화의 희망을 찾을 수 없었다는 것을 의미한다.

> 참여자 1 그래 가지고 그때마다 계속 눈물이 났어요. 난 언제 남들처럼 꽃필... 잘 입고 잘 먹고 이런 날이 있어 볼까? 그런 날이 있을 것 같지 않아요. 그래가지고 계속 희망이 없는 거예요. 잘 살아 볼 날이 언제나 있을까? 그런 날이 있을 것 같지 않았어요.
>
> 참여자 6 실지로 굶어죽었거든요. 나는 그런 걸 너무 많이 봐나서... 근데요 너무 많이 봐났어요. 저 사람이 길을 가다가 길에 이렇게 쓰러져 있는 거예요.
>
> 참여자 8 우리 집 식구 세 명 살면 세 명이 각자 자기 벱벌이... 자기 밥벌이 자기가 해야 되거든요. 혼자 벌어서는 세 명이 못 살거든요. 절대로. 죽도 못 먹어요. 가만 앉아 있으면 굶어 죽거든요.

참여자들은 북한에서 여성으로서의 삶 속에서도 희망을 발견할 수가 없었다. 북한에서 빈곤한 가정의 생활 책임은 대부분 여성들이 지게 된다. 북한에서 남성은 필수적으로 국가에서 지정해 주는 직업에서 일해야 하는 의무가 있다. 이를 기반으로 하여 가족들은 배급을 받아서 생활을 하지만 그 배급이 중단되거나 줄어들면 가족의 생계를 여성들이 책임져야 한다. 이 경우에 여성들은 장마당에서 장사를 하거나, 국경지대에 거주하는 여성들은 중국으로 밀입국하여 친척에게 원조를 구하거나 장사를 시도한다(박영호 외, 2010). 북한에서 빈곤을 예방하고 해결해 나가는 과정에서 가구 내 불평등이 존재하였다.

가구 내에서 빈곤을 경험할 때 이를 해결하기 위하여 직접 돈을 구하러 다니는 사람은 주로 여성이며, 이들은 친척이나 외부 도움을 직접적으로 요청하며 그 과정에서 수지심을 참는다(Fodor, 2006). 빈곤을 해결하는 과정에서 남성이 적극적으로 외부에 도움을 요청하는 경우가 드문 것은 가부장적 이데올로기로 인하여 도움을 요청하는 행위 자체가 남성에게 약함의 상징으로 작용하기 때문이다(노혜진, 2012).

참여자들의 경우에도 부채로 인해 집안 경제가 어렵게 되자 여성들이 장사를 시작하거나, 가정 경제의 책임을 여성이 지게 되었다. 또한 여성은 가부장사회에서 소유물로 인식되어 가족생활에서 생존 유지의 고통도 인정되지 않았다. 개인이나 가족의 생명력 유지를 위한 경계에서 언제나 선택과 해결은 여성의 몫으로 남겨지게 되었다. 그러나 모순된 책임을 해소하고 자신의 정체성을 확립하기 위한 노력들은 언제나 희망적이지 않았다. 참여자들은 자신의 어머니, 그리고 자기 자신이 이러한 사회적이고 관습적인 얽매임에서 벗어나 자신의 삶을 살 수 있다는 희망을 가질 수가 없었다.

참여자 5 내가 가정 살림하다 보니까 우리 엄마가 살아온 게 너무 가슴 아프고 우리 엄마가 너무 불쌍하고... 시집가서 엄마 잘 해주리라 했는데 내 생활도 그러지 못하니까.

참여자 8 빚쟁이들이 들어와서는 다 가져가고 이불장에 이불 껍데기 다 뽑아가고. 목화솜 다 뽑아가고, 가마 다 뽑아가고 그랬었거든요. 그때부터 우리 어머니가 우리를 먹여 살린다고...

참여자 9 그러다가 제가 2000년도 이때부터 장사를 좀 했거든요. 결혼도 해야 되지 하니까 돈이 있어야 되잖아요. (중략) 나 혼자서라도 벌어서 장사를 해서라도 시집을 가야겠다는 이런 생각으로 제가 청진에 있는 장마당으로 가요...

우연성

학습된 무기력 이론이 말하는 것과 같이 참여자들은 반복되는 상실감으로 인한 무희망의 영원성으로부터 회복하기가 쉽지 않았다. 참여자들은 그들 자신에게 결코 바람직한 일이 발생할 가능성이 없다고 생각하면서 아무리 스스로 노력하더라도 그들이 원하는 바를 성취할 수 없다고 판단하였다. 더 나아가 이들은 삶의 희망이나 목표 자체를 상실하고 그저 주어진 수동적 삶을 살아가고 있었다. 그러나 참여자들은 이동 과정에서 새로운 운명, 즉 사람을 살리는 우연성을 자주 접하였다.

참여자 2 도망가서 십자가 있는데 있잖아요. 그런 곳을 찾아가라고 하더라고요. 그 교회라는 소리겠죠. 근데 저는 교회가면 죽는 줄 알았어요. 한국 사람들 믿는 교회니까. 죽는 줄 알았어요. 근데 아니더라고요. 거기 가니까 저를 식당에 소개해 주더라고요.

참여자 4 어떤 사람들은 그 두만강 건너서 모르는 집에 들어가는데 잘못 들어가면 청년들 있는 집에 들어가요. 그러면 청년들 있는 집에 가면, 그 청년들이 이 여자를 데리고 중국 안쪽에 들어가서 팔아먹거든요. 근데 내가 들어간 집은 할아버지, 할머니 집이거든요. 다행이죠.

참여자 7 근데 이렇게 밖에 나가면 기차나 타고 다니면 내가 진짜 막 돈이 떨어질 때도 있어요. 근데 꼭 길이 나타나거든요.

참여자들이 경험한 우연성은 두 가지 가설이 가능한데, 하나는 최종 목적지에 도착한 사람들만을 대상으로 하기 때문에 사후가설적 측면이 있다는 것이고, 다른 하나는 현 시점에서 인과적 설명을 찾을 수 없는 또 다른 요인의 존재이다. 이들이 체험한 사람을 살리는 우연성은 문화적이고 역사적 바탕에서 비롯된 지역 공동체의 생명력을 유지하는 방편 속에서 나타난 현상일 수 있다.

참여자들은 절망의 연속적 경험으로부터 역동적 이동 과정에서 온 우연성에 바탕을 둔 희망을 발견하였다. 삶의 다양한 사건으로부터 경험한 절망의 지속은 사람들로 하여금 개인적 침체와 사회적 고립을 더욱 강화하게 된다. 참여자들과 같이 절망의 지속적 경험에서 침체와 고립의 개인적 경험을 노마드로서 이동하는 과정에 체험한 우연성의 기적을 통해 삶의 희망, 즉 절망으로부터 생명력의 회복을 이룬 존재가 우리 사회에 등장하였다는 사실을 주목할 필요가 있다. 그것이 지역 공동체의 사람을 살리는 역사적 힘이었든지, 개인에게 새로운 질서를 부여하는 어떤 힘이었든지 간에, 그 존재가 새로운 공동체에 주는 의미는 무기력과 절망이 아니라 희망과 긍정적 에너지를 전달해 주는 매개체의 등장이라 할 수 있다.

원초적 열망 대對 창조성

참여자들이 보여준 방랑의 원초적 열망은 그들의 역동적 이동을 통해 형성된 노마드적 성향의 토대가 되었음을 확인할 수 있었다. 노마드로서 참여자들이 보여준 새로운 가치의 창조는 새로운 정주지에서도 매너리즘에 갇힌 공동체에 활력을 주는 매개적 역할을 할 수 있을 것이다. 즉 아름다운 도주의 조건인 '방랑의 원초적 열망'은 노마드적 이동을 통해 형성된 '성찰과 도전의 창조적 가치'를 새로운 정주지에 제공케 하는 단초였음을 알 수 있었다. 이러한 현상들의 구조적 가설에 대한 표현들은 아래에서와 같다.

방랑의 원초적 열망

참여자들은 가족, 고향 그리고 내면의 당김과 밀어냄에서 갈등하게 되지만 방랑의 원초적 열망으로부터 자유롭지 않았다. 이는 잘 짜인 사회에서의 권태로움으로 인한 탈출이 아니라 살아 있는 생명체가 죽음으로부터 자신을 보호하기 위한 욕망이라고 할 수 있다. 도주, 그리고 모험의 추구를 위한 행위들은 문화적 기능을 가지고 있고, 그것들이 사회를 만들어낸다. 눈에 뛰는 무질서는 단순한 질서가 너무 구속적인 것을 수정해주며, 결과적으로 단순하고 단면적이지 않은 복합적인 질서를 가져다준다(최원기·최항섭 역, 2008).

이북이주민 여성들의 방랑 열망은 사회에 새로움을 가져다주는 촉매 역할을 할 수 있다. 이런 열망의 바탕은 고귀한 생명체가 가진 원초적 생명력을 보호하기 위한 자연발생적인 추동에 의해서다. 이로 인해 결국, 개인적 열망에 의한 행위들은 사회를 새롭게 재편하며 생동감을 가지고 무질서로부터 새로운 삶의 총체적 패턴과 질서를 회복하도록 돕는다. 그래서 지구적 차원에서 이북이주민 여성의 탈북은 아름다운 도주라 할 수 있다.

참여자 5 우리 아버지 내 강에 들어서자마자 이제 마지막이다. 다시 한 번 생각해봐라. 이러더라고요. 아버지 내 빨리 가야된다고 아버지를 밀치고 들어섰단 말입니다. 오직 가겠다는 그 생각뿐이었으니까...

참여자 4 도중에 아이가 죽었다니까 살 집이나 있기야 하나. 그렇다고 내를 반가이 맞아줄 때 있는가 하고. 미련이 없죠. 그냥 가는 거죠.

참여자 7 그 다음에 중국에 왔는데 내가 다시 간다고... 중국에 일주일 있다가 간다고 왔는데... 와서 보니 거기가 아무래도 생활이 더 좋고, 모든 게 다 이렇게 막 눈이 막 틔우고 그런 거 있잖아요. 그래 가지고 다시 간 거죠. 큰 이유 없이...

참여자들은 가족의 사회적 지위의 상실, 일상에서 사회적 도피처의 상실, 사회적 역할의 막힘 등을 경험하였다. 사회적으로 자리매김한다는 것은 개인의 생존을 위해 필수적인 과정이며 개인적 삶의 도구라 할 수 있다. 사회적 생존을 위해서는 내부 집단에서의 소속감이 필요하고 이를 뒷받침할 수 있는 제도들이 존재해야 한다. 이러한 사회적 생존의 극단적 위기에 내몰리는 사람들이 최후로 선택하는 방법은 생의 포기라고 할 수 있다. 그러나 참여자들은 무규범적 혼돈 상황이나 소속감의 부재 상황에서도 극단적 선택을 하지는 않았다. 대신에 이들은 개인의 생명력을 보존하기 위해 또 다른 선택이 필요한 시기임을 인지하게 된다.

창조성

성찰

참여자들의 방랑의 원초적 열망은 공간적 이동을 통해 내면의 지속적 변화, 즉 깨달음으로 이어지고 있었다. 구체적으로 보면 개인의 심리적인 인지구조의 변화부터 사회전체의 구조적 차원까지 성찰하였다. 이들은 방랑을 통해 모든 사물의 어쩔 수 없는 유한성과 점진적 소멸의 불가역성을 위로받을 수 있었을 것이다.

그러나 참여자들을 통해본 이들의 성찰은 능동적 실천과 관련이 있었다. 인간은 자신의 행동에 대한 분명한 이해를 가지고 스스로의 행동을 설명하고 타당성을 부여한다면 위기상황에서 보다 적극적으로 대처할 수 있다. 참여자들은 북한 내부에서 지속적으로 강요받은 인지 틀의 견고함에서도 새로운 자극의 수용을 통해 자신과 상황을 변화시킬 수 있었으며, 이를 바탕으로 새로운 삶을 선택하였다.

> 참여자 1 우리 중국에 온 것만도 지금 죄인데 반역죄인데... 한국까지 가면 뭐야 친척들이 목이 날아날 것이다. 한국만은 가지 말아야겠다. (중략) 그저 이쯤에서 포기... 포기 하는게 좋겠다 그렇게 생각했지요. 중국에서 방송을 듣고 그저 뭐... 집에만 오게 되면 방송을 듣고 그래 생각을 바꾸고...
>
> 참여자 3 중국에서 많이 살지 못했어도 중국에 그 단동 감옥에 있던 간수들 하는 거 보니까 정말 잘해주더라고요. 죄인이라 해서 막 다루지 않고 인권 대접을 하니까 정말 좋더라고요. 이 사회는 이런 건가. (중략) 아 이렇게 다 통하니까 우리도 이 나라에서 살 수 있겠다. 이 생각이 탁 들더라고요.
>
> 참여자 9 진짜 내가 한국에서 살아야 되겠다. 이때까지 내가 잘못 생각했구나. 이게 아니구나. 나는 이때까지 생각한 게 내 딴으로서는 내가 똑똑하고 현명하다고 생각했는데 이게 아니구나. 내가 진짜 바라고 내가 희망하는 삶이 여기구나. 이런 것을 느낀 거예요.

참여자들의 방랑의 원초적 욕망에서 시작된 이들의 살려고 하는 의지와 행위는 고통스러운 요구이었지만 작은 개인으로서 자신의 존재를 뛰어넘어 보다 총체적이고 거대한 자신을 확인하는 출발점이었다. 이를 통해 우리는 뿌리로부터 멀리 있는 식물만이 유일하게 살아남는다는 주체적 인간상을 확인할 수 있다. 참여자들은 가족, 둥지, 뿌리로부터 멀리 돌아서 생존하는 힘을 보여주고 있다. 이들은 자신과 사물 내에 존재하는 신적인 힘을 발견하였을 것이며, 이러한 힘의 전달체로서의 기능은 우리 사회를 새롭고 창조적으로 만들며, 혼돈 속에서 질서를 찾도록 방향을 제시하는 것이 될 것이다.

도전

참여자들의 도주 욕구, 즉 방랑의 열망은 여기 고정된 곳이 아닌 항상 저기 먼 곳을 바라보도록 하는 도전적 삶의 자세를 형성토록 했다. 어쩌면 이들에게 영토는 자아의 최종 종착점이 아닐 수도 있는 것이며, 오히려 길을 잃는다는 것은 어디로 가고자하는 욕망의 새로운 과제라고 볼 수도 있다. 여정 속의 참여자들을 통해 역동적인 정주의 과정을 이해할 수 있었으며, 익숙함으로부터 창조성을, 낯선 것들을 친숙하게 만드는 힘을 확인할 수 있었다.

> 참여자 1 아버지처럼 제 오빠처럼 남편을 믿었는데. 또 간다니까 또 이제가면 내 예감에 만나지 못할 것 같아요. 이별인 것 같아요. 그때 당시 딱 느낌이 오는데. (중략) 그래가지고 내가 결심을 해봤지요. 죽어도 같이 죽고 살아도 같이 살자. 내 같이 따라 가겠습니다.
>
> 참여자 5 우리 아버지하고 둘이 앉아서 울다울다... (중략) 차라리 내 사람들한테 조금 손가락질 받더라도... 이렇게 내 앉은 자리에서 굶어 죽을 바엔 모진 일이라도 하지... 내가 죽더라도 모르겠다. 해보겠다는 생각에...
>
> 참여자 6 먹고 사는 게 왜 이렇게 힘드냐고... 제발 먹고 사는 것만이라도 좀 해결 해줬으면 좋겠다고. (중략) 딴 세상 좀 가봤으면. 먹고 사는 것만 지장 없는 딴 세상 좀 가봤으면.

참여자들이 보여준 그들 삶에의 도전이 우리 사회에 던지는 메시지는 무엇일까. 이들의 도전 의식은 비생산적인 것의 생산성을 확인하는 하나의 사례일 수도 있다. 우리 사회가 살거나 생존하기 위해서는 비생산적인 무언가가, 생산이나 재생산과 함께 존재해야 한다. 참여자들은 물질주의적 관점에서 보면 비생산적인 측면에서 바라볼 수 있으나, 사회구조적인 순환적 차원에서 이해한다면 또 다른 생산의 출발점이 될 수 있는 것이다.

참여자들은 현대 사회가 가지고 있는 속성인 안정성, 구체적 경계, 기능성 등을 지니고 있지 못하며 기본적으로 애매모호하고 예측하기 어려운 것들에 대한 모험을 언제나 열어둔 존재다. 이는 구체적 물질로만 판단하는 한계를 넘어서는 일종의 사회적 활력소라 할 수 있다. 또한 도전적인 삶의 자세를 가진 참여자들이 외부자 관점으로 우리 사회를 본다면 우리들이 너무 친숙하여 사물들을 제대로 파악하지 못한 것에 대해 예리한 안목을 갖도록 도움을 줄 수도 있다. 즉 참여자들이 가지는 도전적 삶의 자세를 통해 갇힌 인간을 포용하여 타자들로 하여금 열린 세상을 지향하도록 하는 새로운 매개체의 등장을 확인할 수 있다.

인간성 상실 대對 상생

참여자들의 도주의 조건이 된 '인간 존엄성의 상실'은 역설적으로 '지역공동체 상생'의 출발점이었다. 이들이 이주 과정에서 체험한 인권침해의 고통스런 외부 노출은 공동체에 상생의 화두를 던지며 자연스런 자기희생의 모습으로 자리매김 되었다. 이러한 현상들의 구조적 가설에 대한 표현들은 아래에서와 같다.

인간성의 상실

인간은 자신의 생존만을 우선시하는 동물과 다른 존재이다. 그러나 참여자들은 북한 감옥에서 자존감의 상실, 무시와 경멸, 그리고 사람다움의 대우를 받지 못하였다. 수동적 의미에서 인간은 고통과 불행을 겪으며 그것 때문에 아파하는 존재로, 따라서 정당한 이유 없이 타인에게 무시당하거나 폭행당해서는 안 되는 신성불가침한 존재이다(남경희 외, 2004).

이는 1948년 12월 유엔에서 만장일치로 모든 인간이 인간답게 살 수 있는 권리가 있음을 명문화한 '세계인권선언Universal Declaration of Human Rights'에 구체화되어 있다. 이북이주민 여성들도 인권의 보편성을 기준으로 하여 모든 다른 인간들과 마찬가지로 인간다운 삶을 살아야 한다는 규범은 타당하다. 그러나 개인적이고 공동체적인 수준에서 이북이주민 여성들의 인권을 존중하도록 제재하거나 강요하는 것은 쉽지 않다. 그 속에서 참여자들과 같은 이북이주민 여성들은 폭력, 생명의 경시, 차별, 소외 등의 인간성을 상실하는 경험을 반복하고 있다.

> 참여자 6 나는 그때 실지 나를 얼마에 팔아먹고 어쩌고 이런 개념이 없었거든요. 없었다기보다도... 내가 그렇게 되리라... 나는 내가 팔려간다고 생각을 못 한 거예요. 시집보내준다고... 그냥 시집을 가는 줄 알았어요.

개인이 인간 존엄성을 지속적으로 위협하는 사건을 경험하게 되면 무기력한 삶으로 자신을 침체시키기도 하지만 새로운 삶을 위해 몸부림치기도 한다. 제도적으로 보면, 초기 인권 담론에서도 백인, 유럽인, 성인 남자, 활동 가능한 신체, 평균이상의 지능 그리고 교육수준이 높은 사람을 이상적 인간으로 규정하였다(Ife, 2010). 그러나 이후에 다양한 과정을 거치면서 모든 인간의 존엄성은 강조되었으며, 단지 인간이라는 이유만으로 존중받고 인간답게 살 권리가 있음은 불변의 진리가 되었다.

인간도 동물과 마찬가지로 신체적으로 성장했다가 병들고 노화해 죽어 가는 필연의 법칙에 지배를 받는다. 그러나 인간은 신체적 생존만을 위해 삶을 영위하지는 않으며, 경우에 따라 자신의 존엄을 무시당할 때에는 죽음도 불사하게 된다. 참여자들의 대부분은 탈북 과정에서 감옥 생활을 경험하게 되는데, 이때 최소한의 인격체로서의 대우를 받지 못하였다. 재탈북의 경우, 개별적 생존을 심각하게 위협받게 됨에도 불구하고 인간 존엄성을 보장받기 위한 선택, 즉 아름다운 도주를 결정하게 된다.

> 참여자 1 (감옥에 갔다 와서...) 그 다음에 결심이 굳어진 거예요. 내는 좀 쎄게 망설였지요. 갈까? 80%... 한 60% 70%는 동의 했고요. 그 다음에 거기서 나오고 또 잡혀 들어가서 나오고 보니까 100% 선거예요. 가야된다. 북한 땅에서는 더는 못 있겠다.
>
> 참여자 3 내가 그 때 생각 하는게. 나도 좀 쌍욕이 나오고 막 이렇게 되는 거예요. 여자를 막 그저... 어떻게 그렇게 해 놓는지... 때리고 발길로 차고. 임산부를 발길로 차가지고 다 유산됐어요. (중략) 야 이 북한이란 사회 이렇구나 하는 걸 너무 느낀거라. 글쎄 죄를 지었다 해도 어쩌면 인권유린을 그렇게 해요. 그래가지고 이게 아니구나. 내 거기서부터 좀 생각이 달라졌어요. 다시 중국으로 가겠다...

상생

참여자들이 일상의 코뚜레에서 벗어나 생명력 회복을 위해 시도한 일탈은 또 다른 인간 존엄성 상실의 과정으로 옮겨지게 되었다. 이들은 북한의 감옥 생활, 중국에서의 인신매매 등과 같은 그들 삶에서 덧붙여지는 인권침해의 상황을 겪게 되었다. 그러나 이는 참여자들로 하여금 노마드로서 그들의 여정을 다시 돌아보는 계기가 되었으며, 그들 개인들의 네트워크를 최대한 활용하여 중국과 동남아시아를 경유하면서 새로운 정주지를 찾아 이동하였다. 이 과정에서 참여자들은 개인과 개인, 개인과 사회 그리고 사회 간 연결의 중요성을 더욱 확인하게 된다.

참여자 1 뭐야 애타게 선을 못 잡았어요. 갈라고 애를 써도 소식을 아는 사람들. 한국으로 가는 길 모르니까. 길이 있으면 좀 안내해 달라고.

참여자 4 중국에서 딱 국경을 탁 넘고 베트남 들어서니까 영어 글씨가 보이거든요. 번쩍번쩍하게. 막 울었어요. 그저 살았구나, 중국 벗어나서 살았잖아요. (중략) 그래 그다음에 베트남에서 한 번 울고. 그다음에 캄보디아에서 다 수속해서 밤에 비행기가 떴어요.

참여자 7 중국에서 살면서 우리 신랑 자꾸 선(연결고리)을 찾은 거예요.

참여자들의 이주는 인간성 회복을 위한 개별적 시도이지만 이들이 아시아 각국에서 보여주는 탈출 상황은 지구적인 관심으로 등장하고 있으며 개별 인권에서, 그리고 국제 관계에서도 미묘한 대립을 가져오고 있다. 지금까지는 이를 부각시키기 위해 서구와 한국 등의 국가들은 중국의 이북이주민에 대해 인권 중심으로 대화를 갖자고 하고 있으나, 중국이나 북한은 국가 주권의 문제라며 냉소적이거나 적대적 의심을 하고 있다. 이런 상황에서 이북이주민 여성들의 동아시아 이동이 공동체의 상생에 기여할 수 있을지는 의문이다. 오히려 국제적 분쟁, 갈등의 매개체로 기여할 수도 있다.

다른 관점에서 보면, 이들은 동아시아의 잠재된 이슈를 보다 적극적으로 불러내고 이를 해결하는데 지구적으로 동참하게 만드는 계기가 되었다고 볼 수 있다. 참여자들도 이동을 위해 선(연결고리)을 지속적으로 찾으며 생존과 보다 나은 삶을 위해 노마드의 생활을 하였다. 이러한 역동성은 주변 세계를 움직이게 하였고 보다 적극적으로 공동체의 상생을 도모

할 수 있도록 한다. 상생相生이란 '자신만이 아니라 다른 사람과 생명체 및 모든 존재의 소중함을 인정하여 자신의 권리와 똑 같이 이들의 정당한 권리를 존중하면서 이들과 서로 도우면서 함께 살아감'을 말하는 것이다(이근식, 2005).

참여자들의 개별적, 가족적 생존을 위한 방랑은 지역 공동체에 상생 담론을 이끌어 낼 수 있다. 참여자들이 동아시아를 이동하면서 만들어내는 개인적이고 국제적인 이슈들은 개인적으로는 고통이며 아픔이지만 지역 공동체 차원에서 본다면 갈등인 동시에 상생의 담론 매개체로 불릴 수도 있는 것이다. 참여자들은 아시아 각국을 비공식적인 루트를 통해 실제적으로 이동하였으며, 끊임없이 공동체 속에 연결될 수 있는 고리를 발견하기 위해 노력하였고, 그들의 살아온 그리고 살아감과 관련하여 인권과 같은 개념으로 구체적인 목소리를 내기 시작하였다. 이러한 울림은 생명체를 소중하게 생각하는 다른 존재에 알려지기 시작하였으며, 점점 지역 공동체에 상생의 화두로 드러나고 있다.

가치 있는 존재로서의 이북이주민

인터뷰 참여자들은 가난과 생존 한계로부터 태동한 생의 열망을 유지하기 위해 공간적 이동을 시도하였다. 이후 이들은 어디에서도 환영받지 못하는 부유하는 이방인의 삶 속에서 불안과 공포 및 무력감을 내재한 채로 살아왔다. 또한 이들은 공간적 이동뿐만 아니라, 그것이 설령 생존적 절박함으로부터 태생되었다 할지라도 자신들의 가치와 삶의 방식을 끊임없이 바꾸어 가는 창조적 행위, 즉 내면의 유목적 사유와 변화도 지속적으로 이행하였다.

니체는 인간을 건너가는 존재라고 규정하고 있다. 현재에서 미래로, 악에서 선으로, 무지에서 지로, 불완전성에서 완전성으로, 시간성에서 영원성으로, 동물적 상태에서 신적인 상태로, 차안此岸에서 피안彼岸으로 이행하기 위해 위험한 외줄타기 곡예를 하는 곡예사라는 것이다(남경희 외, 2004). 참여자들의 위험한 곡예, 즉 북한, 중국, 남한으로 이어지는 노마드적 유랑이 이들의 내면에만 잠재될 것인가, 아니면 새로운 정주지로 선택한 남한사회에도 어떤 울림을 전달할 수 있을 지를 확인해 볼 필요가 있다.

이북이주민 여성들은 생존을 위한 투쟁 이후에 나타나는 상실, 부재, 불안, 공포, 무력감 그리고 우울 등의 개인적 고통을 해소해야 한다. 어떤 이들은 외상의 공포로 인해 극단적으로 위축된 삶으로 움츠리기도 하고, 또 다른 이들은 이전의 자신을 해체하고 새로운 가치 속에서 열정적이고 도전적 삶을 살기도 한다. 그러나 이들의 유복민적 유랑의 세월 속에서 경험한 그리움과 회한이 지워질 수는 없다. 이는 글쓰기를 통해 자신의 노마드적 삶을 치유하였던 유대계 독일 여성시인 로제 아우스렌더(Rose Auslǘnder)의 시에서도 잘 나타난다[33].

아직까지 부족하지만 남한에 거주하는 이북이주민 여성들의 유목적 삶을 이해하려는 시도들이 있어왔다. 이들 연구들은 주로 북한, 중국 등 어디에서도 환영받지 못하는 제노포비아적인 환경 속에서의 체험과 결과들, 치유적 접근, 생존적 원조, 그리고 미래적 활용 등에 관한 내용들이었다. 예를 들면, 탈주과정에서 경험한 감옥 생활, 고문, 성폭행, 인신매매

33. "유럽 미국 유럽을
풍선그네로
날아다니며
나는 거주하는 것이 아니라
나는 살아간다."(박정희, 2012에서 재인용)

등과 이러한 문제에 기인한 우울과 외상후 스트레스 같은 정신적 문제, 치유를 위한 심리사회적 접근, 지원의 적절성과 미래 통일역군으로의 활용 가능성 등이다. 이런 관점은 객관화시킨 인본주의적 접근, 그리고 사회적 비용 부담에 바탕을 둔, 즉 사회적 가치가 없거나 부족한 대상으로 이북이주민 여성을 전제하는 것이다. 물론 이북이주민 여성들의 주관성을 강조하는 연구들도 등장하고 있으나 이들의 노마드적 삶이 우리 사회에 던져주는 울림을 주목하고 있지는 못하다.

참여자들의 진술을 체계적으로 분석한 결과, 이들의 역동적 이동은 사회적 부담만 가중하는 것이 아니라 가치 있는 사회적 존재로서 의미부여될 수 있었다. 이북이주민 여성들은 생명력 보존과 방랑 열망의 혼합적 작용으로 이주를 시작하지만 그들의 체험과 선택 과정에서 나타난 노마드적 사유와 행위는 새로운 정주지에 창조적 일깨움을 통해 조화로운 사회를 위한 자극 요인이 될 수 있다. 노마드로서 이북이주민 여성들이 우리 사회에 던져 줄 수 있는 몇 가지 함의들은 다음과 같다.

우선 경계에서 사유하는 존재의 등장이다. 이북이주민 여성들은 노마드로서 내부에서 외부로, 그리고 외부에서 내부로의 끊임없는 사유 과정을 경험하였다. 이들은 인간의 한계 상황 속에서 자신을 해체하며 노마드적 인지 틀로 재구조화하였다. 참여자들은 생명에의 열망, 방랑의 원초적 열망에 기인되었지만 일상의 침체로부터 과감한 일탈, 그리고 지속적으로 모호한 삶으로부터의 선택을 유지하여 자신을 보다 열린 세상으로 나아가게 하였다.

참여자들은 생사의 경계에서 내부적으로 침전되는 것이 아니라 외부를 탐색하고 열망하면서 열린 세상을 선택하였다는 것이다. 또한 참여자들은 북한 내부에서 중국이라는 외부를, 중국에서 북한과 남한을, 남한에서 중국과 북한에 대해 노마드로서 경계인의 관점에서 사유하고 움직여

온 것이다. 이렇게 경계를 넘나드는 새로운 에너지원은 공동체에 생동감과 창조성을 부여할 것이다.

경계에서 사유하는 노마드로서의 이북이주민 여성은 주변과 중심의 모호함에 익숙해 있다. 노마드로서 초기의 내적 중심 혹은 존재 이유는 이동 과정을 거치면서 변화되었다. 이들은 육체적 생존으로부터 정신적 생존, 죽음의 열망으로부터 삶의 열망, 집착으로부터 해체 등과 같은 내적 중심의 역동적 흐름과 늘 함께 해 왔다. 참여자들에게 고정된 내면의 중심과 주변이란 애초에 있을 수가 없었다.

연구참여자들이 자신의 인간 존엄성 상실로부터 탈피하고자 선택한 삶은 '방랑'과 '정주'라는 이중적 형태로 이어졌다. 따라서 이들은 기존 사회의 가치와 관습, 체제로부터 비교적 자유로울 수 있다. 참여자들은 불명확한 탈출의 반복 속에 주변과 중심을 제대로 인식할 여건이 되지 않았다. 이들이 북한에서 주류사회에 속하였든지 아니든지 간에 탈출 과정에서는 어느 곳에도 속하지 않는 표류하는 삶을 살았다. 이들에게 주변과 중심은 존재할 수 없었으며, 단지 생존과 비생존으로 구분되어 생존이 주류이고 중심적인 삶이었다. 참여자들이 보여준 불명확한 변방으로의 탈출이 새로운 주류로 전환되는 과정임을 알 수 있었다.

연구참여자들은 인간 존엄성 상실의 반복적 경험으로 추동된 역동적 이동을 통해 구조화된 주변과 중심의 이분법적 가치관으로부터 탈피하여 삶의 새로운 가치를 획득할 수 있는 내외부적 변화들을 체험하였다. 물론 실질적으로 북한과 탈북과정에서 신분 변화를 쉽게 할 수 없었으며, 남한에 정주하고 있는 이북이주민 여성들도 현재 지배적인 사회적 가치에 따른 주류사회로 쉽게 진입할 수 없을 지도 모른다.

참여자들이 경험하는 개인적 영역에서의 주류적 삶과 사회적 영역에서의 주류적 삶은 이제 그 중요성이 다르게 정의될 수도 있다. 현재의 시대는 명확한 정체성과 제도적 안정성을 중요시하던 시대를 넘어서 불명확성이라는 것에 대한 새로운 모험을 감행하기 시작하는 대규모의 탈출이 주류를 차지하는 시대가 되고 있다(최원기·최항섭 역, 2007).

연구참여자들의 이중성, 애매모호함, 표류하는 삶을 통해 주변과 중심, 주류와 비주류의 견고한 틀의 답답함을 성찰하는 계기로 삼을 필요가 있다. 또한 이들의 역동적 이동과 정주는 이분화 된 구조적 실체에 새로운 활력을 제공해 줄 수 있다. 이는 청소년들이 공유하는 습관, 예술, 특히 음악이 점점 충동적이고 애매모호하지만 이것이 주는 사회적 가치와 같은 의미라 할 수 있다.

연구 참여자들의 가족적, 사회적 차원에서의 주변과 중심도 이분화 되어 고정된 것이 아니었다. 북한의 가부장적 가족제도에서는 주변부이었지만 가족생활의 중심이었고, 북한에서 주류사회에 속하였지만 중국과 남한에서는 주변부에 속하는 지위를 부여받을 수 있다. 또한 남한사회의 광범위한 이주민 개념 속에서는 중심의 역할을 수행할 수도 있다. 따라서 노마드로서 이북이주민 여성들은 우리 사회의 주변과 중심의 견고한 이분법적 가정을 보다 유연하게 사유할 수 있는 존재이다. 이러한 창조적 이동은 새로운 공동체를 보다 역동적으로 만드는 매개적 역할을 할 것이다.

다음으로 우리 사회에서 논쟁 중인 생산적 존재인가, 비생산적 존재인가에 대해 새로운 관점을 제공한다. 우리 사회 일부에서는 이북이주민 여성들을 위한 다양한 정착지원제도의 사회적 비용을 우려하기도 한다. 이는 단순히 이북이주민 여성들의 남한사회에서 생산 활동, 혹은 사회적 긍정활동의 참여 유무에 초점을 맞추는 것이다. 물론 이북이주민 여성들에 대한 사회적 비용효과를 객관화시켜 검증하는 것도 의미가 있겠지만 우리가 간과하는 것은 노마드적 생산성이라고 할 수 있다.

참여자들의 진술로부터 확인한 새로운 초인[34]의 등장, 즉 한계 상황 속에서 개인의 해체를 통한 새로운 가치 형성, 끊임없는 열린 자세, 멈춤 없는 성찰, 모호함으로부터의 도전 등을 지닌 존재의 유입이다. 이를 객관적인 수치로 입증하기는 어렵지만 아주 미세한 부분 체계의 변화가 궁극적으로 전체 체계를 변화시킨다는 체계이론system theory으로 그 가치를 설명할 수 있다.

또 다른 차원에서 이북이주민 여성들은 노마드로서 독특한 위치를 남한사회에서 차지하고 있다. 다른 국외 이주민들과 같은 노마드적 정체성을 가지고 있지만 그들과는 다른 민족적 정체성을 가지고 있다. 연구자들은 자주 이북이주민들과 다른 국외 이주민들을 연속선상에서 다루고 있지만 이북이주민들은 그들과 명확히 구분되기를 원한다. 그렇다면 이북이주민 여성이 가지는 독특한 노마드 정체성은 한국의 다문화사회에 어떤 역할을 할 것인가? 서구를 포함한 모든 사회에서 민족, 인종 등이 다른 이주민에 대한 반감은 존재한다. 개인적 차원의 잠재된 불만을 가지기도 하지만 어떤 사회는 제노포비아적 긴장을 표출하기도 한다.

한국사회에서도 국외 이주민에 대한 반감을 넘어 일부 혐오적 표현도 등장하고 있다. 하지만 이북이주민, 특히 이북이주민 여성은 이들과 다른 관점에서 보려 한다. 대다수 남한주민들은 이들이 경험한 극한의 상황, 인권 유린, 사회적 소수자가 가지는 고통, 혹은 미래 자원으로서 인정하며 열린 자세를 가진다. 이런 맥락에서 이북이주민 여성들은 다문화사회 통합 과정에서 심리적 혹은 사회적 중재, 조절의 역할을 자연스럽게 할 수 있을 것이다. 물론 이를 극대화하고 체계적으로 만드는 것은 연구자와 실천가들이 해야 하는 일이다. 이북이주민 여성들은 노마드적 정체성을

---

34. "초인이란 인간 너머에 있는 어떤 것이 아니라 끊임없이 자기 자신을 넘어가는 과정으로서의 인간의 삶을 사는 존재"(김은중, 1999).

가진 다른 이주민들과 다른 민족적 정체성도 동시에 가진 독특한 존재로서 다문화사회의 통합에 기여할 수 있을 것이다.

노마드로서 아시아를 유랑한 이북이주민 여성들은 지역 공동체에 어떤 의미를 가지는 것일까? 이들은 구속되고 억압된 삶의 영역에서 특정한 가치와 삶의 방식에 매달리지 않고 끊임없이 자신을 바꾸어 가는 창조적 행위를 지속하며 아시아를 이동하였다. 참여자들의 이동이 버려진 불모지를 새로운 생성의 땅으로 전환하였다고 단정하기는 어렵지만 이들의 이동 경로에서 나타난 창조적 에너지가 사라지지는 않을 것이다.

보다 거시적 관점에서 보면 이북이주민 여성들의 이동 과정에서 발생한 상황들로 인해 나타난 세계적 관심이라 할 수 있다. 특히 이들이 북한과 중국에서 경험한 인권 침해 사례들을 서구는 주목하고 있다. 물론 미국을 중심으로 한 서구의 관심은 다양한 정치적 맥락에 의해 작동되고 있겠지만 또 다른 차원에서 분명한 것은 북한과 중국에서 인권, 즉 개개인의 인간 존엄에 대해 고려할 수밖에 없는 계기를 만들었다는 것이다.

이북이주민 여성의 이동 경로인 북한과 중국은 한국을 비롯한 서구의 인권 중심 담론에 대해 국가 주권의 문제라며 냉소적 혹은 적대적인 의심으로 바라보고 있다. 물론 미국을 중심으로 한 인권 담론은 그 자체가 목적이라기보다는 수단적 성격도 강하게 작용한다고 볼 수 있다. 하지만 인권 담론을 통해 비인간성의 회복, 인간존엄성 존중, 개인의 행복추구권 등에 관심을 가지는 계기가 된다면 이는 의미가 있다. 지금까지 이북이주민 여성들의 아시아 이동은 '문젯거리'로만 취급되었지만 이들이 노마드로서 이동하는 과정에서 발생한 창조성이 지역 공동체에 새로운 담론, 즉 인간을 소중하게 생각하는 논의를 시작하게 만들었다.

마지막으로 노마드로서 이북이주민 여성들은 강인한 생명력을 새로운 공동체에 내어주었다. 이들은 절망과 무기력한 일상을 뛰어넘어 원초적 본능의 일깨움으로 자신을 해체하며 생명력을 회복하였다. 물론 그 과정에서 일부는 존재의 본질을 알아차리지 못하여 회복이 더딘 경우도 있었지만 대다수는 창조성과 긍정성을 통해 새로운 가치, 새로운 정주지를 찾고 그 속에서 자신의 생명력과 본질을 찾아 나아갔다. 이러한 참여자들의 창조적 활동은 새로운 거주지의 무력한 존재들을 일깨우는 역할을 할 것이다. 즉 이들은 새로운 공동체 내에 존재의 가치 상실, 무기력감, 절망감의 평면에 갇힌 내적 자아들을 새로운 삶의 방식으로 불러내는 구르는 돌로서의 기능을 할 것이다. 이는 우리 사회의 일부에서 이북이주민들에 대한 일차원적 단순 평가인 '가치 없는 존재들'이란 의미를 넘어선 또 다른 가치를 확인하는 것이 된다.

제3부

공존의 토대

BEYOND THE DIASPORA & NOMAD

8장:

일상에서 함께하기

이북이주민 청소년들은 탈북과정에서 위기적 경험과 외상을 겪을 수 있는데 이는 남한에서 일탈과 관련이 있다. 그러나 이러한 이북이주민 청소년의 경험적 독특성만으로 일탈을 연결시킬 수는 없으며 청소년기의 특성으로도 이해할 필요가 있다. 청소년기에는 다양한 생물심리사회적 역동에 의한 일탈적 행동의 패턴을 보일 수 있기 때문에 이북이주민 청소년들의 사회적 일탈도 동일한 맥락 속에서 보아야 한다.

일상과 일탈: 청소년의 경우

남한에 입국하는 이북이주민 청소년[35]들도 증가하고 있다. 이북이주민 청소년들도 남한의 청소년들과 마찬가지로 북한에서의 일상은 미래의 사회질서를 형성하고 주도해 갈 잠재적인 사회세력 또는 기존질서 및 기존유형의 변화와 개혁을 시행하게 하는 압력집단의 의미 속에서 이루어진다. 북한에서 이들은 일상의 삶을 통해 사회문화를 학습하고 전달하는 역할을 수행하므로 전체 사회의 변화에 민감하게 반응한다. 현재 북한은 사회문화적으로 급격한 변동의 과정에 있기 때문에 청소년의 생활 문화도 같은 맥락 속에서 움직이고 있다. 이 과정에서 체제 유지적인 측면은 긍정적인 변화로 격려되지만 반대의 경우에는 일탈[36]로 간주된다.

35. 연령에 따른 청소년의 기준은 아동복지법(18세 미만)과 청소년보호법 및 청소년성보호에 관한법률(만19세 미만)에서 다소 차이가 있으며, 여기서 이북이주민 청소년의 연령은 청소년기본법, 청소년복지지원법(9세 이상~24세 이하)에서 제시하는 기준에 근거한다.

이북이주민 청소년들은 남한에서도 일상의 삶을 살아가야 하고 또 그렇게 하고 있다. 그러나 이북이주민 청소년들은 일상과 일탈의 혼란 속에서 생활을 할 가능성이 많다. 남북의 체제와 문화적 차이에서 오는 당혹감을 이북이주민 청소년들이 일상의 삶으로 받아들이기는 쉽지 않다. 또한 북한 사회도 변화의 과정에 있으며 청소년들이 가장 직접적으로 영향을 받는다. 북한 청소년들은 기존의 질서와 새로운 실제적 상황에 대한 이중적 대처 과정에서 혼란을 경험할 수 있다.

예컨대, 현재 북한 사회는 과거 해방 후 50년간 배급제도와 사회보장제도를 통해 의식주를 비롯한 기본적인 생활을 유지한 틀에서 크게 벗어나고 있다. 북한주민들도 생계비를 벌고 생활에 필요한 소비품을 구입하는 기본적인 생계유지 방식이 배급제와 시장 의존형을 동시에 추구하고 있다. 이러한 생존방식의 변화는 북한주민들의 의식과 가치체계에도 큰 영향을 미치어서 금전만능주의의 심화를 초래하고 있다(조정아 외, 2008).

북한주민들도 다양한 장사 경험을 통해서 돈의 중요성과 운영 원리를 체득하고 있다. 한 가지 사례를 보면, 1990년대에는 공부를 개별적으로 가르치는 개인지도의 대가로 식량이나 옷 등 생활필수품을 지급하였고 '생각해서 주면 받고' 그랬는데, 2000년대를 넘어오면서는 '배웠으면 일정하게 물질적인 자극을 줘야 되는 것이 도덕적'인 것으로 여겨지게 되었고, 대부분 돈으로 지급하고, 얼마를 준다는 것이 '도시에서 시골까지' 전체적으로 전달되었다(이교덕 외, 2007).

---

36. 청소년과 관련한 일탈의 사전적 의미는 사회적인 규범을 벗어난 비행, 약물남용, 성적 탈선 등을 하는 행위를 일컫는다. 그러나 여기서는 이러한 개념적 규정을 적용하는 것이 아니라 일상의 불완전함과 인위적인 삶으로부터 벗어나는 개념으로 확대한다. 이러한 관점에서는 예술과 축제도 일상의 일탈을 전제로 개인에게 새로운 생명력을 부여하여 일상적 삶을 쇄신하는 방편으로 본다.

북한에서 이전에는 사상성이 강한 사람이 애국자로 불렸는데, 현재는 돈 있는 사람이 애국자로 불린다는 것이다. 북한의 금전만능주의에 대한 심화 정도는 다음의 사례에서 단적으로 보여 준다. "이제 당원이 아니어서 사람값을 못한다는 이런 의식이 없어졌어요. 오히려 당원이 아니니까 편하고 부담스럽지 않다는 거예요. 돈이 있으면 이제는 살아나는 세상이다. 머저리도 돈만 있으면 용이 된다는 그런 의식이 강하게 되었거든요. 물론 권력이 곧 돈이라고 하지만, 그대로 권력보다도 돈이다. 돈만 있으면 권력도 사고, 재부도 다 누린다는 의식이 확고하게 지배 되었어요"(조정아 외, 2008: 294).

이는 북한 청소년들 사이에도 배금주의가 확산되어 북한체제의 측면에서 보면 기존의 사회질서에 대한 중대한 도전을 의미하는 일탈행위이지만, 한편으로는 자본주의를 학습해 가는 과정으로 볼 수 있다. 이와 같은 북한 청소년들의 사상관, 생활관 등의 변화를 북한체제 입장에서는 일탈로 규정할 수 있다.

북한에서 일탈로 규정된 행위들이 남한사회에서는 오히려 격려되거나 자연스러운 현상이 될 수도 있다. 반대로 북한에서의 일상이 남한 사회에서는 일탈로 보여 질 수도 있다. 또한 이북이주민 청소년들은 탈북과정에서 불안정한 일상으로 삶의 힘을 축적할 수가 없었다. 즉, 무기력한 일상을 유지하였기 때문에 일탈과 같은 반전을 시도하여 카오스의 원초의식을 경험하는 생명력을 재충전 할 수가 없었다. 이북이주민 청소년의 일상을 안정성과 반복성에 중심을 두고 살펴본다면 북한과 탈북과정에서 습관화된 사고나 행위에 의해 남한사회에서 나타나는 비일상적인 자극과 충격으로부터 회복되는 것이다. 그러나 일상은 단지 반복행위의 관례화가 아니라 현실을 변화시키고 재구성하려는 끊임없는 시도가 나타나는 세계이다(안병직, 2002). 일상이 매일 매일의 무기력한 반복만으로 이루어진다면 새로운 사회문화를 경험하고 현실에 대한 변화를 모색하는 역동적 삶을 살아갈 수가 없다.

이북이주민 청소년들은 일상의 압박으로부터 해방되는 축제와 같은 일탈의 경험을 통해 온전한 일상의 생활로 복귀할 수 있다. 그러나 지금까지의 대부분의 이북이주민 청소년의 연구들은 기존의 사회규범에서 벗어난 행위들을 부정적 일탈로 간주하여 치료와 적응의 관점에서 바라보았다. 이와 같은 맥락에서 이북이주민 청소년의 정서적 적응(양계민·황순택, 2008), 학교 및 또래 적응(이수연, 2008), 문화적응(금명자 외, 2004), 북한체제와 가족문제(박윤숙·윤인진, 2006), 심리사회경제적 문제(황진수·전신욱, 2004), 부적응에 대한 상담전략의 모색(문성호, 2005; 이용교, 2006; 최명선 외, 2006)과 같은 연구들이 이루어졌다. 또한 이북이주민 청소년의 학교생활을 포함한 일상생활과 경험에 대해 심층면접과 참여관찰 등을 통한 질적 연구도 증가하고 있다(길은배·문성호, 2003; 김형태, 2004; 장문강, 2008; 이수연, 2008).

이러한 연구들은 이북이주민 청소년을 제3자의 관점에서 보거나, 남한체제에 고정시키려 하거나, 심리적 또는 문화적 차이에 대한 강조를 중심으로 이루어져 있기 때문에 그들의 현재 이 순간에 이루어지는 삶을 제대로 주목하고 있지 않다. 이북이주민 청소년의 경험을 있는 그대로 보고 그들의 언어를 기반으로 하여 의미를 구하고 해석을 할 때 '일상'의 의미를 간과할 수 없다.

이북이주민 청소년도 모든 현 존재와 마찬가지로 매일 정해진 시간의 삶을 살아가야 한다. 현대의 물질문명 속에서 청소년을 포함한 모든 현 존재는 일상적으로 자기 자신으로서 있기보다 사람들로서 있으며, 자기 자신의 생각이나 의견을 말하는 것이 아니라, 사람들이 보편적으로 생각하고 말하는 바에 근거하여 행동한다(남정희, 2004). 남북의 사회문화적 차이에 대한 혼란을 가지고 자아정체감이 형성되는 과정에 있는 이북이주민 청소년들은 실존적 공허와 실제적 소외 또는 불완전성에 의해서 무기력하고 무의미한 일상을 유지할 수 있다.

이북이주민 청소년들은 반복되는 새로운 일상을 어떻게 의미부여하고 있으며, 이 과정에서 소외되고 무기력하게 변한 일상을 역동적으로 변화하게 하는 힘을 찾을 필요가 있다. 이러한 역동적 힘은 이북이주민 청소년을 객관화시키지 않고 있는 그대로 볼 때 가능하다. 따라서 이북이주민 청소년들의 현재 상황에서 일어나고 있는 현상들에 초점을 맞추어야 이들의 일상을 제대로 이해할 수 있다. 이북이주민 청소년들은 탈북의 순간부터 일상에서 벗어난 비자발적 혹은 자발적 일탈을 수행하게 된다. 이들의 일탈은 삶의 불완전함으로부터 벗어나서 생명력을 부여하는 방편이기도 하지만 삶을 더욱 침체 속으로 밀어 넣는 작용을 할 수도 있다. 이에 지금까지 이북이주민 청소년들의 비일상적 사고와 행위로 정의 내려져 적응을 위해 제거하거나 감소시켜야 한다는 일탈을 주목해 볼 필요가 있다.

이북이주민 청소년의 일탈을 제거 대상물로 보는 관점을 재구성하거나, 남한의 청소년들과 다른 일탈 특성을 가지는 지를 파악하는 것은 의미 있다. 따라서 여기서는 '이북이주민 청소년의 일상에서 일탈의 의미는 무엇인가?'라는 현상학적 질문으로 시작한다[37]. 현상학적 연구방법으로 자료수집과 분석을 하기 위해 참여한 이북이주민 청소년들은 4명(참여자 1: 남, 13세, 초등학교 4학년; 참여자 2: 여 15세, 중학교 1학년; 참여자 3: 남 17세, 중학교 2학년; 참여자 4: 여, 20세, 고등학교 중퇴)[38]이다.

---

37. 이후의 내용은 저자의 '북한이탈 청소년의 일상에서의 일탈에 대한 질적 연구(청소년학연구, 17권 제9호)'에서 수정, 보완되었음.

38. 연구참여자들의 연령과 학년이 남한 학생들과 다른 이유는 남한에서의 학습 수행능력에 따라 배치된 것이기 때문이다. 이에 이북이주민 청소년들은 몇 살 아래의 남한 학생들과 같이 학교에 다녀야 하는 어려움도 많이 호소하고 있다.

일탈의 일상화

이북이주민 청소년에게 일상이란 다른 사람들과 마찬가지로 특정한 사건이 아닌 장기적으로 날마다 반복되는 생활이며, 목적의식적이지 않으며 때로는 무의식적으로 진행되는 행위의 연속을 의미한다고 볼 수 있다. 이북이주민 청소년의 삶이 지속되는 한 일상도 계속되지만, 어떤 형태로든지 소외되고 그늘진 일상은 일탈을 꿈꿀 수밖에 없다. 일상의 무기력은 일탈과 반전을 시도하여 카오스의 원초의식을 경험해야 생명력으로 전환될 수 있기 때문이다. 또한 이북이주민 청소년의 경우에는 비자발적이고 강요된 심리적, 사회적 일탈행위에 참여할 수밖에 없었다.

일상과 일탈의 경계

청소년의 행위에 대해 사회문화적 변동에 따른 긍정적 변화인지 또는 일탈로 명명해야 될지를 명확하게 경계지우는 것은 쉽지 않다. 예컨대, 이북이주민 청소년의 직설적인 감정표출을 남한의 감정표현 양식으로 판단하여 부정적으로 보는 것은 적절하지 않다. 남북의 감정표현의 양식에 있어서, 이북이주민들 사이에서 일반적으로 통용되는 감정규범과 남한의 지배적인 감정규범의 차이는 주로 직접성 정도의 차이에서 온다(정향진, 2005).

남한의 감정규범은 부정적인 영향을 민감하게 고려하여 직접적인 감정표출은 억제하는 경향이 있다. 이북이주민 청소년들과 북한주민들은 보다 직접적으로 감정표현을 하는데, 갈등 상황에서 남한사람들은 '말'로 싸우지만 이북이주민들은 '순간적인 폭력'이 빈번하다(정향진, 2005). 이북이주민 청소년의 보다 직접적인 감정표현은 그들을 또 다른 관점에서 이해하도록 하는 도구가 될 수 있다.

> 참여자 1 뭐 북한에서 왔다고 나보고 놀리고 그랬거든요. 가만 놔뒀더니, 귀찮아서 그냥 봐줬거든요. 그러니까 더 하는 거예요. 그래도 계속 봐줬는데... 막 더 하는 거예요. (중략) 너무 화가 나서 엄청나게 때려 팼거든요. 그래서 그 다음부터 아무 말 없어요.
>
> 참여자 3 친구들이 놀리거나 하면 계속 참아야 하긴 한데요. 진짜 한 반년 동안 참아주다가 한번씩... 꽝 터뜨리면... 그날은 죽은 목숨이죠. 그러면 애들이 '놀리면 안 되겠구나'라고 생각하죠.

이북이주민 청소년의 폭력과 같은 일탈 행위가 정당화될 수 없지만, 그들의 폭력은 일상의 유지를 위한 나름의 선택이었음을 알 수 있다. 이들은 자신의 한계 이내에서 나름의 숙고와 내책을 세운 것이다. 이북이주민 청소년이 체득한 북한문화는 대인관계에 있어서 합리적이고 냉철한 논리인 이성보다 사랑, 의리, 믿음 등과 같이 가슴 속에서 느끼는 감정에 더 근거하고 있다(이효범·최현호, 2000). 이와 같은 가부장적 가족사회에서는 어떠한 원칙 없이 자상한 관심과 배려를 통한 감격과 헌신을 강조하는 온정주의의 측면이 강하다. 이북이주민 청소년은 남한 학생들이 부정적인 의사나 감정의 직접적인 표출을 억제하는 것을 보고 남한 학생들을 '이중적'인 사람으로 판단한다(정향진, 2005).

이북이주민 청소년의 일상은 남북의 사회문화적 차이라는 외적 요인과 성인으로 가는 과도기적 성장이라는 내적 요인이 동시적으로 작용한다. 또한 이북이주민 청소년들은 남한 학교라는 새로운 체제에 적응해야 하는 과제도 부여 받는다. 이 과정에서 이들은 매일의 삶을 살아가기 위해 집단적 가치와 규범보다는 보다 직접적인 행위를 통해 해결하려고 한다. 이는 자신들이 속한 사회의 가치, 관습, 규범 등을 정확히 인식하지 못함으로써 나타날 수도 있지만 또 다른 측면에서는 다른 대안을 발견하지 못해서 나타나는 자구책일 수 있다.

일상의 투쟁으로서 일탈

이북이주민 청소년들이 교실에서 보이는 폭력과 같은 일탈은 일상의 적응을 위한 생존의 본능으로 볼 수도 있다. 이북이주민 청소년들은 북한에서의 삶이 안정적인 일상을 유지하도록 하는 외부적 조건도 주어지지 않았다(조정아 외, 2008). 또한 이북이주민 청소년들은 가족들과 고통스런 탈북을 하거나, 남한에 입국하지 못하고 북한이나 중국에 일정기간을 혼자 머무는 경우가 많다(참여자 1, 2, 3의 경우). 이러한 상황에 있었던 이북이주민 청소년들의 북한과 탈북과정에서 일상은 생존을 위한 투쟁의 연속이 된다.

> 참여자 1 엄마하고 5살에 헤어졌다고 했거든요. 후에 아빠랑 7살 때까지 살았어요. 2년 동안 같이 살다가 돈 벌러 가신다고 아는 집에다 절 데려줬는데... 그 아는 집에서 한 1년 정도 되니까는 아빠가 안 온다고 쫓아 보낸 거예요. 겨울에...

북한에서 연구 참여자의 일상은 한 끼의 식사와 하루의 잠자리를 찾아가는 과정이 되는 것이다. 본능적 욕구만을 충족시키는 일상은 일탈과 반전을 시도하여 원초적 의식을 경험하도록 해야 한다.[39] 참여자가 이러한 일

39. 한 사회의 일상적 삶을 활력으로 바꾸는 중요한 문화적 장치 중의 하나를 축제로 본다. 축제는 모든 제약의 굴레에서 벗어나는 초월적 일탈을 통해 일상적인 삶의 새로운 정렬을 한다. 축제를 통한 일상의 일탈은 자기의 정신적 고양과 새 가치와 새 질서의 정렬이라는 효과를 목적으로 한다. 일상에서의 일탈과 그로 인한 무질서는 나태해지기 쉽고 진부해지기 쉬운 삶과 의미를 새로이 쇄신하고 정돈하는 기능을 한다(이정재, 2001). 청소년의 경우에는 자신의 가능성과 미래를 탐색하며 자신을 하나의 틀로 규정하지 않는 시기이므로 동물적 본능의 충족만으로 삶을 유지해야 하는 경

탈을 통한 감정적 정화하기 위한 기회는 많지 않기 때문에 주로 다른 유사한 친구들과 무리지어 다니며 일종의 비행행위를 통해 일상의 압박으로부터 해방되는 통로를 찾았다. 또한 구호소(아동보호시설)를 수 십 차례 탈출하면서 일상의 삶에서는 느낄 수 없는 자신의 생활과 감정의 일탈을 시도한 것으로 보인다. 물론 탈출의 표면적 이유는 배고픔이라고 하였다. 이것은 일반적 사회 규범으로 본다면 비행행위에 해당되는 부적응으로 간주될 것이다. 참여자의 경우에도 치료나 교정대상이 되는 것이며 순응을 위한 재교육이 필요하다고 판단할 수 있다. 그러나 이 과정을 생명력 유지를 위한 일상에서의 일탈로 볼 수도 있다.

> 참여자 2　　엄마가 저를 한 4살 땐지 그 때 헤어졌나 봐요. 그냥 엄마 얼굴도 생각이 안 나요. (중략) 나중에 중국에 간걸로 알고... 아빠 혼자서는 못살잖아요. 그래서 새엄마가 왔었는데, 새엄마한테 우와 진짜 못살겠어요. (중략) 그래 큰아빠 집에 갔는데. (중략) 역시나 큰엄마 눈치는 또 새엄마 못지않게 많이 봤어요. 그래서 눈치가 어떤 애들보다 좀 잘 봐요. 좀 동작이나 이런 거는 굼뜬 편인데도 그래도 눈치는 어느 정도 좀 빠른 편인데요.

북한에서 '참여자 2'의 일상은 '참여자 1'과 같이 극한의 생존이라는 상황으로 내몰리지는 않았지만 기본적 일상의 유지를 항상 걱정해야 하였다. 언제라도 현재 일상을 유지하지 못하는 경우에 대비해야 하므로 눈치[40]

우가 발생하면 참을 수 없는 고통을 수반하게 될 것이다. 축제와 같은 사회적으로 용인된 일탈을 전혀 경험할 수 없다면 자신들의 상황 속에서 일상을 지속하기 위한 일탈을 만들게 되는 것이다.

40. 눈치란 일반적으로 상호 작용하는 양자 또는 다자간에 어느 한쪽 또는 양쪽이 본심을 직접 노출하기 어렵거나 꺼리는 상황에서 불분명하고 불충분한 정보단서나 위장 또는 왜곡된 외적 단서를 보고 상대의 내심을 아는 과정 또는 그 역의 과정(눈치 보

라는 기제를 발달시켰다. 원래 가족 이외의 사람들과의 관계에서 힘의 불균형을 경험한 참여자는 타인에게 긍정적 평가를 받고, 자존심, 체면 등을 유지하기 위해 일상의 다양한 상황에서 살아남을 수 있는 자신의 생각과 행동을 하여야 했다.

이 때문에 일상에서 이루어지는 상호 작용의 틀을 벗어나 타인의 의례적인 행동 뒤에 숨은 진정한 의도를 파악하여 일탈적 표현을 할 필요가 생긴다. 즉, 가족 내에서 상호 작용은 사회문화적인 규칙에 따라 자신들의 정보를 교환하지만 참여자는 그 이면에 숨겨진 주관적이고 함축적인 의미를 추론하도록 강요받는 것이다.

참여자는 다른 가족들에게 일상적 패턴으로 이루어지는 행동이나 말, 그 자체보다는 그 행동이나 말을 통해 어떤 숨은 의도를 전달하려고 하는지에 관심을 가지게 된다. 이는 청소년기에 타인과 신뢰를 형성하여 대인관계를 발달시킬 수 없도록 일탈을 강요하는 것이다. 이와 같이 이북이주민 청소년의 일탈은 긍정, 부정, 그리고 생존이라는 범주에서 일상과의 경계를 명확히 구분하기가 어렵다.

비자발적 일탈

북한을 탈출하는 것은 아동, 청소년, 성인, 그리고 노인들 모두에게 어려운 결정이다. 현재의 일상이 힘들다고 하더라도 미지의 세계로 완전히 이동하는 일은 쉽지 않다. 정보가 부족한 이북이주민들은 적절한 준비 없이 망설임 속에서 떠나게 되며, 중국이나 남한에 대한 매우 제한적 지식만

이는 과정)으로 정의한다(최상진·최연희, 1989). 여기서는 눈치를 부정적인 개념으로 파악하는 것이 아니며(한국인의 중요한 심리적 특징 중에 하나가 눈치임), 청소년기에 집중적으로 일반적인 사회문화적 의사소통에서 벗어난 일탈적인 눈치가 인간 발달에 긍정적으로만 작용하지 않을 수도 있다는 가정을 바탕으로 한다.

갖고 있다. 특히 이북이주민 청소년들과 같이 자신의 의지와 상관없이 부모의 탈출 결정을 그대로 받아들여야 할 경우에 이후의 일상에 대한 아무런 대책이나 준비를 하지 못한다. 이러한 완전한 일상의 전환은 축제와 같은 일탈이 아니라 불확실성의 두려움을 동반하면서 이전의 일상적인 삶을 보장하지 못하는 것을 의미한다. 또한 자신의 의지로 할 수 있는 일상의 책임은 극소화되는 것이다.

참여자들은 북한에서 기아, 고된 노동, 불안정한 가정환경 등으로 일상생활이 안정적으로 이루어지지는 않았지만 탈북과 같은 일탈을 생각할 수 있는 개인적이고 사회적인 위치에 있지 않았다. 따라서 이들은 주로 부모나 친지들의 설득이나 강요를 통해 북한에서의 삶이라는 일상을 벗어나는 시도를 하게 된다. 그리고 탈북 결정 이후에는 심리적 또는 생활적으로 북한의 삶을 성리하거나 남한에 대해 준비할 시간적인 여유 없이 부모나 탈북 브로커에 의해 강제적으로 이동하게 된다. 이러한 비자발적 일탈은 이후의 삶에 대해 책임감을 동반하여 주체적으로 살아가는데 부정적으로 영향을 미칠 수 있다. 즉, 이북이주민 청소년들은 자기결정에 의해 이루어진 이주가 아니기 때문에 남한에서의 일상에 대한 책임감이 결여될 수 있다.

> 참여자 1 　학교에서 멍하니 그냥 칠판만 보고 계속 문제도 안 풀고 계속 그냥, 내가 왜 왔는지도 모르겠고. (중략) 학원도 많이 다니고 그랬는데... 국어랑 수학이랑 이렇게 두 가지 배우는데 갔었는데, (중략) 너무 힘들어서 한 석 달 정도 다니다가 포기했어요.
>
> 참여자 2 　북한에서는 저 엄청 성질이 좋지 않다고 했는데... (중략) 여기서는 저 그냥 착할 수밖에 없어요.
>
> 참여자 3 　처음에 와서는 누가 뭐라고 거슬리는 소리를 하면 그냥 뭐 막나갔어요. '그래(북한에서) 왔다 어쩔래'라고.

참여자 4 거기서(북한) 군인 간호사로 다 가게 되어 있었고, 그걸 또 열심히 배우고 있었는데... 갑자기 한국 가자고 해서, 안 가겠다고 때를 막 쓰고 (중략) 한국에 와서 17살 이었는데 중학생이 되어 버렸어요. 고등학교에 가서는 남자친구도 잘 해주고 계속 같이 있고 싶어서 동거 시작...

이북이주민 청소년들의 비자발적 탈북 결정으로 인해 남한의 일상적 삶에서 책임감이 결여된다는 논리를 무조건 인과적으로 볼 수는 없다. 탈북과정에서의 변화, 남한 도착이후의 조건, 개인적 성향 등에 의해서 자신의 일상을 확보하고 유지하는 것이다. 그러나 이북이주민 청소년의 이주과정의 자유의지와 초기 남한 생활에서의 책임성 문제는 상당한 상관을 가지게 된다. '참여자 1'은 초기 남한생활에서 학생으로서의 일상은 유지하지만 그 속에 포함되는 삶을 살고 있지는 못하며, '참여자 3'의 경우에도 의미와 목표를 상실한 일상을 살다가 이후에 내적 통찰력을 통하여 스스로 개척하며 삶을 고민하는 사례이다. 이와 같이 남한이주 초기의 일상은 이주결정에 어느 정도의 자유의지를 가졌느냐와 관련될 수 있다.

보다 명확한 거부의사를 밝혔던 '참여자 4'의 경우에는 고등학교를 중퇴하고 남자친구와 동거하면서 한 아이의 엄마로 일상을 살아가기도 하고, 남한에 먼저 온 모母의 의해서 어렵게 이주한 '참여자 2'의 경우에 학교라는 일상에 재빠르게 적응하여 상위권의 학업 성적을 유지하며 착한 아이로 자리매김하였다. 피상적으로 보면, '참여자 4'는 일탈 내지는 비행행위를 하고 있는 것이며, '참여자 2'는 모범적으로 잘 적응하고 있는 것으로 보인다.

'참여자 4'의 경우에 동거를 시작하거나 주위에 알려진 그 시점에서는 사회문화적으로 일탈이라는 잣대로 비난할 수도 있다. 그렇지만 그 순간이 지나면 또 다른 일상의 삶으로 모든 일들이 진행되는 것이다. 단순히 비교하기는 어렵지만 '참여자 2'의 경우도 학교에 잘 적응하는 일상을 유지하고 있다고 하더라도 삶의 문제는 지속될 것이다. 특히, '참여자 2'의 경우에 잘 적응하는 것은 어떤 상황에서 자신의 역할이 어떠해야 하는지를 잘 파악하는 눈치기제의 작용이나 생물학적 학습능력에 기인하는 것으로 볼 수 있다. '참여자 2'의 경우에도 축제와 같은 삶의 일탈을 지속적으로 억압하는 경우에 개인적 해방구를 통해 일상적인 삶을 새롭게 정렬하고 새로운 세계관과 가치를 활성화할 기회를 상실할 지도 모른다. 따라서 개인에게 무질서와 나태와 진부를 가져와서 삶의 의미를 상실할 수 있다.

이북이주민 청소년의 자유의지를 남한의 일상적 삶과 무조건 연관하는 것은 바람직하지 않다. 그러나 이북이주민 청소년의 남한 생활 초기의 일상에서 책임성은 이들의 비자발적 선택으로 인한 무기력과 일정 부분 어떤 작용을 하는 것으로 보인다. 이를 통해 남한 정착 초기 이북이주민 청소년의 모든 행위를 파악 할 수는 없지만 그들의 일상에서 보이는 일탈을 이해하는 폭을 넓힐 수는 있다.

일탈로부터 회복된 일상

이북이주민 청소년들은 이주 준비가 부족하거나 할 수 없었기 때문에 남한 도착 후에 심각한 문화적 충격culture shock에 직면하게 된다. 이들은 언어 사용에서 위축될 수 있으며 북한에서의 학습능력을 인정받기가 어렵고 어색한 지역사회에 거주하게 된다. 마찬가지로 현대 청소년의 일상 그리고 남한 청소년의 일상은 물질적 풍요를 준비하는 과정으로서 늘 불안하다. 그렇다고 노자가 이상적인 삶의 형태로 바라 본 지적인 문화가 전혀 가미되지 않는 이상적인 소박함을 이북이주민 청소년이나 북한사회가 내포하고 있는 것도 아니다. 이러한 상황에서 단지 남한사회와 문화에 근거한 삶의 방법이나 가치로 이북이주민 청소년들을 압박한다면 이것에 대한 반작용으로 일탈은 지극히 당연하다. 우선 이주과정의 강제된 충격적 경험 속에서의 일탈행위들을 살펴보자.

이주과정의 일상과 일탈

이북이주민들은 중국이나 몽고 및 동남아시아 등의 탈북과정에서 이전의 일상생활에서 체험하지 않았던 극단적 기아, 질병, 투옥으로 인한 신체적 혹은 정서적 고문, 생사를 넘나드는 공포의 지속과 같은 외상trauma을 경험할 수 있다. 이들이 경험한 충격적 외상사건은 생사의 기로에서 체험하기 때문에 항상 삶과 죽음의 문제와 결부되어 있다. 인간에게는 삶과 죽음의 본능이 공존하기 때문에 탈북과정의 이북이주민들은 생사의 문제에 항상 불안정하게 매달려 있다(엄태완, 2009).

이북이주민 청소년의 경우에도 기아의 고난, 가족의 죽음과 생이별의 경험, 생사의 공포 등으로 일상적인 불안을 보인다(정진경 외, 2004). 성인과 달리 이북이주민 청소년은 이러한 경험들을 자신의 의지와 관계없이 부딪히기 때문에 현재의 상황과 과거의 원인에 대해 이중적인 분노감도 동시에 가지게 된다.

> 참여자 2 (중국과 동남아 탈출 과정에서) 너무 고통스러우니까, 사실 그래서 내 엄마 아니다. 너무 고통스러웠는데 엄마는 그 심정을 알아 안주니까... 그러면서 한국 오면 엄마랑 안 살 거다 막 이랬어요.

이북이주민 청소년들은 탈북과정에서 경험하는 공포와 고통의 원인을 현실에 근거하여 이해하기가 어렵다. 이들은 자신을 이러한 상황으로 내몰리도록 결정한 사람(주로 부모)이나 현재의 고통스러움에 대해 막연하거나 이유를 알 수 없는 분노와 불안을 지속하게 된다. 이러한 이북이주민 청소년의 경험이 유지된다면 이후의 일상적 삶의 과정에서 긴장과 불안으로 연결될 것이다. 외상 사건이 만든 경직과 불안은 각 개인의 심리와 신체에 영향을 미치게 되고, 이는 심리적, 신체적 혼란과 관련된다(엄태완, 2009). 이와 같은 탈북과정의 고통스런 일상과 충격적 외상은 남한 이주 후 일탈과 부적응 양상으로 나타난다(김현경, 2007; 정진경 외, 2004; 엄태완, 2009).

그러나 이북이주민 청소년들이 남한 사회에서 표현하는 분노, 불규칙성 등과 같은 사회문화적 규범에서 벗어나는 행위를 탈북과정의 경험으로 인한 결과로 한정하는 것은 바람직하지 않다. 즉, 이북이주민 청소년의 무기력하거나 책임감이 부족한 모습과 그 이면에 있는 공격적이고 폭력적인 성향을 이들의 과거 경험만으로 접근할 수 없다.

> 박학성(가명, 남 18세)은 내가 본 북조선 아이들 중 제일 꼴통이었다. 뒤틀리고 꼬인 게 도무지 감당이 안 된다. 사람 속 뒤집는 천부적인 재능을 지녔다. 그놈이랑 얘기하고 있으면 부글부글 끓는다. 모든 상식과 인내를 벗어난다(하나둘학교 교육일지 중에서, 정병호 외, 2006에서 재인용).

> 청소년들은 정열적이고 즉흥적이며 자제력도 약하며, 그들의 기분은 쉽게 변화하고 욕망 또한 잘 바뀐다. 이와 같이 청소년들이 정서적으로 안정을 찾지 못하여 과격하게 행동하기도 하고 쉽게 좌절하기도 한다(이상현, 1997에서 재인용).

> 나는(비행 청소년) 누구에게든 매우 폭력적이었다. 누가 나에게 뭐라고 하면... 그와 싸웠다. 사람들이 나를 무시하면 화가 나서 그들을 때려 줬다. 우리는 마음에 안 드는 사람들을 만나면 야구 방망이를 들고 그 사람들의 차를 후려쳤다(김경호, 2003).

앞의 첫째 사례는 이북이주민 청소년의 교육과정에서 학생과 선생님의 일부 관계를 설명하는 것이며, 둘째는 아리스토텔레스가 청소년에 대해 지적한 내용이고, 셋째는 미국의 범죄 청소년에 대한 면접 내용이다. 위의 이북이주민 청소년의 사례를 보면, 남다른 특성을 설명하고 있다. 그러나 이러한 이북이주민 청소년의 현상들이 단지 북한 또는 탈북과정의 경험적 특성만으로 연결될 수는 없다. 불안정한 청소년기에 유발될 수 있는 다양한 심리사회적 표현의 하나이거나 비행 또는 범죄 청소년에 나타나는 양상일 수도 있다. 청소년 비행이나 범죄의 원인은 생물학적, 심리적, 사회적, 문화적으로 복잡한 근거에 의해서 발생한다(이상현, 1997). 따라서 이북이주민 청소년이 행하는 일탈을 그들의 경험으로 국한하는 것은 바람직하지 않으며 청소년기의 특성을 바탕으로 독특한 그들의 체험을 연결해야 한다.

그렇다면 어떻게 이해해야 할까? 우선 청소년기의 보편적 발달 특성을 이론적으로나 실제적으로 고려하여야 한다. 예컨대, 청소년기는 자아정체감이 형성되는 시기이기도 하지만 정체감 유실, 혼란 또는 유예를 경험하기도 한다. 이북이주민 청소년의 경우에는 정체감 혼란이나 유예를 경험할 가능성이 많으며 이 과정에서 심리사회적인 일탈을 나타낼 수 있다.

> 참여자 4　　중국에 넘어 와서는 오래 못 있고 자주 옮겨 다니고, 베트남 등 여러 나라에 옮겨 다니고... 1년 이상을 돌아다니면서 북한 사람들 순식간에 잡혀가고, 머릿속에는 잡히면 죽는다는 생각만 가지고 언제 쳐들어올지 몰라서 항상 신경 쓰고. (중략) 뭐 이런 길을 걸을 줄도 몰랐고, 인생이 이렇게 뒤바뀌고. (중략) 뭐 어쩌겠어요. 제가 뭐... 제 운명인걸 뭐 바꿀 수 없는 거니깐 뭐 오늘 뭐... 내일도 모르는데 그냥... 친구들 만나면 한잔씩 하고 그냥 그렇게 지내요.

이북이주민 청소년들은 탈북과정의 위기적 사건에서 살아남은 이유와 남한 이주를 자신의 의지보다는 운명적으로 이해하는 경향을 보인다. 이는 자신이 주체적으로 일상의 삶을 이끌어가는 데 에너지를 활용하지 못하게 된다. 또한 청소년기의 자아정체감을 형성하는데 부정적으로 작용하며, 청소년기에 오직 생존의 문제에만 집착하게 될 경우에 사회문화적으로 전수되는 가치와 신념을 확인할 수 없다. 그러나 이북이주민 청소년의 일상에 대한 책임이 그들의 경험적 특성만으로 이해하거나 설명될 수도 없다. 따라서 이북이주민 청소년들에게 남한주민이나 정책자들이 북한이라는 특수성에 과도한 관심이나 지나친 흥분을 가지는 만남과 정책은 바람직하지 않다. 청소년이라는 큰 틀에서 파악하면서 이들의 개별적 경험의 독특성에 대해 이해해야 한다.

사회에서의 일상과 일탈

성인이나 노인뿐만 아니라 이북이주민 청소년에 대한 남한사회의 일반적 이미지는 대략 동정적이거나 부정적이다. 이북이주민 청소년들은 남한 청소년들과 마찬가지로 세대 차이에 따른 혼란과 동시에 남북의 사회문화적 격차를 통합하거나 수용해야 하는 이중적 부담으로 어려움을 겪는다. 이로 인해 이북이주민 청소년들은 이전 세대의 사회문화적 전통을 다음 세대에 전달하는 의미와 방법을 제대로 배우지 못하고 현재의 사회적 가치와 규범도 제대로 확립할 수 없다. 즉, 이북이주민 청소년들은 남북의 차이, 세대 간 불일치 등의 불완전함 때문에 일상은 늘 불안하다. 이러한 불완전함은 일탈을 파생하게 한다.

참여자 4 거기(북한) 있을 때 중학교 6학년 졸업반이었거든요. 졸업하고 군대(여군)에 17살인가 하면 그냥가요. 근데 여기 와서 그대로 말하니깐 하... 중학생이 되어버렸어요. 솔직히 고등학생이 되어야 되는데, (중략) 중학교 2학년인가부터 갔어요. 나이가... 그래 진짜 힘들게 다녔어요, (중략) 원래 학생들이 착한 학생들도 있지만 나쁜 애들, 진짜 무서워서... 진짜 있잖아요. 입에 담을 수 없는 말도 하고... 그러다 보니까 저도 성격 많이 변했어요. 엄청 까칠해졌어요. 저도 까칠하지 않으면 거기서 견디기 좀 힘들었어요.

이북이주민 청소년들이 남한에서 가장 어려움을 겪는 것 중에 하나가 학교생활이다. 대부분의 청소년들은 일상생활을 학교를 중심으로 하고 있으며 이북이주민 청소년들도 예외는 아니다. N세대 등으로 특징 지워지는 청소년들은 기성세대와 다른 관심사 및 세계관으로 인해 세대 갈등을 경험하고 있다. 이북이주민 청소년들의 경우에 세대 갈등의 문제도 있지만 남북한 청소년의 의식구조 차이도 존재한다. 부가적으로 이북이주민 청소년들은 학교에서 나이가 다른 학생들보다 많고 북한에서 왔다는 관심꺼리가 된다.

따라서 이북이주민 청소년들은 학급에서 부각되는 존재가 되며 여러 가지 다른 과업을 요구하는 일상에 직면하게 된다. 즉, 이북이주민 청소년들은 남북의 교육제도 차이에 따른 학습 부담감, 나이에 대한 의식, 북한에서 온 호기심 대상, 세대 차이 등으로 학교에서 일상적인 압박감에 시달리게 된다. 참여자 4는 이러한 상황에 대한 대처로 '까칠함'이라는 일탈을 선택했다. '까칠함'은 일종의 자기방어로서 학습에 대한 열등감, 관심이나 문제꺼리에 대한 자기보호 또는 자기표현으로 선택한 것이다. '까칠함'은 자신의 부족함을 잘 보여주지 않는다는 측면과 함부로 대하지 못하도록 하는 공격적 신호가 동시에 포함된 것이다. 이를 통해 이북이주민 청소년은 일상의 자신을 보호하고 유지하였다. 더욱 적극적인 '까칠함'의 사례들이 있다.

> 참여자 1 뭐 북한에서 왔다고 나보고 놀리고 그랬거든요. 뭐 다리도 없고 막 병신이라고 그래서 손 좀 봐준 애들이 엄청 많았어요. 그러다가 인사도 하고, 어떤 애는 진짜 친해졌어요.
>
> 참여자 3 처음에 와서 위에서(북한) 온 애들끼리 같이 놀고, 그러다가 좀 괴롭히고 그라면 같이 싸우고, 그럼 끝나는 거죠. 떼로(무리지어) 말고 한 두세 명이 다니다가 다른(남한) 애들이 엄두를 못내죠.
>
> 참여자 4 다툰 적도 많아요... 그래도 다투다 보면 또 친해지잖아요... 친해도 지고.

일상생활에서 자신들이 감정을 표현하는 것이 허용되지 않는다고 생각하는 경우에 폭력을 통해 분노나 좌절을 나타낸다(Barker & Loewenstein, 1997). 참여자들은 학교에서나 지역사회에서 대인관계를 유지하거나 시도하는 방편으로 폭력을 활용했다. 또한 폭력의 결과를 두 가지로 이해하고 있었는데, 하나는 자신의 일상적 삶을 침범하지 못하도록 하는 것이었고, 다른 하나는 오히려 친구를 사귀는 기제로서 사회적 관계 형성의 도구로 활용하였다.

그러나 일상 유지를 위해 폭력을 정당화하거나 문제해결의 전략으로 삼는다면 사회생활에 어려움을 겪게 된다. 이북이주민 청소년들은 일상에서 경험하는 내적 또는 외적 갈등들을 성찰하면서 다양한 형태의 자기표현을 통해 비사회적 일탈을 지속하지 않도록 해야 한다. 즉, 이북이주민 청소년들의 폭력과 같은 일탈은 자신의 일상적 미숙함을 보완하기 위해 시도하는 것이지만 그들 개인의 삶의 방식이나 태도가 되지는 않아야 한다.

이러한 폭력과 같은 일탈을 무조건 통제할 수 있을지 또는 그것이 가능할 것인지는 의문스럽다. 폭력도 상대적인 불완전함으로 파생되는 일탈로 간주하여 그늘지고 제외되어 가는 개인이 선택하는 생명의 몸짓으로 볼 수도 있다. 이북이주민 청소년들과 관련해서 '다툼' 또는 '싸움'으로 지칭되는 폭력이 실제적으로 나타나고 있으며, 이것이 일상 유지를 위한 하나의 방편이 되고 있다. 그렇다면 어떤 대안이 있을까? 보다 실제적인 접근 방안을 아래의 사례에서 확인할 수 있다. 이북이주민 청소년에 대한 접근이 공식적이고 이상적인 매뉴얼에 근거한다면 현실과의 괴리는 점차 커진다. 청소년 내부 집단에서 이루어지는 현실 역동을 근거로 개별화된 '동무 만들기'의 예이다.

> 참여자 3　　제일 처음에 오자마자 한두 명... 옆에 둘 수 있는 친한 친구가 있어야 극복할 수 있는 거 같아요. (중략) 어떤 친구냐 하면 좀 착해 보이고 공부도 잘하고 싸움도 좀 하면서 좀 상대방도 배려할 줄 알고요... 어떻게 접근해야 되냐면, 그냥 이렇게 있다가 뭐 준비물 같은 거 안 가져올 수도 있고, 갑자기 말 걸면 친하게 적극적으로. (중략) 그러면 말 계속 하게 되고... 그 다음에 집에 같이 놀러갈 수도 있고.

내면에서의 일상과 일탈

이북이주민 청소년들은 탈북과정에서 일상적 지루함에 빠질 수가 없다. 이들은 생존의 문제로 긴장을 하거나 눈앞에 닥칠 수 있는 위기에 대처하기 위해 심리적 준비를 해야 한다. 그러나 한국에 정착하면서 상황은 달라진다. 일상적으로 흘러가는 시간에 대하여 지루함을 느끼는 권태[41]에

41. 권태의 사전적 의미는 지루한 시간을 기본으로 하여 개체가 일정한 시간이 무한히 확장되거나 정지 되어 있는 것으로 인식할 때 권태를 느낀다. 하이데거, 키르케고르,

빠질 수 있다.

이북이주민 청소년들이 학교나 지역사회에서 일상생활에 몰입할 수 없을 때는 자신이 가지고 있는 시간을 헛되이 보내는 것에 대한 권태를 느낀다. 참여자들의 경우에 이러한 권태에 벗어나기 위해 컴퓨터 게임, 친구들과 몰려다니기, 이성 친구 사귀기, 과거 회상, 공상 등의 노력을 한다. 그러나 이것이 본래 자기 자신이 추구하려던 것과 거리감이 있다면 자신은 뒷전에 버려져 있는 듯한 느낌으로 진행되고 이는 권태로 이어진다.

인간의 보다 근본적인 권태는 이유를 알 수 없는 인간의 가장 내적인 자유와 관계있는 공허 속의 현존재의 문제로 직결되어 불안을 동반하는 사는 것도 죽는 것도 의미 없는 허무주의적 상태이다(최동희 역, 1981). 이북이주민 청소년들도 일상에서 권태를 느끼고 공허 속에 빠진 절박한 자신을 구출하여 질서와 만족의 상태로 바꿔 놓으려는 시도와 노력을 한다.

> 참여자 2 학교 가기 진짜 싫고 재미도 없으면... 그냥 그걸 생각하면 그냥 그때 힘들었던 일을 생각하면... 이렇게 고생 많이 했는데 어떻게 해서든 이 악물고 잘 할 거다.
>
> 참여자 4 남자 친구가 맨날 챙겨주고 처음에 좋아하지 않았지만 나만 챙겨주고... 아마 재미없고 힘들었던 과정에서 너무 좋았던 거 같아요.

파스칼은 권태를 인간 실존에 바탕을 둔 본원적인 것이라고 한 반면에, 쇼펜하우어는 사회적 현상으로 파악하여 모든 인간의 힘을 마비시키고 인간 존재와 정신의 빈곤과 공허함, 그리고 내면적인 황량한 감정을 나타내는 것으로 보았다. 즉, 궁핍이 민중의 재앙이라면 권태는 상류사회의 재앙이라고 하여 권태를 계급적인 것으로 파악하였다. 그러나 독일의 작가 뷔히너가 말했듯이 노동자의 단순한 일상도 자기실현을 위한 창조적 활동이 아니기 때문에 권태의 문제에 직면할 수 있다(남정희, 2004). 청소년의 경우에 자아정체감 형성의 과정에서 본래의 자기 자신을 확인할 수 없음으로 해서 오는 존재론적 권태와 주어진 일상적 시간을 어떻게 활용할지를 모르거나 자아로부터 벗어난 활동에 집착할 때도 권태를 느끼게 된다.

참여자들은 학교생활의 권태에 대해 과거로의 회귀를 통해 감정을 변화시키려고 시도를 하였다. 이북이주민 청소년들은 현재 자신의 가능성과 능력을 인정받지 못하는 재미없고 지루한 학습과정에서 탈북과정의 경험을 위안 삼아 새로운 삶의 동기를 얻으려고 하였다. 이는 권태로부터 근본적으로 자유로워 질 수 있는 것은 아니고 단기적인 처방이 될 수 있다. '참여자 4'의 경우에는 보다 자극적인 방법으로 일상의 권태로부터 벗어나기를 시도하였다. '참여자 4'는 불안, 의욕상실, 무기력, 삶에 대한 열정의 상실로 자살충동도 경험하였는데 이러한 일상의 권태를 타인으로부터의 힘을 통해 극복하려고 하였다. 이러한 상황이 동거로 이어지며 사회적 일탈로 규정되기는 하였지만 오히려 자신을 역동적으로 존재하도록 하는 힘이 되었다.

> 참여자 3　　잠잘 때는 상상의 나라에 빠지고요. 뭐 게임에 대한 생각도 해 보고요. 뭐 어떻게 만들면 저럴까... 자기 하고 싶은 게임을 여러 가지로 하고 싶은 데로 꾸미고 상상할 수 있잖아요.

또 다른 참여자는 지루한 일상을 공상으로 도피하여 권태로부터의 변화를 시도하였다. 이는 권태를 벗어나기 위한 수동적 방법으로서 취미를 개발하거나 친구를 사귀거나 긍정적 외부활동을 하는 등의 적극적으로 권태를 벗어나기 위한 기분전환의 방법과는 차이가 있다. 수동적 대처는 권태의 양이 늘어나고 외부의 조건과 개인의 성향이 복합적으로 작용하게 된다면 폭주족이 되거나 물건을 파괴하는 반항적인 방법으로 전환된다. 이북이주민 청소년들 중에는 무리지어 몰려다니며 폭력을 일삼거나, 음주를 통한 일시적 권태 해결 방법을 선택하기도 한다(정병호 외, 2006). 이는 단지 이북이주민 청소년의 문제라기보다는 생활의 단조로움과 허무함이 일상을 억압하면서 그러한 일상에서 탈피하려는 욕망과 갈등의 증폭에 기인하는 것이다.

> 참여자 3 다른 친구나 학교에서 계속 참고 참아야죠. 한계가 없죠. 그니깐 한계를 더 높여야죠. 높이고요... 높이고 그런 거 계속 극복하다 보면 계속 늘고 뭐... 그런 거 같아요. 그러다 오히려 내려오고...

참여자는 권태 속에 들어가는 방법을 선택하여 권태로부터 어느 정도 자유로워지는 방법을 선택하였다. 참여자는 자신의 욕망과 갈등을 지속적으로 제거하다가 보니까 어느 순간에 그것으로부터 자유로울 수 있었다. 인간은 지루하게 반복되는 일상성의 비참함과 영원히 지속되는 일상성의 위대함을 함께 느끼고 살아가고 있다(박정자 역, 2005)는 의미를 참여자가 통찰하였다고 볼 수 없다. 아마 개인적 성향이 강하게 작용하는 것으로 보이며, 청소년기에 이러한 방법으로 자신을 권태로부터 구원할 수 있을지는 의문이다. 권태의 양이 지속적으로 증가하면 생명력의 감퇴와 관계되고 결국 주체는 생과 사의 절박함으로부터 벗어나기 위한 새로운 수단을 강구하기 때문이다.

공존의 토대 1: 일상 중심

이북이주민 청소년에 대해 인간 자체로 파악하지 못하고 물질적 또는 남한 청소년과 비교되는 관점으로 이들을 소외시키고 그늘지게 만든다면 일탈을 꿈꿀 수밖에 없다. 이러한 일탈은 남한사회와 문화에 대한 반발이라기보다는 원초적인 생명의 몸부림이다. 따라서 일탈이 아니라 삶을 향한 도전이고 자신의 불완전함에서 벗어나려는 지극히 당연한 시도이다. 이북이주민 청소년 중에는 일탈의 시도 없이 적절한 일상의 안정을 보일 수도 있다.

> 참여자 2　아무래도 여기(남한)에 와서 예전(북한)처럼 못때지(모나지) 않고 착하단 말을 굉장히 많이 들어요. 너무 착하다고요 그런 소리를 많이 들어요. 저 그냥 착할 수밖에 없죠. 그냥...

위의 사례는 외현화 되어 나타나는 일탈이 없다는 것을 보여주지만 내면의 일탈에 대한 정보를 알 수는 없다. 일상의 무기력 또는 인내가 어느 정도까지 삶을 지탱할 수 있을지 의문이다. 일상의 안정을 위해 참여자는 어떠한 형태로든지 노력을 하지만 그것이 삶을 생동감 있게 만들지는 않았다. 예컨대, 일상의 유지를 위해 끊임없이 사회적 관계에서 '눈치'를 보는 참여자는 외부적으로는 적절한 적응을 한다고 보여 질 수 있다. 그러나 언젠가는 자신의 불완전함으로부터 벗어나기 위한 생의 몸부림을 외부적 또는 내부적으로 시도할 것이다.

한편, 학교라는 집단에 일상적 적응을 위해 폭력이라는 일탈적 수단을 사용하는 이북이주민 청소년을 어떻게 이해하고 개입할 것인지도 고민해야 한다. 폭력이 결코 정당화될 수는 없지만, 일상의 유지를 위한 폭력을 전환할 수 있는 전략이나 프로그램을 찾아야 한다.

이북이주민 청소년의 폭력적 일탈은 미성숙한 일상의 표현이며 사회적 불완전함의 표시이다. 이북이주민 청소년의 남한 학교생활의 유지를 위해서는 보다 개별적이고 실질적인 '친구 만들기'가 필요하다. 이러한 개입은 학교에서 일어나는 일에 대한 꾸밈없는 사실 파악이 선행되어야 한다. 폭력 또는 다툼과 같은 일탈도 이북이주민 청소년에게는 일종의 적응기제로 활용된다면 어느 것이 일상이고 일탈인지를 명확하게 구분하기 어렵다. 이북이주민 청소년들은 일상의 학교에서 어떻게 살아남을지, 얼마만큼의 자존심을 유지할지에 대해 끊임없이 탐색하고 나름의 방식으로 대처를 할 것이다.

이북이주민 청소년들은 심리내적인 일상을 유지하기 위해 몇 몇 방법들을 선택하는데, 운명론적이 되거나, 내면의 성찰을 지속하거나, 과거의 고통과 비교하여 현재를 위안 삼거나, 의존심의 과장된 거부 등을 나타내었다. 또한 탈북과정의 심리사회적 압박에서 벗어나면서 이북이주민 청소년들은 학교생활에서 무한한 시간의 확장에 직면하게 된다. 여기에 남한의 학습내용을 이해하지 못하는 것이 부가되어 이북이주민 청소년들은 시간이 정지하는 느낌을 가지면서 권태에 빠진다. 권태에서 벗어나기 위한 몸부림은 다양하여 외적으로 강렬한 느낌을 가지는 행동에 집착하거나 내적인 공상이나 재미를 추구한다. 이 모두는 일상의 유지를 위한 생의 몸부림이다.

일반적으로 정상과 비정상의 명백한 기준을 제시할 수 없는 것과 마찬가지로 이북이주민 청소년의 일상에서의 정상과 일탈을 구분하기는 어렵다. 청소년기에 동거를 시작한 이북이주민 청소년에 대해 비정상적 행위자로 낙인찍어 문제아로 사회적 고립을 시킬 수는 없다. 이는 일상의 참을 수 없는 무기력과 고통으로부터 탈출을 시도하는 하나의 방편이었다. 일상의 순응 이후에 가져 올 수 있는 심리적, 대인관계적 응어리는 축제와 같은 일탈을 통해 해결할 수 있다. 이북이주민 청소년의 일상은 개인의 생물학적, 심리적, 사회적, 문화적 차이에 따라 다르다. 이러한 다름과 차이를 어느 정도까지 허용할 것인지는 딜레마로 계속 남아 있다.

이북이주민 청소년들은 탈북과정에서 위기적 경험과 외상을 겪을 수 있는데 이는 남한에서 일탈과 관련이 있다(엄태완, 2009). 그러나 이러한 이북이주민 청소년의 경험적 독특성만으로 일탈을 연결시킬 수는 없으며 청소년기의 특성으로도 이해할 필요가 있다. 청소년기에는 다양한 생물심리사회적 역동에 의한 일탈적 행동의 패턴을 보일 수 있기 때문에 이북이주민 청소년들의 사회적 일탈도 동일한 맥락 속에서 보아야 한다.

예컨대, 이북이주민 청소년의 남한 이주 결정의 비자발성과 책임성의 문제를 상관관계로 단정할 수 없다. 청소년기의 책임성은 개인, 가족, 사회, 그리고 문화적 영향에 의해서 다르게 나타난다. 이북이주민 청소년의 문화적, 경험적 독특성에 대한 이해는 중요하지만 청소년의 발달특성을 고려하지 않는 것도 바람직하지 않다. 이북이주민 청소년의 일상과 일탈의 경계에서 이들의 특수성과 보편성에 대한 고민은 쉽게 해결될 수 있는 문제가 아니다. 결국 청소년을 포함하여 남북주민들의 삶의 문제는 일상에서 나타나고 해결되며, 그리고 반복되는 것이다.

9장:

공동체에서 함께하기

이북이주민들의 심리사회적 위기는 공동체중심의 접근을 기반으로 공동체의 구조 내에서 해결해야 한다. 또한, 이북이주민들의 심리사회적 문제를 예방하고 해결하기 위하여 공동체, 가족, 개인의 힘을 강화하여 스스로 지속적으로 문제를 해결할 수 있는 방안을 마련해야 한다. 따라서 공동체 전체의 합의가 중요하고 훈련받은 전문가가 공동체의 지도자, 건강 전문가, 교사들을 교육하여 문제해결과정에 포함시키는 것이 중요하다.

지역에서 함께 살기

일반적으로 이북이주민과 남한주민들이 공동체(community, 보통 지역사회라고 많이 지칭하지만 여기서는 더불어 함께함을 강조하기 위해 공동체로 명명함)에서 함께하는 과정을 공동체 통합이라고 한다. 공동체 통합community integration은 다양한 차원으로 다시 구분되지만 보통 물리적 통합, 사회적 통합, 심리적 통합으로 나눈다(Wong & Solomon, 2002). 물리적 통합은 공동체에 개인이 참여하는 정도, 서비스 활용도, 자발성 등을 말한다. 사회적 통합은 공동체 주민과의 관계를 고려하여 사회적 접촉이나 상호작용을 개발하고 유지하는 것이고, 심리적 통합은 공동체에 소속되어 있으면서 공동체 일원으로서 효능감을 개발하고 유지하는 상태를 말한다(민소영, 2009). 이러한 공동체 통합의 개념을 이북이주민에 적용하면, 이북이주민들이 남한의 주민들이 이용하는 공동체 자원을 똑같이 이용하며, 남한주민들이 참여하는 공동체 활동에 동등하게 참여하는 것, 공동체에서 남한주민들과 정기적으로 만나는 것, 남한주민들에게 따뜻한 이웃의 정을 느끼는 것 등을 포함한다.

이북이주민과 공동체에서의 만남은 세심한 배려에서 시작되어야 한다. 이들은 사회 환경적 조건에 익숙하지 않으며 개인의 정체감 그리고 사회문화적 차원에서도 혼란을 경험하고 있기 때문이다. 또한 이북이주민들은 상황적 독특성을 가지는 집단임과 동시에 인류 보편적 특성이 존재한다는 사실을 인식하여야 한다.

일반적으로 이주민은 새로운 공동체로 이동하게 되면 기존의 사회경제적 체계를 받아들여야 하고, 자신의 사회경제적 상황의 변화와 다른 풍습, 신념, 생활사건, 정서적·사회적 문제에 대처해야 하는 압박감을 가지게 된다. 이북이주민들과 같은 이주난민들의 적응은 연령, 성별, 이주 전 경험, 가족과 친구로 부터의 고립, 소속감의 부재, 정체감의 상실, 경제적 어려움, 차별, 건강서비스에 대한 문화적 차이, 성역할 및 경력의 변화, 건강과 관련된 정보 및 접근성의 부족, 희망부재 등에서 어려움을 가질 수 있다(Omeri, et al., 2006). 또한 이주민들은 정착의 기간에 따라 문제도 차이가 있었는데, 이주 후 거주한 기간이 2년 이하인 집단의 주 스트레스는 이주과정의 스트레스이었지만 5년 이상 집단의 주 스트레스는 생활사건으로 인한 스트레스이었다(Young, 2001). 이북이주민들의 경우에도 정착 기간에 따른 적응 과제와 문제들이 다르게 나타날 것이다.

이북이주민들이 남한의 공동체에서 자발적이고 자생적인 삶을 발달시키는 것이 가장 바람직할 것이다. 그러나 사회·문화·정치·경제적으로 상당한 차이를 보이는 남한에서 자신들만의 힘으로 기존의 공동체에 그대로 통합되고 적응하기를 바라기에는 무리가 따른다. 따라서 여기에서는 이북이주민들이 남한의 공동체에 보다 빠르고 적절하게 통합되도록 하는 공동체중심 서비스의 개발 과정과 해외 사례를 통한 이북이주민 적용 방안들을 정리해 보고자 한다.

도움의 원칙

이북이주민과 관련된 공동체 내의 서비스 프로그램은 기본적인 의료 및 의식주를 포함하여 사회복지, 교육, 종교, 교정, 노동 등의 다양한 인접 체계와의 원활한 관계를 중심으로 기획되어야 한다. 우선 공동체에서 실시할 수 있는 이북이주민을 위한 서비스를 개발하여야 하는데, 이때 개발 과정은 욕구 사정, 정책 및 프로그램 옹호, 공동체 자문과 정책 및 프로그램 기획으로 구분할 수 있다(Potocky-Tripodi, 2002: 213~228). 이는 공동체에서 생활하고 있는 이북이주민들에게 도움을 체계적으로 제공하기 위한 계획을 수립할 때 중요하게 고려되어야 하는 지침들이다.

욕구 사정

공동체에 거주하는 이북이주민과 관련된 이슈들과 문제들을 확인하는 단계이다. 공동체 욕구 사정community needs assessment의 방법은 조사연구, 주요 정보제공자 인터뷰, 관찰, 포커스 그룹, 포럼 등을 활용할 수 있다. 또한 기존에 존재하는 이차적인 공식자료와 공동체서비스를 받은 비율을 조사할 수 있다. 이러한 욕구 사정은 개입 계획의 근거를 마련하기 위하여 보고서 형태로 만들어야 한다. 공동체 욕구 사정은 다음과 같은 질문을 우선적으로 할 수 있다.

<이북이주민 욕구 사정을 위한 질문들>

1. 공동체 내의 이북이주민들에게 흔하게 일어나는 문제는 무엇인가?
2. 이북이주민들의 문제적 상황에 대처할 수 있는 공동체 자원은 무엇인가?
3. 공동체서비스의 중복 또는 차별과 같은 요인들이 존재하는가?
4. 공동체서비스의 범위를 어떻게 정할 것인가?
5. 공동체서비스에 접근하는데 장애물은 무엇인가?

정책 및 프로그램 옹호

공동체에 거주하는 이북이주민들에 대한 욕구 사정이 끝나면 이를 바탕으로 계획하고 실행하여야 한다. 공동체에서 이북이주민들을 위한 서비스를 실시하기 위해서 중요한 한 가지 방법이 옹호이다. 정책 옹호는 일반적으로 국가적 차원에서 이북이주민들의 문제를 해결하기 위한 방법이지만, 공동체 차원에서도 독특한 요구를 해결할 수 있는 정책을 시행할 수 있도록 하기 위해 필요하다. 이북이주민을 위한 공동체서비스를 효과적으로 실시하기 위한 공동체 옹호의 단계는 다음과 같다.

<1단계: 분석>

분석은 모든 다른 효과적인 활동과 마찬가지로 이북이주민을 위한 정책 및 프로그램 옹호에서도 첫 번째 단계이다. 공공 정책에 영향을 미치는 옹호는 정확한 정보와 문제, 문제와 관련된 사람, 정책들, 조직들, 의사결정권자들에 접근 가능한 방법들에 관한 심층적 이해가 바탕이 되어야 한다. 다음과 같은 핵심 질문들을 통해서 진행된다(Potocky-Tripodi, 2002).

<분석의 핵심 질문>

1. 문제가 무엇인가?
2. 문제와 관련되어 현재 존재하고 있는 정책은 무엇이며, 이것들이 어떻게 작동되고 있는가?
3. 문제 해결을 위하여 정책을 어떻게 변화할 수 있는가?
4. 어떤 형태의 정책(법적, 제도적) 변화가 필요한가?
5. 제안된 정책 변화에서 재정적 문제가 있는가?
6. 정책변화와 관련된 이해당사자들(옹호자와 지지자, 반대자, 정책결정자, 이해관계를 결정하고 있지 못한 사람)은 누구인가?
7. 변화된 정책의 차별화는 무엇인가?
8. 주요결정자에게 영향을 미치는 사람과 방법은 무엇인가?

9 정책 형성과 관련된 의사소통 구조는 어떠한가?

출처: Potocky-Tripodi, 2002: 214에서 재정리.

<2단계: 전략>

이북이주민을 위한 공동체서비스를 실시하기 위한 옹호는 전략이 필요하다. 옹호 전략은 분석 단계를 통해서 구축되며 세부 내용은 다음과 같다.

<옹호 전략>

1 전략을 달성할 집단을 확인하라.
2 관련 있는 집단을 파악하라.
3 SMART(구체성, 명확성, 측정가능성, 달성가능성, 타당성, 시간제한성) 목표 세우기.
4 주요결정자를 설득할 수 있는 독특하고 유익한 이슈들을 만들어라.
5 옹호 목표에 맞는 정책 변화 모델을 개발하라.
6 연합하고 지지를 이끌어낼 수 있는 계획과 자원들을 확인하라.
7 지지자들에게 가장 적합한 활동들을 계획하라.
8 합의를 이끌어 내고, 반대를 최소화하면서 공통된 관심 분야를 찾아라.
9 실행 계획과 예산을 준비하라.
10 개인적 접촉, 지역사회 매체, 대중매체, 이메일, 인터넷과 같은 다양한 의사소통 채널을 확인하라.
11 과정을 모니터하고 결과를 평가할 지표들을 개발하라.
12 이해하기 쉽고 누구나 지지할 수 있는 제안된 정책 또는 변화된 정책에 대한 명칭을 만들어라.

출처: Potocky-Tripodi, 2002: 215에서 재정리.

<3단계: 동원, mobilization>

이북이주민들을 위한 서비스를 실시하기 위해 공동체의 중요기관 및 사람들과 연합하는 것은 옹호를 강화한다. 이북이주민들을 위한 모든 활동들은 지지자들과 파트너에게 진정성을 보여주도록 구성되어야 한다. 이를 통하여 정책 결정자들과 모든 연합체에 긍정적 영향을 최대화하게 되

며, 반면에 반대자들의 반응을 최소화할 수 있다.

<동원을 위한 방안>

1 의도된 청중들, 변화에 영향을 미치는 지지자들, 옹호 목표, 주요 활동과 시간계획 및 평가 지표와 같은 활동 계획을 개발하라.
2 연합 구성원들에게 책임감을 명확하게 부여하고 특별한 사건과 활동들을 모니터하라.
3 연합체를 구성해서 유지할 수 있는 네트워크를 구축하라.
4 옹호를 실천하고 훈련하도록 조직하라.
5 지지를 얻는데 불일치하는 주요 사실과 자료들을 확인하라. 또한 지지를 이끌어낼 수 있는 자료와 문서들을 정리하여 보관하라.
6 현 상황을 정책 결정자들의 관심에 연결하라.
7 바람직한 행동을 명백히 정리하라.
8 위임된 행동의 긴급성과 우선순위를 강조하라.
9 사건을 공론화하고 핵심 참여자를 믿게 하기 위해서 뉴스 매체의 표지에 선정되도록 하라.

출처: Potocky-Tripodi, 2002: 215~216에서 재정리

< 4단계: 실행 >

이북이주민들의 공동체 서비스를 옹호하는 모든 파트너들이 함께 지속적으로 참여하는 것이 중요하다. 메시지를 반복하고 필요성이 유지되도록 다음과 같은 활동을 실시하여야 한다.

<실행 방안>

1 다른 관점과 반대의견에 대해서 빠르게 반응하고 모니터를 하라.
2 계획된 활동을 지속적이고 체계적으로 수행하라.
3 모든 연합체를 유지하기 위한 수단으로 결과물들을 제시하라.
4 개인적 접촉을 포함한 미디어 지지를 유지하고 개발하라.
5 논쟁을 두려워하지 말고 그것을 유리하게 전환하라.
6 어떠한 불법적 또는 인종차별적인 활동도 하지마라.

7 정책결정자들에게 책임성 있게 보여라.
8 공적 의견을 모니터하고 긍정적 변화를 공론화하라.
9 정책 결정자의 역할과 연합 파트너를 믿어라.

출처: Potocky-Tripodi, 2002: 216에서 재정리

<5단계: 평가>

이북이주민들을 위한 공동체 서비스 옹호는 다른 공동체 캠페인과 마찬가지로 주의 깊게 평가해야 한다. 옹호는 자주 부분적 결과만 얻게 되므로, 옹호팀은 무엇이 성취되었으며 앞으로 수행해야 할 일이 무엇인지를 규칙적이고 명확하게 측정해야 한다. 과정평가는 결과평가보다 더욱 어렵지만 중요하다.

<평가>

1 과정 지표들을 측정하라.
2 특별한 사건과 활동들을 평가하라.
3 초기의 SMART에 근거해서 변화를 평가하라.
4 변화를 측정하기 위한 지표들을 가지고 최종결과를 비교하라.
5 정책 변화에 기여한 핵심 사실들을 확인하라.
6 의도되지 않은 변화를 파악하라.
7 결과를 공유하고, 이해당사자들이 이해할 수 있도록 성공을 공유하라.

출처: Potocky-Tripodi, 2002: 216~217에서 재정리

정책 및 프로그램 기획

이북이주민을 위한 정책 옹호와 더불어 구체적 프로그램을 기획하여야 한다. 공동체에 적절한 정책과 프로그램은 예방, 선별, 개입 및 지지를 포함해야 한다. 효과적인 공동체 자문과 정책 및 프로그램 계획을 위해서는 비용과 노력의 중복 방지, 부족한 자원 극대화, 공동체 이해를 위한 다양한 이론 통합, 이북이주민의 욕구에 근거한 포괄적 서비스, 서비스 접근

성 강화, 기관 간 의사소통 증가 등이 선행되어야 한다. 또한 공동체의 이북이주민 관련자들과 전문가들, 공공 기관, 공동체 관련 기관들, 종교 기관, 공동체 노동 조직들, 미디어, 학계 등에서 적극적인 참여가 있어야 한다. 공동체 수준의 정책 및 프로그램 계획을 위한 단계는 다음과 같이 실행될 수 있다.

<정책 및 프로그램 기획 단계>

1단계: 중심기관의 선정
중심 기관은 주요 방향을 결정하고 역할을 명확히 설정하여 계획의 이행을 위한 비전을 공동체와 기관 종사자들에게 제시함.

2단계: 중심 기관의 조직화 능력 사정
기관의 직원과 지도자는 조직화의 준비를 위한 리더십을 사정해야함. 이러한 사정은 기관의 구조를 파악하고, 공동체 지지와 공동체를 이끌 수 있는 직원들의 능력이 있는지를 파악해서 달성함.

3단계: 조직화를 구축하기 위한 기관 계획
일단 어떤 기관의 조직화 능력을 사정하고 나면, 내적 강점을 발견하여 약점을 극복하고 공동체의 개입을 위한 조직의 효과성을 강화할 수 있음.

4단계: 공동체 조직화와 파워 구조 사정
중심 기관은 주요 공동체 기관, 공동체 지도자, 관심 집단 그리고 공동체 구성원들과 파트너십을 가지고 일해야 함. 이러한 일에 참여하는 주요 사람들과 조직을 확인하는 것은 성공의 기본 조건이며 공동체 리더십의 필수요건. 기관은 파트너십의 전략을 개발하기 위한 공식적, 비공식적 조직화와 파워 구조를 사정해야 함.

5단계: 파트너십을 확립
중심 기관은 이북이주민의 욕구를 사정하고 문제를 파악하면서 조정을 위해서 공동체 집단들과 회합해야 함.

6단계: 공동체 자원 사정
공동체 사정은 가장 중요한 이북이주민을 위한 공동체서비스의 문제를 확인할 수 있는 정보를 제공함. 공동체 사정은 공식적, 비공식적 정보들이 모두 포함되어야 함. 또한 그것은 공동체 지도자, 집단, 기관 그리고 개인들의 인식과 가치를 확인해야 함. 그리고 이북이주민들과 관련된 기존 자료들과 주요한 문제를 조사하고 취약집단의 욕구를 파악해야 함.

7단계: 지역 우선순위 결정

지역 우선순위를 결정할 때는 주요한 공동체 조직, 주요 관심 집단 그리고 개인들이 참여해야 함. 공동체 사정을 위해 수집된 정보는 우선순위를 결정하는데 도움을 줌. 우선순위의 선택은 공동체 개입을 위해서 표적이 된 문제들 중에서 공동체 집단들 사이의 협상을 통해서 결정함.

8단계: 결과와 과정 목표를 선정

공동체 구성원들은 궁극적 목적을 선택해서 이북이주민들의 문제를 해결할 수 있는 결과와 과정 목표들을 협상해야 함. 목적과 목표들은 측정 가능해야 함.

9단계: 공동체 개입 전략 개발

공동체 개입방법의 개발은 공동체 목적과 목표들을 선택하여 성취할 수 있는 수단을 제공함. 일단 개입방법들이 선택이 되면, 책임감이 부여되어서 기관들과 조직들이 헌신할 수 있도록 해야 함.

10단계: 계획과 실행

목적, 목표, 공동체 개입을 위한 전략을 세우는 것은 중요한 단계이지만, 성공의 요지는 개입 활동과 서비스들을 수행하는 활동 계획을 세우는 것임. 활동과 서비스를 위한 시간 계획을 세우고 책임감을 부여하는 것이 이 단계의 필수적 부분임.

11단계: 평가와 모니터링

만약 효과적인 개입방법이 선택되었다면 목표의 성취는 이북이주민의 삶의 질 증진과 관련됨.

출처: Centers for Disease Control, USA, 1995: 5~30에서 재정리

해외 사례

여기서는 이주난민에게 나타나는 심리사회적 위기의 문제를 해결하기 위해 조직된 다문화 심리사회적 문제해결 기구(Transcultural Psychosocial Organization;

이하 TPO)를 소개하고 그 내용을 개괄하여 심리사회적으로 어려움에 있는 이북이주민에 대한 공동체중심 서비스의 방안들을 찾고자 한다.

TPO 프로그램 개요

등장 배경

이주난민에게 나타나는 심리사회적 위기의 문제를 일반적 방법으로 해결하지 못하는 한계를 극복하기 위하여 우간다Uganda TPO가 구성되었다(Bemark, et al., 2003). TPO는 이주난민들의 심리사회적 문제를 해결하는데 있어서 개인의 적응유연성resilience, 가족과 공동체의 지지 및 전통적인 치료healing를 중요하게 생각한다. TPO 프로그램은 공동체중심의 접근을 기반으로 가족과 공동체의 구조 내에서 이주난민의 권한empowerment을 강화시켜 심리사회적 문제를 해결하고자 하는 것이다. TPO는 처음에 이주난민들의 심리사회적 문제가 전쟁과 폭행에 기인한 외상의 결과에 의해서만 발생한다고 보았다. 그러나 시간이 지나면서 이주난민들은 정신질환뿐만 아니라 생활 속에서 나타나는 사회적 이슈에서도 광범위하게 심리사회적 문제가 발생한다는 것을 파악하였다.

목표

TPO의 목표는 심리사회적 문제를 예방하고 치료하기 위하여 공동체, 가족, 개인의 힘을 강화하여 스스로 지속적으로 문제를 해결할 수 있는 방안을 마련하는 것이다. 따라서 공동체가 이주난민들의 심리사회적 문제를 이해하고 치료와 예방의 구조 속에 포함되도록 하는 교육이 중요하다. TPO 프로그램은 이주난민의 심리사회적 문제에 관하여 훈련받은 전문가가 공동체의 지도자, 건강 전문가, 교사들을 교육하도록 고안되었다.

TPO 프로그램의 전문가들은 상담가의 역할뿐만 아니라 프로그램 관리자와 전문가를 위한 교육도 담당하게 된다.

<TPO 프로그램의 목표>

1 문화적으로 민감성 있는 공동체중심 개입을 위해 지역 내의 토착 원조가들을 활용하는 것이다.
2 문제해결을 위해서 장단기로 구분하여 개입하는 것이다.
3 위기개입, 심리사회적 교육 및 공동체와 아동청소년들에 대한 개입을 통하여 심리사회적 문제를 예방하는 것이다.
4 위기의 이주민과 난민들을 위하여 문제를 예방하고 공동체와 가족들이 권한을 행사할 수 있도록 심리사회적 이슈들에 대한 공동체의 인식을 증가하는 것이다.
5 가족과 함께 그들 스스로 권한을 행사할 수 있도록 격려하는 것이다.
6 NGO를 비롯한 공동체의 공식 또는 비공식 조직의 사람들이 함께 협력하도록 하는 것이다.
7 인권, 평화 및 화해를 증진하는 것이다.

출처: Bemark, et al., 2003: 197

과정

TPO는 캐스케이드cascade 훈련 방식을 활용하기 때문에 전문가는 캐스케이드의 단지 출발점에 불과하다. 일단 훈련을 받고 난후에 그들은 교육이 가능한 공동체 구성원들인 공동체 지도자, 전통적 치료자, 건강 종사자 및 교사들을 교육한다. 이러한 교육은 공동체가 이주난민들의 문제를 이해하는 계기가 되어 치료, 의뢰, 상담 등의 요청이 있게 된다. 공동체의 토착민에 대한 교육은 심리사회적 문제를 가진 이주난민들에 대한 의뢰를 가능하게 만들어서 원조가 가능하게 된다. 이렇게 서비스가 연속적으로 이루어지기 위해서 공동체 내의 토착민에 대한 교육이 전적으로 상담가로만 양성시키는 것이 아니라 프로그램의 관리자 또는 훈련가가 되도록 하는 것이 중요하다. 이러한 효과적인 서비스는 정부의 공식적인 지원을 획득할 수 있다. 이 프로그램은 난민뿐만 아니라 심리사회적 문제를 가진 일반 대중에게로 확대되어 정부기관의 지원을 확보할 수 있다. 공동체 토착 스텝staff은 지역 NGO가 되어서 훈련과 기술을 제공하고 프로그램을 지속적으로 실행하게 된다.

TPO 프로그램의 개입 단계

TPO의 프로그램은 개인의 문제는 가족과 공동체를 바탕으로 이해되고 해결될 수 있음을 강조하는 가족, 공동체중심의 접근법이다. TPO의 프로그램은 서로 연관성이 있는 9개의 범주로 나뉘어져 각각 예방과 치료개입의 단계로 구성되어 있다(Bemark et al., 2003). 이러한 9단계의 개입들은 사회적 상황, 다양한 커뮤니티, 인권, 정부정책, 정치, 환경, 문화, 관습, 사회경제적 지위 및 종교에 영향을 받게 된다.

1단계: 생존survival 개입

모든 원조의 일차적 과제는 이주난민이 생존을 유지하도록 하는 것이다. 의식주, 의료와 같은 생존에 필요한 도구들이 부족할 때 모든 사람들은 정서적 스트레스와 증상을 나타낼 수 있다. 이 단계에서는 이주난민들에게 정상감normalcy과 권한을 향상시켜서 무기력과 의존을 감소시키는 것이 중요하다. 예를 들면, 의존성과 학습된 무기력에서 벗어나서 정신건강을 증진하고 권한을 향상해야 하는 이유를 원조 단체에 교육하기, 많은 이주난민들이 공동체서비스와 접근방법에 대해서 알지 못하므로 공동체 자원에 대한 의뢰를 활성화하기 등과 같다.

2단계: 정치적political 개입

정치적 개입은 인권, 평화, 민주주의, 갈등해결, 화해를 증진하는 과정이다. 만약 공동체 내에 전쟁과 폭력의 원인 제공자들이 피해자들과 함께 거주한다면 특히 중요시 되는 과정이다. 예를 들면, 인권 및 난민 권리와 아동 인권 옹호하기, 인권 전문가 훈련하기, 감옥에 수감되어 있는 사람에 대한 심리사회적 지원, 공동체 평화와 화해를 위한 활동 등이 있다.

3단계: 공동체의 권한 활동

이 단계는 공동체가 권한을 증진하고 스스로 힘을 구축할 수 있도록 돕는 것이다. 이러한 힘을 바탕으로 이주난민들과 같이 심리사회적 취약성이 있는 주민들을 공동체 스스로 원조하도록 하는 것이다. 이 단계가 효과적이 되기 위해서는 공동체 교육이 전체 공동체에 확산되도록 해야 한다. TPO 프로그램의 전문가들은 공동체 지도자, 종교 지도자, 교사, 건강 전문가, 청소년 지도자, 여성 지도자, 전통적 치료자, 공무원, NGO 관련자들을 훈련시켜야 한다. 또한 공동체에서 이주난민들에 개입하는 전문가들은 위기개입의 이론과 실천에 능통하여 자살과 같은 심각한 문제를 예방할 수 있어야 한다. 예를 들면, 정신건강증진 워크숍에 공동체 참여시키기 등이다.

4단계: 원조자들의 훈련과 능력 구축

이주난민의 심리사회적 문제에 개입하는 모든 원조자들(관련 직원들, 공무원, 교사, 사회복지사, NGO 관계자 등)이 훈련을 받고 능력을 향상시키는 과정이라고 할 수 있다. 예를 들면, 공동체 토착 스텝이 상담가로 인정받도록 훈련하기, 공공기관의 종사자들에 대한 인식을 증진하고 기술들을 향상시키기, 관계자들 훈련하기 등이다.

5단계: 가족 및 지지자들의 네트워크 구축

TPO 상담가는 가족과 공동체중심 접근법을 활용한다. 심리사회적으로 문제가 있는 이주난민을 원조하기 위하여 가족이나 지지자들과 원조 네트워크를 구축하는 단계이다.

6단계: 자조그룹(self-help group) 형성

이주난민들이 원조자에 의존하기 보다는 스스로 문제를 해결해 가는 구조를 형성하게 하는 것이다. 치료 자조그룹은 알코올 남용자, 미망인, 외상 경험 아동 등이고, 예방그룹은 알코올에 관한 심리사회적 교육, 스포츠 리그, 예술 그룹, 아동과 청소년을 위한 전통 댄스 그룹 등이다.

7단계: 상담

상담은 이주난민의 심리사회적 문제를 해결하고 정서적 스트레스를 감소하는 방법으로 문화와 맥락에 따라 다르다. TPO 상담가들은 활동중심의 문제해결 접근법을 활용하여 개인과 가족들의 권한을 향상하도록 해야 한다(Bemark, et al., 2003).

<상담을 위한 11단계>

Step 1 모든 원조는 가족과 공동체의 맥락에서 권한을 발휘하여 자조그룹으로 이어지게 하라.

Step 2 원조과정에서 가족, 친구 및 공동체의 잠재적 지지자들을 네트워크에 포함시켜라.

Step 3 원조 요청자와 그의 가족, 지지자 네트워크 그리고 원조자들이 신뢰관계를 형성하도록 하라(상담과정 전체에서).

Step 4 참여하는 모든 사람들을 경청하라(상담과정 전체에서).

Step 5 필요한 모든 정보를 조사하라(상담과정 전체에서).

Step 6 모든 참여하는 사람들의 감정 표현을 격려하라(상담과정 전체에서).

Step 7 편견 없이 모든 사람에게 열정, 공감, 정서적 편안함과 지지를 제공하라(상담과정 전체에서).

Step 8 문제를 사정하라(지속적으로 중요함).

Step 9 참여하는 모든 사람의 상황과 문화 및 능력을 고려하여 활동계획을 개발하라.

Step 10 문제해결을 위한 계획은 단계적으로 세우도록 하라.

Step 11 원조과정이 해결되고 평가되었을 때 원조관계를 종결하도록 하라.

출처: Bemark, et al., 2003: 203.

8단계: 정신치료psychotherapy 단계

이는 훈련과 슈퍼비전이 필요한 전문적 과정이다.

9단계: 정신의학적psychiatric 개입

이 단계는 정신병을 포함하여 다양한 정신의학적 문제에 개입하는 과정을 포함한다.

공존의 토대 2: 공동체 중심

이북이주민들은 남한 입국이후에 신분확인 절차를 거치고 하나원 교육을 마치면 대부분 자신이 원하는 지역에서 살게 된다. 하나원의 교육 시스템이 점차 이북이주민들의 욕구에 맞게 변화되고는 있지만, 공동체에서 하루하루의 삶을 당장 시작하기에는 어려움과 두려움이 많이 생길 수밖에 없다. 이북이주민들은 공동체적응 초기에 심리사회적 위기를 경험할 수밖에 없다. 여기서는 저자가 앞서 소개한 TPO 프로그램을 이북이주민들에게 적용시킨 내용(엄태완, 2007b)을 간략히 소개하기로 한다.

이는 이북이주민들의 심리사회적 위기를 공동체중심의 접근을 기반으로 공동체의 구조 내에서 해결하고자 하는 것이다. 또한, 이북이주민들의 심리사회적 문제를 예방하고 해결하기 위하여 공동체, 가족, 개인의 힘을 강화하여 스스로 지속적으로 문제를 해결할 수 있는 방안을 마련하는 것이다. 따라서 공동체 전체의 합의가 중요하고 훈련받은 전문가가 공동체의 지도자, 건강 전문가, 교사들을 교육하여 문제해결과정에 포함시키는 것이 중요하다. 그 과정을 요약하면 다음과 같다.

1 단계: 환경조성

이북이주민들의 공동체 내 인권을 향상하고 민주주의 가치관을 공유하면서, 남북주민 통합을 위한 인식 차이를 좁히는 것이다. 또한 이북이주민 또는 가족 간의 갈등이나 문제에 대하여 개입하는 단계라고 할 수 있다. 공동체 적응초기에는 이북이주민들 사이의 갈등이 스트레스를 유발하거나 지지적 자원으로 활용되지 못할 수도 있다. 이북이주민 서로서로가 지속적으로 상호 지지적 관계를 형성할 수 있도록 조정하는 것이 중요하다.

이북이주민들이 정착초기에 접촉하는 남한주민들은 공식적으로나 비공식적으로도 제한적이다. 소수의 남한주민들과의 관계가 이후의 남한사회 전체에 대한 태도를 형성할 수 있으므로 신중한 접근이 필요하다. 또한 위기 이후의 가족역동은 다양하게 변화될 수 있다는 사실을 전문가들은 알아야 한다. 탈출과정의 경직된 가족체계가 남한사회의 정착과정에서 융통성 있는 긍정적 가족체계로 변화된다고 하더라도 가족갈등이 일어날 수 있다.

공동체에서는 이북이주민들이 기본적인 의식주의 문제를 해결하는 것에 초점을 두어야 한다. 이북이주민들은 남한사회에 대한 환상, 외상과 같은 특별한 경험의 생존에 대한 자신감 등으로 일상적 생활의 의미를 깨닫지 못할 수도 있다. 이들에게 의식주의 문제를 해결하는 기본적인 생활의 중요성을 일깨워 주는 것이 필요하다. 전문가는 이북이주민들의 심리사회적 위기에 관하여 인식하고 있어야 하는 단계이다.

2단계: 공동체 권한 강화 활동

이 단계는 공동체가 이북이주민 지원을 위한 권한을 증진하고 스스로의 힘을 만들도록 돕는 것이다. 이러한 힘을 바탕으로 이북이주민과 같이 심리사회적 취약성이 있는 주민들을 공동체 스스로 원조하도록 하는 것이다. 이 단계가 효과적이 되기 위해서는 공동체 교육이 전체 공동체에 확산되도록 해야 한다. 이는 이북이주민들의 심리사회적 위기에 따른 재적응을 향상시키기 위한 공동체 준비단계라고 할 수 있다. 1단계와 2단계는 공동체의 전반적인 분위기를 조성하고 힘을 구축하는 단계라고 할 수 있다. 이북이주민들이 밀집되어 있는 지역을 중심으로 직접 실천할 수 있으며, 이는 향후 다문화시대를 위한 예비 공동체운동 또는 공동체조직이 될 수 있을 것이다.

3단계: 원조자 훈련 및 능력구축

이북이주민들의 심리사회적 위기 문제에 개입하는 모든 원조자들(관련 직원들, 공무원, 교사, 사회복지사, NGO 관계자 등)은 훈련을 받고 능력을 향상시켜야 한다. 또한 공동체에서 이북이주민들에 개입하는 전문가들은 위기개입의 이론과 실천에 능통하여 자살과 같은 심각한 문제를 예방할 수 있어야 한다. 이 단계는 이북이주민들의 심리사회적 위기에 따른 재적응을 향상시키기 위한 공동체 내의 관련 원조자 준비단계라고 할 수 있다.

4 단계: 지지자 네트워크 구축

심리사회적 위기 상황 속에 있는 이북이주민들을 원조하기 위하여 가족 및 지지자들과 원조 네트워크를 구축하는 단계이다. 이북이주민의 심층적 이해를 위한 교육과 훈련을 받은 전문가들이 지지망을 구축하여 개인 및 가족들과 유대를 강화하는 과정이다. 이 단계는 이북이주민들의 심리사회적 위기의 문제를 해결하기 위하여 공동체와 관련 원조자들을 연결시키는 단계라고 할 수 있다.

5단계: 자조그룹 형성

5단계와 6단계는 심리사회적 위기의 고위험 대상자나 증상 또는 문제유발 이북이주민들에 대한 예방 또는 직접 치료를 시행하는 단계라고 할 수 있다. 특히 6단계는 공동체중심의 최종 단계로 이전에 문제가 해결된다면 필요가 없는 단계라고 할 수 있다.

이북이주민들이 원조자에 의존하기 보다는 스스로 문제를 해결해 가는 구조를 형성하게 하는 것이다. 치료 자조그룹은 알코올 남용자, 외상경험 아동 등이고, 예방그룹은 알코올 및 마약에 관한 심리사회적 교육, 스포츠 활동그룹, 아동과 청소년을 위한 그룹 등이다. 이 단계는 공동체 내에서 이북이주민의 심리사회적 문제를 해결하는 것에 어려움이 있는 경우에 전문가 개입 이전의 집단치유 단계라고 할 수 있다.

6단계: 심리사회적 치료

이 단계에서는 심리사회적 위기 문제에 대하여 적극적 지지를 통해 해결할 수 있는 그룹, 심리사회적 상담이 필요한 그룹 및 정신의학적 개입(정신과 입원과 약물치료 등)이 필요한 그룹으로 세부적인 구분을 하는 것이 바람직하다. 또한 이북이주민들의 심리사회적 문제를 해결하고 정서적 스트레스를 감소하는 방법은 남한주민들과는 문화와 맥락에서 다르다. 이러한 특성을 이해하고 훈련 받은 전문가에 의해 수행되어야 할 것이다.

10장:

남북통합 함께하기

독일의 경험에서와 같이 남북통일이 일시적 열정으로 끝나고 지속적으로 일상의 부정적 상황만 부각된다면, 남북주민들의 혼란과 갈등은 더욱 심각해질 것이다. 남북주민들에게 성급한 통합정책보다는 일상의 삶 자체가 이전보다 나아지고 있다고 판단하도록 접근해야 한다. 남북통합 과정에서 남북주민들의 생활욕구가 무엇인지를 확인하는 것이 중요하다.

사람의 이동

남북이 하나가 되는 과정은 시너지의 힘을 가진 긍정성과 동시에 불확실성에 기인한 위기 속에서 진행될 것이다. 이 과정에서 일상적 삶을 유지해야 하는 남북주민들은 심리사회적 불안과 위기를 경험할 수 있다. 인간은 위기와 불안에 대해 어떠한 형태로든지 대처를 하는 데, 마찬가지로 남북통합 과정의 남북주민들도 개인적으로 가능하거나 유용하다고 생각하는 방식으로 위기에 대처할 것이다. 이때 나타날 수 있는 개인적, 사회적 혼란과 위기에 대해 명확히 파악하기는 불가능하다. 그 이유 중에 가장 중요한 측면은 남북의 통일 형식을 정확하게 예측할 수 없다는 사실이다.

남북의 통일은 국내·외적으로 다양한 역동적 관계에 의해서 영향을 받는다는 전제 하에 통일의 방향을 예측하는 연구들이 있다(김병연 외, 2007; 최준욱, 2008; 박영호·김지희, 2009). 이러한 연구들은 남한과 북한의 내부 정세, 남북관계 및 한반도 주변정세의 변화 등을 최대한 객관적, 종합적으로 반영하여 예측을 시도하고 있다. 그러나 남북통일의 미래 예측은 너무나 많은 변인들이 개입될 수 있기 때문에 하나의 모델을 제시할 수는 없다. 따라서 현재 다양하고 구체적인 통일 방안들이 논의되고 있는 데, 이를 포괄적으로 정리하면 점진적 평화통일의 과정인 합의형, 북한체제의 실패로 인한 흡수형, 그리고 어느 누구도 구체적으로 상정하지 않는 전쟁형으로 유형화 할 수 있다.[42] 남북통일의 형태와 상관없이 그 과정에서 일상적 삶을 살아야 하는 사람들에게는 어떠한 형태로든지 영향을 미치게 될 것이다.

2010년에 통일된 지 20년이 경과하였고, 같은 분단국이었던 독일의 경우를 보자. 독일의 흡수통일은 초기의 기쁨과 환희가 지속되지 못하고 사회구성원들 사이에 실망과 불안의 결과를 초래하였다. 동독인들이 서독체제에 적응하는 과정에서 경제적·심리적인 이중적 고통에 직면하였으며, 시간이 지나면서 서독인들도 불안과 스트레스를 표출하였다. 독일통일은 통일 이전 동·서독인들 간의 우호적 감정을 유지하고 못하고 통일 이후에 낯설고 대립적인 감정으로 바꾸어 놓았다. 흡수통일로 인해 동독과 서독인들에게 남긴 상처는 통일독일 사회에 여전히 부담이 되고 있다(나광은, 2004: 430).

남북한 통합과정에서는 빈곤과 실업, 그리고 대규모 인구이동 등과 같은 사회경제적 위기가 나타날 가능성이 높다(김진수, 2005: 161). 우리보다 앞선 독일의 경우에는 통일 이전에 동·서독인들이 서로 우호적 감정이었음에도 불구하고 점차 서로 불편해지면서 심지어 적대적 감정으로 변화되었다. 그러나 현재 남북주민들 간의 정서적 교감은 많지 않으며 우호적인

---

42. 합의형 통일은 남북이 평화 공존하는 가운데 교류협력을 활성화하여 사실상의 공동체를 형성한 뒤에 합의에 의해 통일을 성취하는 가장 이상적 형태를 말한다. 흡수형은 북한 체제의 급격한 변화의 결과로 이루어지기 때문에 모든 사회구성원들이 불안을 가지게 되는 형태를 말한다. 전쟁형은 결코 일어나서는 안 되는 유형으로 가능성도 매우 낮게 보고 있다(박영호·김지희, 2009: 21~22).

분위기도 형성되어 있지 않다. 이와 같은 상황에서 남북통일이 급격하게 이루어진다면 통일의 충격과 부담으로부터의 회복은 장기화되거나 혼란을 극복하기 어렵게 될 수도 있다.

남북통일 또는 남북통합에 대한 연구는 시기적 연구와 통합 과정의 거시적인 사회문화적 갈등과 대처에 관한 내용들이 대부분이다. 또한 독일통일의 사례를 남북에 적용하는 연구들이 있지만, 남북한의 상황과 문화에서 차이가 많다. 동·서독은 통일 이전에 수많은 사람들이 왕래를 할 수 있었으며, 동독의 경우에는 세계 최고 수준의 문화 인프라가 존재하고 있었다(김누리, 2006).

남북의 경우에는 어떠한가? 북한은 동독 수준의 문화와 일상생활 수준을 확보하고 있다고 할 수 없다. 또한 남북주민의 정서적 거리감도 여전히 좁혀지지 않고 있으며 제도적으로도 충분한 대처가 이루어지지 않고 있다. 이러한 상황에서 남북통일이 현실화된다면 남북주민들의 일상은 혼란과 충격으로 전반적 위기를 초래할 수 있다. 남북통합 과정에서 발생할 수 있는 심리사회적 위기는 북한주민들만의 문제가 아니라 남북주민 모두가 경험하는 어려움이 될 수 있다.

일반적으로 다른 국가 혹은 민족으로 이동하는 이주민과 난민들의 새로운 사회문화 접촉은 아동에서 노인에 이르기까지 다양한 혼란과 어려움을 겪게 되는 데, 선행연구들에서는 심리사회적인 문제를 다양한 차원에서 지적하고 있다. 이주민과 난민들은 우울, 불안, 외상후 스트레스 장애, 신체화, 자살사고와 자살행동이 증가하고, 이주과정의 스트레스로 인하여 가족 갈등, 심리적 불안정이 발생하며, 문화적응의 어려움으로 인해서 아동학대, 노인학대, 부부폭력의 위기상황에 노출될 수 있다고 하였다(Egli et al., 1991; Ben-David & Lavee, 1994; Potocky-Tripodi, 2002; Drachman & Paulino, 2004; Kemp & Rasbridge, 2004). 또한 이주민들은 이주 후에 재정착 하는 과정에서도 주택,

고용, 실업, 언어, 사회경제적 지위 및 가족, 결혼, 성역할의 급격한 변화로 인하여 심리사회적으로 좋지 않은 결과를 나타내게 된다(Bemak, et al., 2003).

그렇다면 대규모 인구이동이 나타날 수 있는 남북통합 과정에서 남북주민들의 일상이 남북통일 이전의 일상과 똑같이 어떠한 위기도 없을 것인가? 남북주민들 모두 동시적 위기를 경험할 가능성이 높다. 아마도 북한주민들이 훨씬 더 많은 심리적·사회적·문화적 갈등과 고통에 직면할 수 있음도 부인할 수 없다. 이 과정에서 경제적 문제로 인한 남북주민의 갈등은 실제적 현상과 관계없는 심리적 요인으로 더욱 심화될 수 있다.

또한 남북주민들은 이주 과정이나 문화접촉cultural encounter 및 문화적응acculturation의 과정에서 충격과 심각한 스트레스를 경험할 수 있다. 더욱 심각한 문제는 남북통일이 제도적으로 완성되기 이전에 겪게 되는 혼란이다. 특히 북한주민들은 직접 또는 제3국을 통해 대규모로 남한에 입국할 수 있는 데, 이 과정에서 이들은 심각한 스트레스를 경험할 수 있다. 그 예로는 현재 이북이주민들과 외국 난민들은 이주 과정, 난민촌, 그리고 재정착하는 과정에서 겪는 위기적 사건들과 외상trauma으로 인해 심각한 심리적·정신적 문제를 보인다는 사실에서 찾을 수 있다(Blair, 2000; Chung, et al., 2000; 엄태완, 2010).

이러한 국외의 연구결과들은 남북의 현재 및 미래 문제와 밀접한 관련을 가지고 있다. 첫째로 당면한 과제는 난민들과 경험을 유사하게 공유하고 있는 이북이주민들의 심리사회적 문제이다. 이들 문제에 대한 연구들은 상당부분 진척이 되어 있다. 둘째로 미래의 과제는 남북통합 과정에서 필연적으로 나타날 인구이동의 결과로 인한 심리사회적 혼란에 대한 대책이다. 이러한 대규모 인구이동의 시점을 정확히 예측할 수는 없지만 독일의 경우를 보더라도 이에 대한 준비는 필요하다.

통일 이후에 동독인들이 가진 집단적 자의식인 '이등국민이라는 감정'

과 '서독인과 다르며, 차별 받는다'는 인식은 남북통일 이후에 북한주민들도 유사한 과정을 경험할 가능성이 높다. 또한 서독인들은 동독에서 '지참금 한 푼' 없이 빚만 잔뜩 짊어진 채 독일사회에 합류하여 자신들을 힘들게 한다고 생각하였다(김누리, 2006: 26). 따라서 동독의 모든 것은 제거 대상이 되었다. 남북의 경우에도 마찬가지 현상이 발생하여 북한과 관련된 모든 것들은 제거 대상이 되고 청산해야 할 일차적 목표물이 될 수도 있다.

현재 남북통일 또는 남북통합에 대한 연구는 시기적 연구와 통합 과정의 거시적인 사회문화적 갈등과 대처에 관한 내용들이 대부분이다. 그러나 대규모 인구이동, 즉 사람의 이동으로 발생할 수 있는 문제들을 구체적으로 탐색하는 연구들은 부족하다. 따라서 이러한 맥락들을 남북통일 이전에 다차원적으로 이해하려는 시도들과 그에 따른 구체적 전략과 방법들을 모색할 필요가 있다.

이동으로부터의 위기

여기서의 남북통합은 남북통일의 포괄적 유형 중 전쟁형을 제외한 합의형과 흡수형에 제한하여 다룰 것이다. 즉 전쟁형이 아닌 상황에서의 대규모 인구이동을 전제로 한다는 의미다. 전쟁형은 일어나지 않아야 하며 가능성도 가장 낮고, 또한 우리 모두가 반드시 그렇게 진행되지 않도록 완벽한 대책 수립을 가정으로 하여 여기서는 제시하지 않았다. 합의형의 경우에는 어느 정도 인구이동의 제한이 가능하지만 흡수형의 경우에는 통제 불가능한 인구이동, 즉 주로 이북에서 이남으로 이어지는 사람의 이동이라고 할 수 있다. 여기서는 남북주민들 간의 인구이동이 통제를 벗어나서 급격하게 대규모로 이루어질 때를 가정하여 발생할 수 있는 위기의 문제를 다루었다. 즉 남북통합 과정에서 남북주민들 간 일상생활에서 나타날 수 있는 심리사회적 위기를 생존生存, 연결連結, 회복回復의 차원으로 구분하였다(엄태완, 2011a).

생존위기

남북통합 과정에서 남북주민들의 일상은 과거-현재-미래의 관련성 속에서 유지되겠지만 일상성의 변화는 어떠한 형태로든지 일어나게 될 것이다. 북한주민들은 남한주민들과 다른 공간에 있지만 생존과 같은 욕구수준에서 보면 남북주민들의 일상성과 큰 차이가 없을 것이다. 한 이북이주민과의 인터뷰에 의하면 '아침밥 먹은 후 저녁 근심하다가 다시 내일 아침 걱정하면서' 매일의 되풀이 되는 삶에 참여하고 있었다. 북한주민들은 이러한 생활양식을 모든 인간들이 경험하고 있는 소위 '인생'으로 받아들이면서 살고 있을 것이다.

남한주민들 중에서도 생존적 차원에서 일상을 이어가는 사람들이 존재한다. 국민기초생활보장법상 수급권자 혹은 차상위 계층에 속하는 남한주민들은 기본욕구를 충족시키려는 반복행위의 관례화 속에서 '그날그날'을 유지하고 있다. 남북통합 과정에서 생존적 차원의 삶에서 다른 경계로 이동하지 못하며 생활을 유지하고 있는 남북주민들의 상황은 어떠할 것인가? 이들에게 남북통합은 심리적, 사회적, 경제적, 정치적인 새로운 경계로 이동할 수 있는 기회이면서 위기다. 이들에게 남북통합이 위기인 이유는 일상의 안정성과 반복성에 기인한다. 일상의 반복으로 형성된 안정화는 심리적 인식의 틀부터 세상을 보는 관점까지 고정시키는 경향이 있다. 따라서 이들의 삶은 생존이라는 좁은 경계에서만 에너지를 활용하였기 때문에 보다 큰 외부환경의 변화와 참여에 소극적이거나 유능성을 보이지 못할 가능성이 높다. 반대로 이들이 외부환경의 변화가 개인적 삶에 영향을 미친다는 사실을 인지하고 이를 적극적으로 활용한다면 심리적, 사회적, 경제적, 정치적인 기회를 가지게 된다.

그러나 생각을 바꾸고 행동을 변화시켜서 자신을 다른 경계와 상황 속으로 이동시킨다는 것은 쉬운 일이 아니다. 한 이북이주민과의 인터뷰에서 보면 '북한에서 그냥 유치원 가고, 이후에 대학 가거나 군 복무하거나 이후 직장생활하면서 60살에 사회보장 받는 것 이것 이외에는 생각할 수 없다'고 말한 내용이나 '계속적으로 반복 교육하면 거짓말도 참말이 된다'면서 북한체계에서 다른 세계로 이동하는 것의 어려움을 토로하였다.

동물과 인간에 대한 실험에서 자발적 행동을 계속적으로 무력화시킨다면 이후에는 학습된 무기력으로 자극이나 상황에 대처할 수 없다고 하였다(Seligman, 1975). 따라서 생존 영역에서 일상을 유지해 온 남북주민들은 외부환경이 급변하는 남북통일 과정에서 기회보다는 위기를 초래할 가능성이 높다. 결국 남북통합 과정에서는 남북에서 생존적 욕구를 충족시키는데 일차적 목표를 가진 사람들을 어떠한 방식으로 통합하느냐가 중요한 관건이며, 정책과제라고 할 수 있다.

연결위기

남한의 이북이주민 경험을 통해 남북통합 과정에서 일상적 삶의 연결위기를 살펴볼 수 있겠다. 이북이주민의 일상은 늘 외부와 연결되어 있었다. 그들은 지리적으로 닫힌 체계에 살고 있었지만 개인 각자는 열린 체계에 대한 열망과 속성이 그대로 존속되고 있었다. 이북이주민은 기본적 욕구 충족의 부재로 인하여 경계를 넘어 다른 지역으로 이동하였지만 또 다른 곳의 일상도 기존의 일상과 연결되어 위기적 상황이 초래되었다. 개인적 일상의 연결과 함께 지역적 연결도 이루어지고 있었다. 즉 북한을 탈출하면서 중국, 몽골, 동남아 각국, 남한 등과 개인적 또는 집합적으로 연결되어 있었다.

남북통합 과정에서 중국을 비롯한 동아시아 국가들은 어떠한 역할을 할 것인가? 통일의 유형에 따라 북한을 탈출하는 주민들이 거의 발생하지 않을 수도 있지만, 북한의 급격한 붕괴 시 200만에서 최대 500만 명에 이르는 이북이주민들이 발생하여 동아시아에 영향을 미칠 수 있다는 보고도 있다. 남북통합 과정에서 북한주민의 지리적 이동은 동아시아에 변화를 가져올 수 있다. 이에 현재 이북이주민의 문제는 한국, 중국, 일본 등의 동아시아뿐만 아니라 역외국인 미국을 비롯한 서구 국가들도 중요한 의제로 간주하고 있다. 이에 대한 사전적 접근으로 미국은 중국의 이북이주민에 대해 인권 담론으로 대화를 갖자고 제안하고 있다. 그러나 중국은 국가 주권의 문제라며 냉소적 혹은 적대적인 의심으로만 바라보고 있다. 동시에 중국이나 동남아시아에 일시적 또는 장기적으로 거주하고 있는 이북이주민들은 아직도 최소한의 인권도 보장받지 못하는 개인이거나 집단으로 존재하고 있다.

그렇다면 남북통합 과정까지 연결되는 개인적이고 지역적인 차원의 준비는 어떠해야 할까? 남북통합 과정에서 남북주민들은 서로 간에 우호적이고 상생相生적 연결을 지속해 왔다는 경험을 공유할 수 있어야 한다. 즉 이북이주민을 비롯한 북한주민들의 어려움에 대해 남한 정부와 주민들이 지속적으로 관심을 가지고 의미 있는 노력을 하였다는 사실들을 서로 확인할 수 있어야 한다는 것이다. 하나의 예를 들면, 현재 동아시아 차원의 이북이주민에 대한 인권 담론에 적극 참여하는 것이다. 그러나 여기에서 이북이주민들의 인권 보편성에 대한 철학적 담론은 무의미할 수 있다. 왜냐하면 동아시아의 현실은 정치적으로 보면 인권의 이름으로 유린되는 국가 주권의 문제가 엄존해 있고, 국내적으로는 국가 주권의 언설에

억눌려 있는 다양한 형태의 집단과 개인의 인권 문제가 광범위하게 존재하고 있기 때문이다(조경란, 2005: 94).

현재 이북이주민을 문젯거리로 보는 동서양의 정치적 접근이나 고전적 의미의 보편적 인권의 정당성에 대한 논의는 공허하다. 또한 이북이주민의 인권 담론에서 개별 국가의 주권과 인권 유린이라는 이분법적 접근으로 논의를 지속한다면 동아시아 공동체의 상극적 대립과 그 속에서 인간답게 살지 못하는 이북이주민만 존재할 뿐이다. 동아시아의 이북이주민에 대해 인권 유린의 관점으로 보는 입장과 정반대로 주권이나 문화상대주의로 설명하려는 극단적 주장 간에는 접점을 찾을 수 없다. 따라서 현 시점에서는 남북통합의 준비과정으로서 이북이주민의 인권을 매개로 이들의 삶의 질과 동아시아 공동체의 조화와 상생을 위한 담론을 형성하는 데 힘써야 한다. 이를 통해 남북통합 과정에서 주변국들을 지리적으로 연결하며 남북주민들에게는 일상의 상생을 위한 유대감을 확보하는 것이 된다.

회복위기

남북통합으로 가는 과정에서 남북한의 주민들은 다양한 혼란과 위기를 경험할 수 있다. 선행연구에서 보면 이북이주민들은 북한과 탈출과정에서 심각한 외상(감옥 고문, 기아, 죽음 목격, 신체적 질병 등)을 경험하며, 남한에서도 새로운 삶과 대처에 따른 스트레스를 경험하고 있다(엄태완 2010). 이에 따른 심리적 문제(무력감, 희망상실, 불면, 정신증상 등)는 일상생활을 유지할 수 없도록 하는 요인이 된다.

또 다른 차원에서 남한의 이북이주민들은 일정액의 정착금이나 주택을 배정받지만 직업을 유지하거나 노동 시장에 진입할 수 없는 장벽으로 인해서 경제적 적응에 상당한 어려움을 겪는다. 대다수의 이북이주민들이 경제적으로 독립하지 못하고 국민기초생활보장제도의 수급권자로 급여를 받고 있다.

따라서 남북통합 과정에서 남한에서 북한을 선택한 사람들은 자신에게 기회비용을 치룰 수 있는 능력을 가진 사람이지만, 북한에서 남한으로 이주하는 많은 사람들은 이주과정과 남한 정착과정에서 심리적, 사회적 충격을 완충적으로 조절할 능력이 부족한 사람들이 많을 수 있다. 그 과정에서 일상성을 회복하지 못하는 남북주민들이 발생할 수 있을 것이다.

다음으로 현재 하나원과 같은 시설이 남북통합 과정에서 어떤 형태와 역할로 존재하느냐에 관한 문제다. 통일 유형에 따라 다양한 스펙트럼에서 존재할 것이다. 급격히 자유로운 이동이 가능한 경우에는 남북주민을 위한 자발적인 교육이나 캠프집단이 등장할 수 있고, NGO 혹은 사회복지관련 기관에서도 어떤 형태의 역할들이 나타날 수 있다. 그러나 남북통일이 흡수형으로 가는 과도적인 상황이 된다면 세계 도처에 있는 난민캠프와 같은 유형의 일상 회복을 위한 제도적 기관이 필요할 수도 있다.

남북통합 과정에서 북한주민들은 남한으로 가면 잘 살 수 있다는 초기의 환상을 가질 수 있다. 이는 후진국에서 선진국으로 이동하는 이주민들에게 보편적으로 나타나는 현상이다. 이러한 초기의 환상이 어떤 형태로 보상되지 않을 경우에 분노나 우울을 경험할 수 있다. 이북이주민들의 남한 입국초기의 환상은 지역사회 참여를 소극적으로 만드는 하나의 요인이 된다(정병호 외, 2006). 남북의 문화적, 사회적, 경제적 차이로 인한 일상성의 회복을 어렵게 할 수도 있다. 이러한 것들이 차별적이고 배제적 차원으로 이어지지 않도록 하는 전략들이 필요하다.

남북통합 과정에서는 남-북, 남-남, 북-북 주민들 간의 갈등이 나타날 수 있다. 북-북 주민들 간의 갈등도 심각할 수 있다. 이북이주민 중에 중국 장기 체류자와 소위 말하는 북한에서 바로 온 '직행'과는 여러 가지 생각과 경험의 차이가 있으며, 서로의 행동에 대해 예민한 감정을 가지고 있었다. 남북통합 과정에서도 나타나겠지만 현재 이북이주민들은 남한 주민들보다는 그들끼리의 관계에서 사기, 강압 등이 더욱 빈번하다. 왜냐하면 이북이주민들의 거주지가 밀집되어 있다는 특성, 그리고 아직까지 남한의 사회문화체계를 완전히 익히지 못하였기 때문에 남한사람들을 이용하거나 강제하는 것에는 어려움이 있기 때문이다.

또한 일반 이북이주민들은 당간부에 대해 좋지 않은 감정을 가지고 있다. 이들이 같은 지역에 거주하고 있을 경우에 나타나는 갈등을 미리 예측할 수 있어야 한다. 이는 외국의 난민 경험에서 반목한 난민들이 같은 지역에 거주할 경우에 대한 대처들(Potocky-Tripodi, 2002)을 참고해야 한다. 외국의 경우에 같은 민족이나 국가에 소속되었던 사람들이 같은 지역에 이주한 후 어떠한 경험과 형태로 살아가는 지에 관한 경험들을 파악해야 한다. 이와 같이 북-북주민들끼리 갈등이 심각하게 나타나고 사회경제적으로 하위계층들이 사는 지역으로 명명 된다면 그들만의 게토ghetto가 형성되어 문제 지역으로 남겨질 가능성이 있다.

남북통합 과정에서 남한사회가 정치적, 경제적으로 안정되지 않는 상황이 된다면 남북주민들의 갈등은 더욱 증폭될 수 있다. 독일통일에서 비롯된 경제위기는 외국인이나 이방인을 적대시하는 제노포비아xenophobia 현상이 나타났다(장명학, 2006: 326). 독일에서 나타난 제노포비아 현상이 남북통합 과정에서 어떤 형태로든 나타날 수 있다. 현재에도 외국인 노동자들에 대해 일부 나타나는 현상이지만 대규모의 탈북이나 남북통일로 인해 남한의 정치적, 경제적 위기 상황이 온다면 이북이주민들도 여기에 포함될 것이다.

통일 독일의 경우에도 동서독 주민들은 시간이 지날수록 분열과 갈등이 심화되어 오씨Ossi와 베씨Wessi의 논쟁이 나타났다. 오씨와 베씨는 독일통일 후 집단적 열광을 거치면서 나타난 동서독 주민들이 서로에 대한 집단적 갈등을 표출한 것으로 오씨는 '게으른 동독놈들', 베씨는 '역겨운 서독놈들'이란 의미다. 이는 동독 재건을 위한 경제적 부담에 서서히 불만을 갖게 된 서독 주민들이 동독 주민에게 '도움을 받고도 감사할 줄 모르는 배은망덕한 사람들'이라고 비난하는 의미와, 동독 주민들은 서독 주민들에게 '돈 좀 있다고 잘난 척하는 사람들', '돈밖에 모르는 천박한 자본주의만 배운 사람'이라는 서로 간의 부정적인 고정관념을 말한다. 남북통합 과정에서도 이러한 현상들은 충분히 예견될 수 있다. 이와 같이 남북통일 이후에 남북주민들의 접촉과 적응, 그리고 통합의 과정에서 일상성 회복을 위한 준비는 다양한 차원의 전략과 도전 과제들이 존재함을 알 수 있다.

외상으로부터의 회복

현재 이북이주민들은 이동과정에서 심각한 정신적 충격, 즉 외상trauma를 경험하고 있음을 5장에서 살펴보았다. 남북통합 과정에서도 남북주민 모두 이러한 정신적 충격을 경험할 수 있다. 특히 남북통일의 형식이 포괄적으로 흡수형과 관련되어 진다면 남북주민 모두에게서 심각한 심리적 위기를 발생시키는 외상을 경험할 가능성은 높아지게 될 것이다. 따라서 여기서는 외상적 충격을 경험한 사람들과 관계할 때 고려되어야 하는 기본 사항들을 살펴보기로 한다.

좋은 관계형성

외상적 사건을 경험한 사람들은 자신의 내적 힘을 소진할 뿐만 아니라 다른 사람과도 단절된다. 그러므로 이들은 개인내적 힘을 생성하고 새로운 사람과 지속적으로 연결을 시도해야만 외상에서 회복할 수 있다. 외상사건으로 인한 고통은 삶의 의미를 새롭게 정립하고 손상된 관계를 다시 연결하는 과정에서 점차로 감소될 수 있다. 외상을 경험한 사람들의 대인관계 회복은 자연발생적으로 나타날 수도 있지만 전문가의 원조에 의해서 수월해질 수 있다. 따라서 외상 경험의 생존자와 전문가 관계는 특히 중요하다.

외상사건의 생존자는 심리적으로 손상되고 변형되었던 타인에 대한 신뢰감, 친밀감 및 자신에 대한 창조성과 능력, 정체감을 회복해야 한다. 인간은 이러한 힘을 영유아기 부터 다른 사람과의 관계에서 형성하였던 것과 마찬가지로 외상의 회복에서도 똑같은 관계가 필요하다. 그러므로 외상사건 생존자의 회복에서 첫 번째로 중요한 것은 그 자신의 역량을 재확립하는 것이다(Herman, 1997).

생존자는 외상의 회복에서 스스로 자신의 삶을 통제하고 의미를 추구해야 한다. 전문가와 관계자들이 지지하고 애정과 보살핌을 제공할 수는 있지만 외상의 회복 자체를 만들어주지는 못한다. 한 이북이주민과의 인터뷰에서 보면 '내 절로(스스로) 아프고 내 절로(스스로) 다듬고... 그래야 되네요. 그 과정이 버겁지요'라고 하였다. 이러한 위기 상황에서 전문가는 생존자가 스스로 삶의 통제력을 회복할 수 있도록 원조관계를 형성하여야 한다.

미국의 베트남 참전 군인들에 관한 연구에서 외상후스트레스 장애를 보이는 대부분의 참전 군인들이 미국으로 돌아온 이후에 최소한 한 번 이상 정신적 문제로 병원을 방문하였다(Kulka, 1990). 남북통합 과정에서도 다양한 형태의 외상을 경험한 사람들이 병원이나 상담기관, 사회복지관 등을 찾아 자신의 문제에 대해 호소할 수 있다. 이 경우에 몇 가지 표면적 검사만 실시하고 전문가와 신뢰관계를 형성하지 못한다면 생존자의 회복을 담보하기가 어렵다. 어떤 생존자는 표면적으로는 생활상의 문제를 이야기하지만 실제로는 외상으로 인한 심리적 고통을 표현하기를 원할 수도 있으며, 혹은 자신이 정신병자로 취급될까 두려워 처음부터 솔직하게 이야기 하지 못할 수도 있다.

외상 생존자와는 시간을 두고 진지하게 경청해 주는 전문가와 조직이 필요하다. 이 과정에서 전문가는 항상 이러한 관계가 수많은 인간관계의 하나이며, 회복을 위한 유일한 관계도 아니며 가장 좋은 관계도 아니라는 것을 알아야 한다. 이때 전문가는 생존자로부터 권력을 가진 독단적인 사람이 아니라는 인식을 주는 것이 중요하다. 생존자와의 관계에서는 사적인 욕심을 없애고 중립을 유지하면서 최대한 이들의 자율성을 존중하여야 한다. 생존자와의 관계에서 중립을 지킨다는 것은 외상으로 인한 그들의 심리적 갈등에서 특정한 편을 들거나 어떠한 결정을 강요하지 않는다는 의미이다. 그러나 무조건적인 도덕적 중립성의 입장을 취하라는 것은 아니며, 남북통합 과정에서 생존자들이 경험한 인권과 같은 문제에서는 확실한 입장도 필요하다. 외상에 개입하는 전문가는 공감적 지지도 중요하지만 이성적이고 지적인 판단도 필요하다. 이러한 과정에서 치료동맹을 형성하여 외상 생존자 스스로의 회복력을 향상시켜야 한다.

외상 사건으로 공포를 경험하게 된 사람들은 치료 전문가와 같은 권위적인 인물 앞에서는 특징적인 정서반응을 보이게 된다. 이는 일반적인 치료관계에서보다도 훨씬 강력한 반응이며, 외상을 경험한 사람들의 전이 transference는 단순히 두 사람 사이의 관계를 반영하는 것이 아니라 자신에게 외상적 경험을 하도록 한 제3의 대상으로 인한 공포도 함께 존재한다 (Lister, 1982). 이들은 공포뿐만 아니라 무기력감도 동반하게 된다. 외상 사건이 발생하는 동안에 생존자는 타인의 어떤 도움도 없이 혼자 맞서서 고난을 헤쳐 나가야 할 수도 있다. 이 과정에서 이들은 버림받고 자신들이 무기력하다는 확신이 강할수록 전지전능한 구원자를 찾는 마음은 더욱 절박해 진다.

이들은 나중에 치료관계에서 전문가를 이상화하고 강한 기대를 가지고 공포의 반복 경험으로부터 보호받고자 할 수 있다. 그러나 이러한 생존자의 이상화된 기대에 전문가는 부응하지 못한다. 이때 생존자들은 외상 경험에서 느꼈던 분노가 전문가에게로 대치될 수 있다. 전쟁에서 부상을 입은 군인의 분노는 자신을 죽이려는 적군이 아니라 치료하는 아군 위생병에게 향할 수 있다. 이들은 병원에서 치료하면서 복수심을 가지며, 이 복수심은 적이 아니라 서투르게 치료한 위생병과 병원 치료자에게 향한다. 외상을 경험한 사람들은 그들을 도우려는 전문가들을 향해 분노를 느끼며 복수의 환상을 가진다(Herman, 1997).

외상을 경험한 생존자들은 다른 사람과 신뢰를 형성하는데 어려움을 겪는다. 전문가와의 관계에서도 마찬가지로 나타나서, 전문가의 능력을 믿고 의지하려는 마음과 의심과 불신감이 동시에 존재하게 된다. 만약 전문가가 자신을 도울 수 있다고 믿더라도 진정으로 자신의 외상 사건을 받아들일 수 있을지를 지속적으로 시험하게 된다. 헨딘Hendin과 하스(Haas, 1984)에 의하면 참전 군인들은 구체적인 전쟁 이야기를 듣고도 치료자가 견딜 수 있겠다고 확신해야만 신뢰감을 쌓는다고 하였다. 외상사건의 가해자가 사람인 경우에 생존자들은 도우려는 전문가들도 가해자와 비슷한 부류로 인식하고 자신들을 억압하거나 관음증적인 의도로 캐묻고 있다고 의심할 수도 있다. 반복적이고 지속적인 외상을 경험한 사람들은 도우려는 사람들도 어떠한 나쁜 의도를 가지고 접근한다고 추측할 수 있다.

이렇게 만성적인 외상을 경험한 생존자들은 그들의 대인관계와 성격구조에 왜곡을 가져 와서 자신의 외상 사건을 두려워하기도 하지만 스스로 벗어날 수 없거나 심지어 유지하려는 경향을 보일 수도 있다. 외상의 생존자들은 다른 사람들의 적대적 반응으로부터 자신을 보호하기 위해 전문가의 모든 말과 몸짓을 예민하게 관찰한다. 홀로코스트 생존자들은 치료자가 보이는 태도를 매우 민감하게 발견하고 이에 대하여 지나치게 예민하게 반응하였다(Tanay, 1986). 따라서 생존자들은 그들을 도우려는 전문가가 항상 믿을 수 있을 것이라고 생각하지 않기 때문에 전문가의 태도와 반응을 잘못 해석하거나 왜곡시킬 수 있다.

외상을 경험한 생존자들과 지속적으로 강렬하게 관계하는 전문가는 이들의 심리적 충격을 유사하게 경험하여 공포, 분노, 불안 등의 정서로 압도당할 수도 있다. 이를 외상성 역전이traumatic countertransference 혹은 간접 외상화vicarious traumatization라고 한다(최현정 역, 2007). 이는 일과성 개입이 아니라 장기적으로 외상 문제에 정서적 에너지를 투입하는 사람에게 나타나는 문제이다. 이러한 문제는 외상 사건뿐만 아니라 다른 재난이나 정신질환 등과 같은 심각한 심리정서적 상황에 지속적으로 관여하는 사람들에게 공통적으로 발견되는 현상이다. 정신과 수련 과정의 한 전공의의 회고에서 보면, 환자들의 강렬한 감정의 지속을 경험하면서 소리치며 달아나고 싶은 과정에서 용기를 배우며 그들과 동행하는 방법을 배운다고 하였다(이상열 역, 1999). 홀로코스트의 생존자들과 관계를 지속적으로 맺은 전문가들도 일관되게 보이는 정서적 고통이 있었다(Herman, 1997).

생존자의 외상 경험은 전문가로 하여금 인간의 잔인함과 알 수 없는 정서적 불안정 상황에서 자신의 취약성을 인지하면서 불안하거나 무기력하도록 만들 수도 있다. 전문가는 생존자의 능력을 과소평가하며 신뢰관계를 유지하지 못하거나 희망이 없는 상태로 간주해버릴 수 있다. 이를 극복하기 위해서 전문가들은 때때로 자신을 전지전능한 구조자로 인식하기도 한다. 만약 전문가가 외상 경험 생존자의 모든 문제를 해결하고 그들의 어려움을 자신과 동일시하여 공사를 구별하지 못한다면 이것도 외상성 역전이의 한 측면이라고 할 수 있다.

외상을 경험한 사람과 지속적으로 관계하는 전문가는 자기 내면의 분노, 혐오, 경멸, 연민 등을 만나게 되며, 이러한 영향으로 분노의 표출, 우울증의 발현, 방임과 유기하고 싶은 욕구는 모두 자신의 문제가 증상으로 나타난 것이다. 난민들의 경우에 모국에 있는 가족 또는 이동과정에서 자신만 살아남은 것에 대한 '생존자 죄책감'을 경험할 수 있다. 이와 유사하게 전문가는 '목격자 죄책감'을 보일 수 있다. 이는 난민이 경험했던 고통을 자신은 면했다는 사실만으로 전문가가 죄책감을 느끼는 것이다. 그 결과 일상적인 편안함과 즐거움을 느끼지 못하고 난민에 대한 개입이 충분하지 못하다고 자신이나 사회를 비난하거나 원망하며, 자신의 일상생활을 포기하고 난민의 문제를 해결하기 위해서 헌신하는 태도를 보일 수도 있다.

생존자의 외상으로부터 회복은 일직선으로 진행되는 것이 아니라 수개월, 수년 심지어 평생 동안 회복과 악화를 변증법적으로 반복할 수 있다. 이 과정에서 전문가가 정서적 균형을 지속적으로 유지하는 것은 쉽지 않다. 외상의 치료에서 전문가가 정서적으로 압도되는 것을 피하기 위해서 생존자의 현실을 의심하고 부정하고, 해리dissociation나 둔감화 반응을 보이고, 외상 단서를 축소하거나 회피하고, 전문성을 빌미로 거리를 두려하고 드러내 놓고 환자를 버리는 반응 등이 있다(최현정 역, 2007). 따라서 외상에 관여하는 전문가는 주기적이고 구조화된 멘토 체계와 지지집단을 확보해야 한다. 이러한 집단에서는 외상과 관련된 전문적인 도움과 정서적인 반응을 표현하고 다룰 수 있는 자리가 되어야 한다.

남북통합 과정에서 외상을 경험한 사람들과는 1차적으로 좋은 관계를 형성하는 것이 중요하다. 왜냐하면 이때 경험하는 외상들은 사람에 의한 것일 가능성이 높기 때문이다. 외상을 경험한 사람들에 대한 관여는 주로 전문가 집단에서 이루어지지만, 주위에서 인간관계를 실질적으로 하는 근린지역 주민들도 포함될 수 있다. 따라서 외상을 경험한 사람들과의 관계에서 가장 중요한 기본 태도는 사람, 즉 사회를 믿게 하는 것이 우선이어야 한다. 더불어 그들의 외상에 전문가뿐만 아니라 주위의 이웃들도 압도당할 수 있으며, 또한 다양한 반응으로 자신의 의도와 상관없이 고통을 받을 수도, 줄 수도 있음을 알아야 한다.

외상 회복의 단계

다른 심리사회적 위기와 마찬가지로 외상의 경우에도 회복은 크게 3가지 방향으로 흐르게 된다. 첫 번째는 외상 경험자가 이전의 기능상태 정도로 회복하는 것이고, 두 번째는 이전의 기능 상태로까지 회복하지 못하고 어느 정도의 생물학적, 심리적, 정신적, 사회적인 장애를 가지고 삶을 살아가는 상태가 된다. 마지막은 외상의 위기를 통하여 자신의 삶을 재발견하고 통찰하여 보다 향상된 인격체로 성장하는 것이다. 외상의 회복은 세 번째가 가장 의미 있다고 할 수 있지만, 많은 경우에는 첫 번째와 두 번째의 과정을 거치게 된다고 할 수 있다. 이러한 회복의 과정을 많은 학자들이 단계적으로 구분하였지만, 외상의 회복이 단선적이지 않고 나선형으로 진행되기 때문에 반드시 시간 순으로 파악하는 것은 바람직하지 않다.

스커필드(Scurfield, 1985)는 전쟁 외상을 경험한 사람들의 회복과정을 신뢰감 형성과 스트레스 교육단계, 외상경험의 재체험 단계, 외상경험의 통합 단계로 구분하였다. 브라운Brown과 프롬(Fromm, 1986)은 외상후스트레스 장애의 회복과정을 안정화 단계, 기억의 통합 단계, 자기의 발달과 욕동의 통합 단계로 구분하였으며, 허맨(Herman,1992)은 안전 단계, 기억과 애도 단계, 재 연결의 단계로 구분하였다. 이를 바탕으로 외상의 회복 과정을 안정화, 외상의 재 체험과 애도의 과정, 삶의 의미와 관계 회복의 과정으로 구분하였다.

안정화

① 맥락 파악하기

남북통합 과정에서 생존자의 외상은 긴장의 지속으로 증상이 위장되어 있을 가능성이 높다. 생존자의 외상후 증후군의 위장된 현상은 신체적 증상, 만성적인 불면과 불안, 지속되는 우울 및 대인 관계의 문제로 나타난다. 이 과정에서 생존자에게 외상 사건으로 파괴되었던 인류애와 이타심을 회복하도록 하는 것이 필요하다. 또한 자신에게 발생한 외상 사건을 올바르게 이해하고, 그러한 외상 사건을 경험한 인간들이 공통적으로 경험하는 증상(문제)들을 교육을 통해서 확인시키는 것이 필요하다. 이러한 교육을 통하여 외상후 증상에 대한 두려움을 줄일 수 있으며, 적절한 대비책도 강구할 수 있을 것이다.

생존자가 외상후스트레스 장애로 고통 받고 있다면 충분한 정보를 제공하고 이와 유사한 경험을 하는 사람들과 집단적 교류를 통하여 자신만의 문제가 아니며, 결코 미쳐가는 과정이 아니라는 것을 확인시킬 필요가 있다. 만성적인 외상 경험을 한 사람들에게는 그러한 경험이 그들의 성격구조를 변형시킬 수 있다는 것을 설명하는 것이 필요하다. 외상 생존자들은 자신이 경험하는 무기력, 불안, 불면, 알코올중독 등이 발생하는 이유를 정확하게 인지하게 된다면 그들은 훨씬 안심하게 된다. 그리고 이러한 문제는 모든 외상을 경험하는 사람들에게 공통적으로 발생하는 사실이라는 것을 확인하게 된다면 도움을 받아들이는 용기를 보일 것이다. 생존자들이 자신의 어려움을 표현하고 도움을 요청하는 것은 허약하다는 신호가 아니라 회복을 위한 단계를 밟아 나가는 것이라고 할 수 있다. 아래는 외상을 경험한 생존자를 위한 CVTThe Center for Victims of Torture의 <외상 생

존자를 위한 정신건강교육 프로그램>을 설명한 것이다.

외상 생존자를 위한 정신건강교육 프로그램

- 외상성 증상 바로알기: 외상 이후에 나타나는 증상들은 외상 사건과 연관되어서 나타난다. 그러나 외상 이후의 증상들은 명확하게 겉으로 보이지 않는 경우도 있으며, 일차적으로 가족들이 변화된 행동과 정서를 확인할 수 있다. 외상으로 인한 증상은 가족이나 다른 사람과의 관계에 중대하게 영향을 미치고, 외상의 생존자들은 그들의 세계관, 인간관과 신념이 외상 사건으로 인해서 크게 변화된다. 어쩌면 그들은 외상을 경험하기 이전에 느꼈던 신뢰감과 연결감을 다시 느끼지 못할 수도 있다. 그러나 중요한 것은 외상 경험이 그들의 정서와 신체에 미치는 영향을 이해하는 것이 필요하다. 외상의 생존자들에게 그들이 비정상적이거나 미쳐가고 있거나 나약하지 않다는 것을 인식시켜 주는 것이 회복에 도움이 된다. 그들에게 나타나는 증상들은 극단적 스트레스 상황에서 인간 누구나 똑같이 경험하게 되는 현상이라는 사실을 확실히 알려주어야 한다. 그 증상들은 외상에 대한 생각과 이미지가 반복적으로 떠오름, 외상과 관련된 악몽, 심각한 정서적 스트레스와 외상을 각인 시키는 대상(물건, 이미지)에 심리적으로 불안한 반응, 이유 없이 누군가가 지켜보고 있다는 느낌, 과민한 놀람 반응, 쉽게 화를 잘 냄, 집중이나 단기 기억에서 장애를 보임, 다른 사람들과 멀어져 있다는 느낌, 무감각한 감정, 기쁨이나 흥미의 부족, 우울한 기분, 식사 문제, 에너지와 동기의 부족, 희망이 없는 느낌, 자살 사고, 외상을 다시 기억나게 생각이나 상황의 의도적 회피 등과 같다.
- 외상 이후 증상의 경과 과정: 외상적 증상의 정도와 과정은 다양한 요인에 영향을 받는다. 외상 사건을 오래 경험한 사람들 일수록 증상이 나타나는 기간도 장기간이다. 아동기에 외상을 경험한 사람들은 외상의 회복기간도 길어진다. 따라서 아동기 이전에 외상 경험이 없고 정상적 발달과정의 사람들은 예후가 좋은 편이다. 또한 외상 사건을 경험한 이후에 반복적으로 증상이 나타난다면 그 기간도 길어지게 된다.
- 정신보건서비스의 낙인에 대한 대처: 일반적으로 정신보건서비스를 받는 것에 대한 두려움이나 사회적 낙인이 존재한다. 생존자들이 정상적인 외

상에 대한 대처를 하는 것도 그들이 소위 '미친' 정신병을 가진 사람이라고 낙인찍힐 수 있다. 따라서 외상 생존자에 대한 교육은 정신적 대처에 대한 그들의 문화와 생각을 존중해야 한다. 외상의 생존자들은 전문가들이 고통을 감소시키고 빠른 회복을 시켜준다고 믿을 때 희망을 가지게 된다.

•약물치료: 외상을 경험하였다고 하더라도 정신과 약물을 복용하는 것에 대한 거부감은 대체로 큰 편이다. 외상을 경험한 생존자들이 생물학적 개입에 대해 부정적인 입장을 이해하고 설명해야 한다. 또한 약물치료가 필요 없는 경우에 지나치게 약물에 의존하는 것도 바람직하지 않다.

•부가적인 스트레스: 외상에 영향을 미치는 부가적인 심리사회적 스트레스를 이해하는 것이 필요하다. 남북통합 과정과 같이 다른 지역으로 이주하는 경우에는 새로운 문화를 배우는 스트레스, 사회적 또는 가족적 네트워크의 부족, 재정적 또는 직업적 어려움, 법적 지위의 안정성, 남겨진 가족에 대한 걱정, 이전 사회적 지위의 상실, 가족 구성원들의 역할 변화 등이 발생할 수 있다.

•외상, 스트레스, 신체적 증상의 관계: 외상을 경험한 생존자들은 원인이 밝혀지지 않은 고통과 심리적 문제들로 인해 어려움을 겪는다. 이러한 신체적 증상들은 정서적 문제와 연관되어 있을 가능성이 매우 크다. 또한 원인을 알 수 없는 고통과 신체적 증상은 기아, 전염성 질환, 뇌 손상, 신체적 폭행 그리고 다른 치료받지 못한 만성질환에 기인할 가능성도 있다. 생존자들에게 심리사회적 스트레스와 고통 및 신체적 증상은 상관이 높다는 것을 인식시키는 것도 중요하다.

출처: www.cvt.org

② 내적 통제력 회복하기

외상과 같은 심리적 문제로 고통 받는 사람들은 그러한 정서에 압도당해서 자신의 일상적 삶을 살아가는 힘을 빼앗기게 된다. 즉 자신이 안전하지 못하며(다른 사람과의 관계에서도 마찬가지), 감정과 생각이 자신의 통제 너머에 있는 것으로 느낀다는 것이다(Herman, 1997). 생존자가 외상으로부터 회복하기 위해서는 자신의 삶에 대한 스스로의 통제력이 존재한다고 인식할 때 가능하다. 그러나 이러한 통제 능력의 회복은 자신이 내외적으로 안전하다는 확신을 가질 때 서서히 나타나는 것이다.

남북통합 과정의 외상 생존자를 위한 안정화는 생리적인 조절과 사회적으로도 안전하게 만드는 것이 동시에 추진되어야 한다. 외상을 경험한 자신의 삶에 통제 능력을 확보하기 위한 생리적 조절은 기본적으로 건강에 주의를 기울이고, 수면, 운동 등의 신체적 기능을 적절하게 하고 외상으로 인한 일차적 또는 이차적 증상들을 통제하는 것을 말한다. 사회적으로 안전을 확보하기 위해서는 지역사회 생활이 안정되어야 하며, 경제적인 안정과 자유로운 이동과 활동이 보장되는 동시에 사회전체의 지지적 환경이 조성되어야 한다(Herman, 1997).

남북통합 과정의 외상 생존자들의 경우에도 일차적으로 기본적인 의식주를 안정되게 지원하여야 한다. 이를 통하여 수변과 같은 생리적 리듬을 안정화 시키고 과민감성과 외상 침투증상을 감소시키도록 하여야 한다. 증상이 심각한 경우에는 약물치료도 가능하지만 생존자들이 의존하도록 하는 것이 아니라 여러 방법 중에 하나로 선택하도록 해야 한다. 이를 통하여 스스로의 회복력을 지속적으로 강화할 수 있어야 한다. 이후 생존자들은 지역사회가 지지적이라는 인식을 하는 것이 필요하고 기본적인 경제적 안정이 무엇보다도 중요하다. 사회전체에서 보면, 외상 사건의 회복률은 사회보장제도가 안정적인 나라에서 높다는 연구들이 있다(Schiraldi, 2000). 이와 같은 안전을 바탕으로 점차적으로 자신의 삶을 스스로 통제하고 조절하는 능력을 가지게 되는 것이다.

안정화 단계에서는 전문가가 지나친 욕심을 가지는 것은 금물이다. 이 과정에서는 생존자들 자기 자신이 내외적으로 안전하다는 인식을 가질 수 있는 환경을 마련해 주는 것이 가장 중요하다. 생존자들은 자신의 외상을 하루 빨리 해결하기 위해서 그들의 경험을 단편적으로 격렬하게 쏟

아 내어 단 한 번의 카타르시스로 모든 문제를 없애려고 시도할 수도 있다. 이러한 시도의 효과는 크지 않아 실망하게 되고 전문가를 원망할 수도 있다. 또한 생존자의 외상을 전문가가 과소평가하거나 현재의 문제를 축소한다면 이들은 그렇지 않다는 것을 보여주기 위해서 극적인 행동을 보일 수도 있다. 생존자들이 경험한 외상 사건은 쉽게 망각 속으로 사라지지 않는다. 자녀를 잃은 생존자들은 자식의 생일날 잊고 지냈던 외상 사건이 강렬하게 재생되어 고통을 안겨 줄 수 있다. 시간이 지나면서 생존자들은 외상에서 벗어나서 새로운 생활에 성공하였다고 하는 순간에 다시 과거의 기억과 고통으로 이동하게 되는 과정을 반복할 수 있다. 이는 회복으로 가는 지극히 정상적인 과정이라고 할 수 있다. 외상을 경험한 난민들을 위한 자가 대처 전략을 남북통합 과정에서 활용할 수 있을 것이다.

<외상에 대한 자가 대처 전략>

•내적 탄력성 회복하기: 외상을 경험한 생존자들도 이전에는 개인적으로 잘 기능하였고 삶을 적절하게 살았다. 따라서 생존자의 강점과 이전의 성취를 자극하는 것이 필요하다. 현재의 문제보다도 미래의 계획과 목적에 보다 초점을 맞추고 개입하여 개인 스스로가 가진 능력을 일깨워 주는 것이 중요하다.

•신체적 활동: 생존자들에게 신체와 정신건강의 관련성을 설명하고 매일 활동의 중요성을 인식시켜야 한다. 외상의 회복도 신체적 활동으로 기간을 단축시킬 수 있으며, 수면과 기분을 안정시키는데도 기여한다.

•이완 기법: 생존자들이 이완 기법들을 익히고 활용한다면 외상성 증상으로부터 회복하는데 도움이 될 수 있다. 예를 들면, 대화하면서 걷기, 정원 가꾸기, 목욕하기, 음악듣기, 점진적인 근육 이완 그리고 녹음테이프를 통한 구체적인 이완 방법에 따라 수행하기 등이 있다.

•영성과 종교: 생존자들의 외상 경험으로부터의 회복은 그들의 영성과 종

교에서 강력한 영향을 받는다. 따라서 외상에서 회복하려는 생존자들을 위해서 종교 지도자와 종교단체의 도움을 받는 것도 중요하다.

•삶의 의미를 회복하기: 외상은 이전의 개인적 신념을 흩트리고 삶의 의미를 상실하게 한다. 생존자들도 개인적 삶이 안전하다고 확신하며 새로운 목적을 세워야 한다. 이러한 과정을 만들기 위해서는 다양한 방법이 있겠지만 자원봉사 경험을 활용하거나, 정치적 활동이나, 이웃주민의 삶을 개선하겠다는 목적도 의미가 있을 것이다.

•고용과 습관: 외상을 경험한 생존자들은 무조건 지역사회에서 고립되어 안정을 취하는 것은 오히려 증상을 악화시킬 수 있다. 다른 사람과 연결되어 있다는 것을 확인할 수 있게 일상적 일을 가지는 것이 중요하다.

•사회적 연결 강화하기: 생존자들이 다른 사람들과 건강한 관계를 유지할 때 외상으로부터 빠른 회복을 기대할 수 있다. 특히 가족구성원이 없는 생존자들의 외상 회복을 위해서는 지역사회 지지가 무엇보다도 중요하다.

•부적절한 대처 피하기: 생존자들이 외상으로 인해 나타나는 불면, 불안 등에 대처하기 위해서 알코올이나 약물을 남용하지 않도록 해야 한다. 이러한 것들은 초기에는 유용할지 모르나 장기적으로 또 다른 문제를 일으키게 되는 것이다. 다른 사람과의 고립도 외상을 경험한 사람들의 일반적 대처이지만 이것이 장기화된다면 회복의 큰 장애물이 된다. 또한 생존자들은 외상에 기인한 의심의 증가, 사회의 불신, 부정적 인식의 증가 등으로 사회활동에 문제를 보일 수 있다.

•외상을 연상시키는 노출 감소하기: 생존자들은 그들이 경험한 외상적 상황과 유사하게 노출되면 스트레스가 극심해지고 다시 증상이 나타날 수 있다. TV에서 자신의 외상 경험과 유사한 장면이 나오는 경우에 다시 그 당시의 외상이 재경험될 수 있으며, 자식을 잃은 경우에는 아이들과의 접촉에서도 스트레스를 경험하기도 한다.

출처: www.cvt.org

재구성과 애도

① 생애과정으로 재구성하기

생존자의 외상 사건은 그들의 생생한 체험을 깊이 있고 완전하게 이야기하여 자신의 삶의 일부분으로 만들어져야 한다. 외상의 과거가 현재를 지속적으로 붙들고 있는 것이 아니라 외상의 경험을 자신의 삶에 통합하는 과정을 겪어야 한다. 이를 위해서는 외상 사건을 그대로 다시 실제적으로 이야기하며 재구성하는 것이 필요하다. 그러나 이러한 외상의 공포를 다시 직면할 것인지 묻어둘 것인지에 대해서는 생존자가 스스로 결정해야 한다. 또한 과거의 기억을 불러내고 직면하면서 겪을 수 있는 불안과 고통의 수준이 견딜 수 있는 정도를 넘어선다면 일시 중단하거나 장기간 진행하지 않아야 한다.

외상 사건을 경험한 사람들은 전후 맥락을 정확하게 이해하는 것이 필요하다. 이는 자신의 과거와 현재를 연결하여 생애전체의 흐름을 균형적으로 재조정하는 것이 된다(최현정 역, 2007). 생존자들이 그들의 외상을 모든 감각을 동원해서 점점 깊숙하게 접근하면서 이야기 한다는 것은 쉬운 일이 아니다. 전문가들도 마찬가지로 이들의 이야기에 압도되거나 외상의 재체험이 다시 이들의 고통을 증가시키는 것이 아닌지 고민할 수도 있다. 외상에서 나타난 그대로의 이미지와 신체적인 감각을 포함하지 않는 이야기는 힘이 없고 불완전하다(McCann & Pearlman, 1990). 생존자들은 외상 사건에서 일어난 일들만 재구성하는 것이 아니라 그 때 무엇을 느꼈는지도 표현해야 한다. 그러나 이 과정은 고통스러울 수도 있고 정서적인 위기를 가져올 수도 있다. 이때 전문가는 이러한 문제들을 미리 예견하고 안전한 느낌으로 생존자 자기 자신의 감정과 생각을 지속적으로 표현할 수 있도록 해야 한다.

외상을 경험한 난민들은 시간이 지나면서 왜 자신만, 자신의 가족과 민족 또는 인종만이 이러한 경험을 해야 하는지에 의문을 가지며 원망하게 된다(Bemark et al., 2003). 이주과정에서 희생된 가족과 동료들에 대한 죄책감을 가지고 살게 된다. 또한 지금까지 자신이 믿고 의지했던 신념들과 의미, 정의에 대한 혼란으로 당혹하게 된다. 이 과정에서 생존자는 이전의 외상적 사건들과 인간성에 대한 궁극적 물음, 자기에 대한 새로운 도전, 그리고 신체적이고 감정적 변화에 대한 고통과 직면하는 과제를 동시에 해결해야 한다. 전문가는 이러한 생존자의 이야기를 경청하면서 이들이 잃어버리고 혼란스러운 조각 기억들을 맞추면서 스스로의 통제 능력을 회복하도록 도와주어야 한다. 그러나 모든 심리적 충격의 회복과정과 마찬가지로 완전하게 그 과정을 이해할 수도 없으며, 그들이 견딜 수 있는 만큼만 탐색하면서 모호한 삶을 살아갈 수 있는 방법을 체득해야 한다. 생존자의 외상적 경험을 이야기 하는 것이 수치의 재경험이 아니라 인간 존엄성을 회복하는 것이 되어야 한다.

② 애도하기

생존자의 외상 이야기의 재구성을 통해서 침투와 과민감성 증상은 개선될 수 있지만 사회적, 직업적 그리고 가족적 문제는 변화되지 않을 수도 있다. 또한 외상을 재구성하는 과정에서 기억 너머에 있는 생존자의 공포와 직접 대면하는 일도 쉬운 일이 아니다. 이와 마찬가지로 이동 과정에서 가족구성원을 상실하였을 경우에 생존자들은 악몽이나 플래시백 증상을 쉽게 포기하려고 하지 않을 수 있다. 이러한 증상에는 상실한 가족구성원과 연결된 끈을 놓지 않겠다는 상징적인 의미이거나, 미해결된 죄책감을 표현하며 애도하는 과정일 수도 있다.

외상 사건의 생존자들은 애도하는 것이 너무나도 힘들기 때문에 복수 환상, 용서 환상, 보상 환상과 같이 위장되어 나타난다(Herman, 1997). 그러나 이러한 분노의 표출이 외상 사건에서 회복력을 가지는 것이 아니라, 오히려 본래의 외상만큼 그들을 괴롭히거나 공포와 불안을 악화시킬 수 있다. 복수 환상과 반대되는 용서 환상도 분노를 우회적으로 표현하는 것이다. 보상 환상은 난민에게 자주 나타나는 문제이다.

생존자들은 애도 과정을 통하여 아직까지 남아 있는 생명과 창조의 힘을 발견하고 사용하여야 한다. 생존자의 애도 기간은 정해져 있지 않으며, 고통과 일상이 반복될 수 있다. 많은 시간이 지나고 나면 외상 사건도 자신의 과거 일부가 되어서 이전만큼 그 경험이 감정과 사고를 강렬하게 자극하지 않을 것이다. 그러나 초기에 생존자들은 외상 사건이 영원히 자신에게 분리되지 않을 것처럼 일상의 공포와 불안 속에 머물러 있을 것이다. 그리고 날마다 외상이 생각나고, 두렵고, 슬프고, 잊기 위한 고통스런 과정을 반복해야 할 것이다. 그러나 생존자 자신과 전문가 그리고 지역사회가 새로운 힘을 찾는다면 결코 외상이 이들 삶의 중심에 있지 못할 것이다. 점차로 생존자들의 외상은 과거의 경험이 되고 미래를 바라보면서 현재를 있는 그대로 받아들일 수 있도록 하는 어떤 축적물 중의 하나가 될 것이다.

삶의 의미와 관계 회복

① 삶의 의미 재발견

외상의 경험은 지금까지의 인생에 의미를 주었던 신념체계들을 뒤흔들게 된다. 이들은 전혀 다른 세계를 경험하는 것이며, 여기에 인간 존재를 새롭게 조명해야 하는 외상적 사건도 겪었다. 시간이 지나면서 신체적, 심리적, 대인관계에서 알 수 없는 변화와 고통을 체험하며 무력감과 고립 속에 있는 자신을 발견하게 된다. 이 과정을 회복하면서 생존자들은 나는 누구인가, 인간의 존재 의미는 무엇인가, 죽음이 어떠한가, 나와 죽음은 무슨 관계인가와 같은 인간으로서 답 없는 질문을 던질 수 있다. 또한 지금까지 자신이 생각해 왔던 삶의 방식, 정의, 대인관계 문제 등이 전혀 다른 방식으로 흘러가거나 인지된다. 이러한 변형된 삶의 방식의 혼란 속에서 생존자들은 자신의 신체, 주변 환경, 경제적 문제를 해결하면서 주위 사람들과 새로운 관계를 형성해 나가야 한다.

② 자신을 보살피기

생존자들이 회복의 힘을 가지기 시작하면 과거와 같이 외상에 압도되어 무기력과 고립 속에서 자신을 방치하지 않는다. 자기 자신을 주체적으로 인정하고 과거를 이해하고 외상 사건을 바르게 인지하고 미래를 생각하게 된다. 생존자들이 외상에 속박되지 않고 자신을 찾아가는 과정에는 공포와 두려움에 부딪힐 수 있는 용기가 필요하다. 이 과정에서 생존자들은 자신의 긍정적 측면을 확인하고 외상으로 인하여 자신이 치른 대가를 이해할 수 있을 것이다.

③ 세상과 연결하기

생존자들이 외상에서 벗어나거나 치유되어 간다는 표시는 외부환경에 대한 접촉이다. 생존자들은 외상의 공포에서 벗어나면서 두 가지 형태를 나타낼 수 있는데, 사회와 부딪히거나 도망가는 것이다. 또 다른 위험을 회피하기 위해 자신 속으로 숨거나 위축되어 지내는 시간이 길어질수록 외상의 회복은 느려지거나 다시 반복될 것이다. 보다 적극적으로 사회에 부딪히는 것이 개인적, 사회적 생존에 유리하다. 외상을 경험한 생존자들은 기본적 신뢰를 상실하여 고통 받은 사람들이다. 이들의 변화의 시작은 이웃과 관계를 맺으려는 의지와 인간에 대한 신뢰감을 회복하여 관계에서 긴장감이 이완되어 안정감을 가질 때 가능하다. 또한 생존자들이 다음 세대의 문화 전수자로서 자녀들의 교육과 삶에 대한 목표의식을 가지는 경우에는 이미 세상을 향한 연결을 시도하고 있는 것이다.

④ 외상과 함께 살아가기

생존자들은 시간의 흐름 속에서 개인적 과거로 외상 경험을 통합하고 살아간다. 어떤 시점이나 사건 속에서 외상은 다시 재현되거나 공포로 다가올 수도 있지만, 또 다른 개인적이고 사회적인 힘으로 삶을 지속하게 된다. 모든 외상 사건이 삶에 의미를 부여하고 긍정적으로 작용한다고 할 수는 없다. 인간이 경험할 수 있는(어쩌면 경험하지 않아도 되는) 확률이 미미한 사건을 삶의 과정에서 만난 것뿐이다. 따라서 그 경험은 자신에게 영원히 분리되지 않으며 함께 해야 한다.

하비(Harvey, 1990)는 외상적 경험으로부터 회복을 위한 다음과 같은 일곱 가지 기준을 제시했다(Herman, 1997에서 재인용). 첫째, 본인이 외상후스트레스 장애 증상을 어느 정도 감당할 수 있다. 둘째, 외상 사건을 기억하더라도 정서적으로 견딜 수 있다. 셋째, 외상 사건에 대한 기억을 본인이 어느 정도 통제할 수 있다. 넷째, 일관된 정서와 기억으로 외상 사건을 바라보고 있다. 다섯째, 외상으로 손상된 자존심이 회복되었다. 여섯째, 대인관계의 회복이 확연하게 나타난다. 일곱째, 외상 전체를 일관되게 바라보고 이해할 수 있다. 따라서 생존자들이 외상과 관련된 문제를 완벽하게 해결하거나 없애기를 바랄 수는 없다. 어떤 생존자는 평생 동안 외상이 삶에 의미 있게 작용할 것이다.

생존자들의 충격적인 과거 경험은 현재의 삶에 의식적으로나 무의식적으로 영향을 미칠 수밖에 없다. 모든 사람은 과거와 단절된 현재가 있을 수 없으며 현재와 관련 없는 미래도 설명하기 어렵다. 다른 모든 사람들과 마찬가지로 생존자들은 그들의 상황과 이야기를 간직한 채로 살아갈 수밖에 없다. 그 과정에서 그들 스스로의 창조적 힘과 이성적 노력도 필요하며 사회적 지지와 지원도 중요하다. 외상적 경험은 개인적 힘을 바탕으로 삶의 의미를 재확인하고 목적의식을 가질 때 회복과 연결될 수 있을 것이다. 또한 그들의 내적 의미의 중요성과 마찬가지로 외부적으로 다른 사람 또는 사회와의 관계가 무엇보다도 필요하다. 외상으로부터의 회복은 개인의 내적 의미의 재발견과 사회가 안전하게 자신과 연결되어 있다는 사실을 인지하고 경험할 때 가능할 것이다.

공존의 토대 3: 남북통합 중심

여기서의 남북통합 주제는 심리·사회·정치·경제·문화적 통합의 내용을 다루고 있지는 않으며, 남북에서 발생할 수 있는 대규모 인구이동으로 인한 심리사회적 위기에 초점을 두었다. 이는 남북주민들의 상생과 공존을 위해 심리적, 지리적, 사회적, 문화적 통합으로 이어지는 과정에서 초기의 상황을 다루었다고 할 수 있다.

남북통합 과정에 나타날 수 있는 남북주민의 심리사회적 위기를 생존, 연결 그리고 회복의 차원으로 구분하여 남북주민의 통합을 위한 방향과 전략을 제시하였다. 또한 남북통합의 과정은 심각한 혼란 상황이 될 수도 있다는 가정 하에 정신적 충격의 문제도 다루었다. 남북은 개인적 수준, 사회체제뿐만 아니라 문화에서도 상당한 차이가 나타나고 있다. 따라서 남북통합 과정에서 남북주민들의 함께 살아가기는 다양한 영역에서 충돌을 일으킬 수 있다. 남북주민들에게 똑같은 세계관과 가치관을 강요할 수도 없을 것이며, 한쪽의 사회체제로 완벽하게 재정비하기도 어려울 것이며, 한쪽의 문화를 남북주민들에게 동화assimilation라는 관점의 정책을 펼치는 것도 한계를 지니게 될 것이다.

독일의 경험에서와 같이 남북통일이 일시적 열정으로 끝나고 지속적으로 일상의 부정적 상황만 부각된다면, 남북주민들의 혼란과 갈등은 더욱 심각해질 것이다. 남북주민들에게 성급한 통합정책보다는 일상의 삶 자체가 이전보다 나아지고 있다고 판단하도록 접근해야 한다. 남북통합 과정에서 남북주민들의 생활욕구가 무엇인지를 확인하는 것이 중요하다. 단지 이전까지의 남북 차이를 부각시키거나, 통합을 위한 거시적 논란만으로는 실제적 진전을 가져올 수 없다. 남북주민들이 남북통합 과정에서 발생할 수 있는 일상의 위기를 확인하고 새로운 일상성을 보다 안정적으로 회복할 수 있도록 준비하는 것이 중요하다.

11장:

또 다른 선택 함께하기

> 국내외 전문가들은 유럽이나 미국 내의 난민과 관련 있는 시민단체 등과 협력하여 보다 적극적으로 탈북난민들에게 관심을 가질 수 있도록 이슈들을 지속적으로 제기하고 공동 노력해야 할 것이다. 이와 동시에 북한을 떠난 북한주민들이 왜 남한보다는 다른 나라를 선택하며, 혹은 한국에서 정착하다가 유럽이나 미주 지역으로 다시 떠나는지를 점검할 필요가 분명히 있다.

남한 이외의 선택: 미국의 경우

1990년대 중반이후부터 북한을 떠나 전 세계로 이주하는 이북이주민들이 점차 늘어나고 있다. 현재 이북이주민들이 가장 많이 거주하고 있는 곳은 중국이지만 이들은 불법체류자이거나 무국적자의 신분으로 생활하고 있다. 이러한 삶의 불안정으로 인해 중국의 이북이주민들은 남한으로 새로운 이주지를 선택하고 있다.

남한에 이주 한 후 이북이주민들은 또 다시 탈남하여 영국, 독일 등의 유럽이나 캐나다와 미국 등의 나라로 이동하기도 한다(김국신 외, 2010; 39). 과거 이들은 남한 입국(이북이주민들이 남한으로 이주하게 되면 일정 기간 조사 후 남한주민이 되기 때문에 이후 특별한 경우가 아니면 타국에서 난민 신청 자격을 상실하게 됨)을 숨기고 난민으로서 자격을 인정받기도 했지만 최근에 심사가 까다로워지면서 불안정한 체류를 하거나 추방당하기도 한다.

미국은 전체 국제이주민의 20%가 정착하는 나라이며 이주민들에게 기회와 약속의 땅으로 알려져 있다. 이북이주민의 경우에도 2006년부터 난민으로서 인정을 받아 2015년 12월 말 현재 186명이 미국에 거주하고 있다(Voice of America, 2016). 이들은 미국에 새로운 희망과 기대를 가지고 입국하지만 실제적 일상생활에서 여러 가지 어려움에 직면하게 된다.

아직 소수이기는 하지만 미국 적응과정의 극단적 사례들이 등장하고 있다. 2006년 미국의 첫 번째 탈북난민(미국 등 한국 이외의 국가로 이주한 이북이주민들을 탈북난민으로 지칭하고자 함)으로서 인정받은 신요셉의 자살, 그리고 2011년 6월에는 미국 거주기간이 1년 6개월 지난 탈북난민 부부의 부인 살해와 자살 등이 나타나고 있다(미주한국일보, 2011). 현재까지 미국에 합법적으로 거주하고 있는 탈북난민들은 180여 명에 불과하기 때문에 적응이슈에 대한 관심이 국내외에서 활발하지는 않다. 그러나 이들의 삶에 대한 관심은 인간 이타심의 발현을 넘어 새로운 정치·경제·사회·문화적 이슈를 제기하는 동시에 주변환경의 변화에 대해 민감하게 반응하는 것이 된다.

미국에 거주하는 탈북난민들의 삶의 맥락에 대한 이해를 바탕으로 이들의 적응 과정에서 이루어지는 국내외 수준의 정책적 방향을 점검할 필요성이 있다. 한국의 경우에 이북이주민들에게 집단 거주지를 제공하고 있지만 미국은 분산 배치를 기본 정책으로 삼고 있다. 따라서 미국 탈북난민에 대해 집단적이고 일반화를 기본으로 하는 연구방법을 선택하기에는 어려움이 있다. 이러한 경우에 유용한 연구방법은 질적 연구방법 중의 하나인 사례연구case studies다. 따라서 미국에 거주하는 탈북난민의 사례연구를 통해 이들의 사회문화 적응 과정과 개인적, 관계적 상황 및 이슈들을 탐색할 수 있을 것이다. 우선 미국의 이주 역사와 미국이민 한인의 적응 상황을 간략히 살펴보기로 하자.

미국으로의 이주

이주 역사

현재 이주민으로 분류되는 인구는 지구 인구의 약 3%를 차지하는 2억1천만 명에 이른다. 이 가운데 선진국에 거주하는 이주민은 1억 2천만 명에 이르며, 개발도상국에는 8천6백만 명이 거주하며, 가장 많은 이주민 수용국인 미국에는 4천2백만 명이 거주하고 있다(UN, 2010). 미국의 경우에 1990~1995년 기간 처음으로 연평균 이주민 100만 명을 기록한 이후 2000년대까지 이러한 흐름은 이어지고 있다(이용승, 2008: 62).

미국으로의 이주 역사는 대략 다음과 같은 네시기로 구분해 볼 수 있다(조화성, 2004: 72~74). 첫 번째는 1820년 이전의 시기로서 영국인들을 비롯한 서유럽으로부터의 이민이 주류였던 시기이었다. 따라서 이들에 의해 미국은 영국형의 사회로 구성되었다. 이는 미국이 이민으로 이루어진 국가라는 반증인데, 인적 구성이 이민으로부터 시작되었고 이들에 의해 국가의 구조적 형태가 만들어졌으며, 그것을 토대로 미국의 정체성이 구성되어 왔다.

두 번째는 1820년에서 1860년까지의 아일랜드 이민의 극적인 확대가 이루어진 시기이고, 세 번째는 1860년부터 1914년 1차 세계대전 발발까지의 시기로써 대규모의 남동부 유럽 이민과 수십만 명 규모의 아시아계 이민이 이루어진 시기이다. 1914년과 1965년까지는 이민의 휴지기로 세계 1, 2차전과 경기침체 및 공황, 이민 쿼터제의 실시 등으로 이민의 흐름이 중단되었다.

마지막으로 네 번째 시기는 1965년 이후부터 현재까지를 말한다. 1965년을 기점으로 민족적, 국가적 출신에 따라 쿼터를 부여하는 방식에서 벗어나 가족이민이나 취업이민으로 이민에 대한 선호체계 변화를 보였다.

이 시기 이후에 한국인의 미국 이민은 급격하게 증가하였다.

난민의 경우에도 1965년 이민 패턴의 변화를 기점으로 수백만의 난민들이 자국의 분쟁을 피해 이주해왔으며, 특히 1970년대 중반 동남아시아 지역에서 미군 철수가 시작된 이후 동남아시아 난민들이 미국으로 대량 이주하기 시작했고, 1960년대 쿠바의 공산화 혁명, 1980년대의 중앙아메리카 지역의 분쟁으로 인한 난민 유입도 대규모로 이루어졌다(김연진, 2007: 164~165).

1970년대 초까지 미국은 약 100만에 이른 베트남 난민들을 호의적인 분위기 속에서 미국 이주를 결정하였으며, 미국인들의 난민들에 대한 연민도 상당한 정도였다. 그러나 점차 난민들의 수용을 꺼리는 국가들이 등장하면서 미국에 입국, 정착하게 되는 난민들의 수는 더욱 더 증가하게 되었다(김연진, 2007: 167). 난민의 지속적 증가에 따라 미국 내에서는 질적 수준의 저하와 미국사회 적응의 문제를 제기하기 시작하였다. 난민과 이민자들에게 기회와 약속의 땅으로 알려진 미국은 이주민의 지속적 증가와 그에 따른 문제들이 제기됨에 따라 새로운 이민정책과 민족정책을 고민하게 되었다(오영인, 2010: 354~355).

새로운 세기 미국의 이민(난민 포함)과 관련한 환경의 가장 큰 특징은 반이민 정서의 확산이다(이용승, 2008: 69). 반이민 정서의 확산은 지속적인 경기 침체와 9·11 테러에 기인한다. 이러한 국민적 여론이 악화된 틈을 이용하여 미국내 불법체류자에 대한 단속이 강화되고, 국경통제 또한 강화되는 추세이다. 그러나 반이민 정서가 자리 잡고 있지만 이민자와 불법체류자에 대한 미국인의 태도는 이중적이다. 이들 이주자들에 의한 값싼 노동력의 제공은 원하지만 이들에게 제공되는 다양한 사회보장비용은 부담스럽게 생각하는 것이다.[43]

미국의 인적 구성은 이민으로부터 시작되었으며 그들에 의해 국가의 구조적 형태가 만들어졌으며, 그것을 토대로 미국의 정체성이 구성되었기 때문에 미국은 이민으로 이루어진 국가라 할 수 있다. 현재 미국은 초기 미국의 형태를 주조했던 앵글로 색슨계 개신교도(WASP: White Angle-Saxon Protestant)들이 주류로서 비 앵글로 색슨계 이민자들을 소외시켰던 역사적 경험을 어느 정도 반복하고 있다.

미국은 실재적이고 잠재적인 이질성에 관계없이 하나의 국민으로서 통합해내는 리더십의 과제를 수행해 왔으나, 합법적인 이민 및 난민의 급격한 증가와 함께 불법적인 이주자들을 이러한 리더십에 통합시키기에 한계에 다다르고 있다는 사회적 분위기와 정책적 고민에 빠져있다(오영인, 2010). 미국이 이주민을 완전히 통제하는 고립 정책을 펼치지는 않겠지만 반이민 정서에 기인한 이민정책과 법안을 마련할 가능성도 배제할 수 없다. 이 경우에 북한인권법에 근거한 탈북난민의 정책은 어떻게 변화될 것이며, 이에 따른 탈북난민의 미국 입국과 적응에 어떠한 영향을 미칠 것인지는 상당히 유동적 상황에 있다.

한인의 이주와 적응

미국에 거주하는 한국인은 백만 명을 훨씬 넘고 있으며 아시아계 미국인으로서는 중국, 필리핀, 일본에 이어 한국인이 네 번째로 많이 거주하고 있다(Kim & Wolpin, 2008: 109). 이들 미국이민 한인들은 문화적응 과정에서 어

---

43. 이러한 이중적 태도는 거의 모든 선진국에서 유사하게 나타나고 있다. 영국의 경우에도 이민 통제의 주요 원칙은 공적 자금에 의존할 것 같은 사람들은 입국을 불허하고 있는데, 이것은 이민 통제와 복지비용 지출과 명백한 관련이 있음을 보여주는 것이다. 영국은 이주민에 대해 이중적 접근을 하는데, 첫째는 이민 입국을 막거나 내부적으로 원조 요구를 허용하지 않는 것이고, 둘째는 이방인을 배제하는 복지체제를 구축하는 것이다(Debra, 2005: 182~194).

려움을 경험하거나(Shin, Han & Kim, 2007), 새로운 사회 일원으로서 정서적, 문화적 갈등으로 인해 우울과 자살률이 높다고 보고되기도 한다(Park & Bernstein, 2008). 또한 미국에 이민을 간 한국인들의 삶의 질이 향상 되었는지에 관한 연구는 없지만, 미국이민 한인은 한국인 보다 영적 안녕감은 낮으나 지각된 건강상태는 높다는 연구결과도 있다(박정숙·장희정, 2003: 417~418).

특히 미국이민 한인 1세대의 경우에는 한국에서 성인기까지 거친 이민자들로서 이들의 대부분은 의사소통 장애, 사회적 차별, 지지 자원의 부족, 저소득 및 외로움과 불안을 경험한다(Shin, et al., 2007: 420~422). 노인의 경우에는 언어적, 문화적 부적응으로 인해 어른으로서의 자존심과 힘의 상실에 대한 두려움이나 세대 간 차이, 가족구성원들과의 가치 갈등이나 역할 갈등을 경험하게 된다(Oh, Koeske & Sales, 2002). 한편, 한국인의 미국 이민의 동기에 대한 다양한 연구들이 있지만 단지 경제적 요인보다는 삶의 질과 여가생활의 활용, 그리고 자녀교육 등과 같은 다양한 비경제적 요인으로 결정되기도 한다(이성우 외, 2004: 48).

이러한 상황에서 미국의 한국인 이민자들은 그들의 교육수준과 직업에 있어서 미국인 전체뿐만 아니라 주류집단인 백인보다 더 많이 성취를 하였고, 소득 수준은 미국인 전체보다 높고 백인과는 비슷한 것으로 나타났다(최수경, 2011: 166). 이는 동화assimilation의 관점에서 미국사회의 주류문화를 채택하거나 흡수를 적극적으로 실행한 결과로 보기도 한다.[44] 또 다른

---

44. 베리(Berry, 1997)는 문화변용(acculturation) 이론을 통해 이주민의 정착사회에의 참여정도와 민족문화와 정체성 유지의 정도에 따라 통합(integration), 동화(assimilation), 고립(isolation), 주변화(margination)로 구분하였다. 통합은 소수민족 이민자들이 거주국의 주류사회에 활발히 참여하면서도 자신들의 고유한 전통과 문화를 유지하는 경우이다. 동화는 이민자들이 주류사회에 활발히 참여하는 과정에 자신들의 고유한 문화와 정체성을 상실하여 주류집단에 흡수되는 경우이다. 고립은 이민자들이 사회참

차원에서는 일본계, 중국계와 같은 아시아인들의 유교적 윤리와 미국의 중산층 가치와의 일치 등에 기인한다고 보면서 사회·경제적 성공의 원인에 대해 미국의 모범적 소수집단model minority[45]으로 설명하기도 한다.

미국이민 한인의 적응에 대한 이론적 접근은 크게 고전적 동화 이론과 다원주의론pluralism의 관점에서 이루어지고 있다. 동화는 주류사회의 조직이나 생활양식에 부합하는 문화적이고 구조적 동화와 용광로melting pot 형태의 두 가지로 나눌 수 있다. 문화적이고 구조적 동화는 밀튼 고든Milton Gordon의 이론으로써 이민자들에게 과거의 문화적 유산을 버리고 영국식 모델을 이상적으로 생각하고 이미 존재하고 있는 문화에 적응해야 한다는 주장이다. 구조적 동화는 이주민이 주류사회의 조직이나 제도에 진입하는 것이지만, 이는 미국 주류사회의 배타성으로 인해 일어날 가능성은 희박하다.

용광로이론은 로버트 에즈라 파크Robert Ezra Park로 대표되는 이민자들의 미국 사회에 적응하는 과정을 '인종 관계 순환race-relations cycles'의 과정으로 설명한 것으로써 다양한 인종의 서로 다른 이주자들이 만나고 갈등하는

여를 활발하게 하지 않으면서 자신들의 문화정체성을 강하게 유지하려고 하는 경우이다. 주변화는 주류사회에도 참여하지 않고 자신들의 문화도 잃어버리는 경우로서 사회의 밑바닥 계층으로 전락하여 기성질서에 반항하는 가치관과 행동양식을 갖는 것을 말한다. 베리의 모델을 인용하여 재외한인의 경험에 맞춰 수정한 더 자세한 내용은 윤인진의 "코리안 디아스포라: 재외한인의 이주, 적응, 정체성"을 참고하기 바람(윤인진, 2003: 101~142).

45. 모범적 소수집단(model minority)은 미국의 사회학자 피터슨(William Peterson)이 처음으로 사용한 용어인데, 2차 대전 이후에 20여 년이 지나서 일본계 미국인들이 백인보다 더 많은 교육을 받고 경제적 수입도 백인과 동등하게 되면서 일본계 미국인을 미국의 모범적 소수집단이라고 불렀으며, 이후 중국계와 한국인들도 모범적 소수집단으로 설명하였다. 이는 아시아계 미국인들에 대해 사회·경제적 성취수준이 백인의 성취수준에 도달하거나 초월한다면 성공적 적응이라고 보는 것이다(최수경, 2011: 154).

과정을 거쳐 서로 적응하고 결국 모두가 하나로 동화되는 순환의 과정을 겪는다는 것이다(오영인, 2010: 358).

그러나 이주자들은 단순히 주류사회에 무조건적으로 동화되는 것이 아니라 그들만의 독특한 정체성을 유지하려는 경향을 보인다는 문화적 다원주의이론도 있다. 이러한 다문화주의multiculturalism의 개념을 통해서 보면, 다문화사회에서는 이민공동체들이 주류사회에 단순히 동화되는 것이 아니라 스스로의 경제·정치적 이익을 도모하면서 이를 위해 새로운 이익 집단으로 끊임없이 재창출 된다는 것이다(Glazer & Moynihan, 오영인, 2010: 359에서 재인용).

실제적으로 한인 1세대의 미국 적응에 관한 접근은 다원주의론보다는 동화이론의 연속선상에서 이루어지고 있다. 이는 한국인을 포함하여 미국 사회문화의 성공적 적응을 모범적 소수집단으로 보는 이론이나, 한인회와 같은 소수민족공동체에서 사회적 네트워크에 의존하는 공간적 동화spatial assimilation, 그리고 이민자들의 세대 및 사회·경제적 계층의 성격과 차이를 구별해서 설명해야 한다는 분절적 동화segmented assimilation라는 이론에서 찾을 수 있다(최수경, 2011).

미국이민 한인들의 소수민족공동체가 무조건 긍정적으로 작용하지는 않지만 조직화하여 정부 정책의 결정 과정이나 그들의 목소리를 낼 수 있는 역할을 한다는 것은 주지의 사실이다. 최근의 이민 연구에서 나타난 트랜스내셔널리즘[46]도 일종의 동화이론의 연장선상에 있지만 아직까지

46. 트랜스내셔널리즘(transnationalism, 초국가주의)로 보면 근대 민족국가의 경계가 허물어지고 있다는 사실에 근거하여 이민자들은 어느 한 사회에 자신들의 소속감을 규정하려 하기보다는 기존의 자기 정체성을 유지하면서 새로운 사회의 구성원으로서 정체성을 찾으려는 경향을 보이는 데, 이민자들은 어떤 고정된 정체성을 가지는 것이 아니라 고국과 새로운 정착지의 정체성 중에서 더 편안함을 느끼는 곳에 자신의 정체감을 형성한다는 것이다(이용일, 2009: 321).

이 이론에 근거하여 한인들의 적응 과정을 설명한 연구는 찾기가 어렵다.

한국인의 적응에 관한 실제적 연구는 조계화(2009)가 미국 이민 1세대의 생존 태도를 Q방법론을 적용한 것에서 찾을 수 있다. 여기서 생존 유형은 네 가지로 유형화되었는데, 제1유형인 신념기반-만족형은 종교적 신념과 개인적으로 건강하고 원만한 가족관계를 형성하여 만족된 현실을 유지하는 것에 가치를 부여하는 유형이었다. 제2유형인 목표기반-노력형은 이민생활의 목표를 생존에 두면서 이를 위한 전략으로 이민국의 새로운 문화에 대한 개방적 자세와 수용적 태도를 소지하는 유형이었다.

제3유형인 민족기반-고립형은 주류사회에 정착하지 못한 상태에서 고유한 민족문화와 정체성을 유지하며 모국과의 유대를 지키려고 노력하는 유형이었다. 제4유형인 적응기반-절충형은 미국문화와 가치를 수용하려고 노력하면서도 민족 고유의 정체성을 보유하려는 점에서 갈등을 보이는 유형이었다. 이러한 구분은 모범적 소수자이론, 용광로이론, 그리고 베리Berry의 문화변용이론 등으로 설명이 가능하다.[47]

미국 이민 경험을 현상학적으로 연구한 결과를 보면, 이민자들의 경험은 다양한 이민 동기, 새로운 삶으로의 이행과정, 고통스러움, 지지의 부족, 적응을 위한 노력, 향수와 후회 및 적응 등의 7가지로 범주화되었다(배정이, 2009). 이 연구에서 이민의 동기는 외국에 대한 동경, 현실로부터의 탈출, 그리고 결혼 및 자녀 교육을 위한 상황적 여건 등 이었다. 새로운 삶으로 이행하는 과정에서는 이질감, 지위나 역할에 대한 상실감 및 인간관계의 갈등이 나타났다. 이민 후 삶의 전반적인 과정에서는 심리적, 신체적

---

47. 제1유형은 모범적 소수자이론으로 어느 정도 설명이 가능하고, 제2유형은 용광로이론으로 접근이 가능하며, 제3유형과 제4유형은 베리(Berry)의 동화, 고립, 주변화 등의 개념으로 설명이 가능하다. 그러나 이러한 유형과 이론적 모형이 반드시 일치하는 것은 아니다.

인 문제로 고통스러운 체험을 하였으며, 정서적 지지의 결여와 공적 지지체계와 정보의 부족으로 인한 소외감, 고립감, 외로움을 보였다. 또한 이민생활에 적응하기 위해 자신의 눈높이를 낮추고 현실에 보다 적극적이 되거나 감사하는 마음으로 살았으며, 일부 이민자는 고향에 대한 향수와 이민에 대한 후회로 다시 고국으로 돌아가려는 사람들로 유형화된다고 하였다.

미국 한인 이민자의 초기 적응과정을 근거이론으로 접근한 연구에서는 이민자의 적응유형을 미래지향형, 현실 적응형, 갈등형, 자포자기형으로 분류하였다(양진운, 2011). 미래지향형은 철저한 이민계획의 결과로 영주권과 시민권을 획득하고 영어로 의사소통이 가능하고 안정적 수입과 연금 수급을 기대하는 집단이었다. 현실 적응형은 이민 적응과정에서 사전계획이 수정되거나 미국 체류신분을 변경한 경험을 가지고 유창하지는 않지만 영어로 어느 정도 의사소통이 가능하며 고정된 수입원이 있지만 추가 소득원을 찾는 집단이었다.

갈등형은 미국 문화에 대한 부적응과 지인으로부터 사기 등의 경험이 있으며, 시간이 경과할수록 재정상황이 악화되며 영어로 말하는 것에 어려움이 있고 이민생활의 연장을 심각하게 고민하는 유형이었다. 자포자기형은 이민과정에서 체류신분, 경제, 자녀교육에 대한 사전 준비가 불충분함에 따라 시행착오를 거듭하며 건강악화, 자녀교육의 실패 등으로 무기력하게 삶을 유지하는 유형이었다. 미래지향형과 현실적응형의 경우에는 모범적 소수자이론이나 용광로이론으로 설명이 가능하며, 갈등형과 자포자기형의 경우에는 베리의 주변화 혹은 고립의 모델로 설명할 수 있다.

미국이민 한인들의 실제적 적응 유형은 다원주의론의 맥락에서 이해되고 있는 것이 아니라 동화의 관점에서 분류되고 있다. 지금까지의 논의는 동화의 개념을 확장한 공간적 동화, 분절적 동화, 그리고 트랜스내셔널리즘과 같은 관점에서 한인 적응 유형을 분석한 것이 아니라 주로 고전적 동화의 개념으로 설명하고 있다. 이러한 차원에서 본다면 탈북난민의 경우에도 미국 사회문화의 적응에서 고전적 동화의 관점을 무시하고 접근하기는 어려울 것 같다. 또한 미국이민 한인들에게 어느 정도 설명 가능한 공간적 동화의 접근도 현시점에서 탈북난민에의 적용이 가능하지 않을 것 같다. 두 문화 간의 접촉에서 동화가 이상적인 적응 모델이 아니라는 것은 분명한 사실이지만 현재 미국의 초기 적응과정에 있는 탈북난민들은 동화라는 맥락에서 이들의 삶을 확인할 수밖에 없는 실제적 상황에 있다고 볼 수 있다.

이에 여기서는 미국에 거주하는 탈북난민의 삶 분석을 통해 미국이민 한인 1세대의 경험과 비교하면서 이들의 미국사회 적응을 위한 이론적, 실천적 함의를 찾고자 한다. 탈북난민과 한인 1세대는 60여 년 이상의 단절된 사회문화적 경험의 차이, 그리고 난민이주자와 이민자로 구분되는 독특함이 존재하고 시대적 배경도 다르지만 문화적 차이에서 중요하게 고려되는 언어적 공통성과 외모, 그리고 수천 년 역사 속에 내재된 문화적 동질성이 존재한다.

탈북난민의 사례연구를 통해 나타난 상황적 맥락을 한인 1세대의 경험과 비교하는 과정에서 발견한 함의를 바탕으로 이들에 대한 미시적 적응 향상 전략과 거시적인 차원의 국내외적 난민 이슈를 제기할 수 있을 것이다. 이 사례연구에 참여한 이북이주민은 미국에 거주하고 있는 3명(참여자 1: 남, 33세; 참여자 2: 남, 41세; 참여자 3: 여, 31세)의 탈북난민들이다. 미국에 도착한 지 3년이 지나지 않았으며 남녀 2명(참여자 1과 3)은 결혼생활을 유지하고 있다. 심층면접은 2009년 12월 미국의 북서부 지역 S도시에서 이루어졌으며 연구자가 직접 실시하였다.

탈북난민 사례

연구 사례들의 미국 적응 단계는 베리(1997)의 문화적응 3단계[48]를 바탕으로 미국 접촉이전단계, 미국 접촉단계, 미국 정착단계로 구분하였다. 미국으로 이주하기 이전의 경험은 이주 후의 삶과 연결되는 맥락 속에서 진행되기 때문에 추가하였다. 또한 탈북난민의 이주 기간이 단기간이므로 베리의 갈등단계와 해결단계로의 구분은 어렵기 때문에 정착단계라는 포괄적 개념으로 접근하였다. 보다 엄밀히 말하면 여기에서의 정착단계는 베리의 갈등단계와 해결단계가 공존하는 초기 정착과정들을 분석하고 있다.

참여자의 심층면담에서 범주들을 구분하고, 제시되어진 범주들을 검토하는 과정을 반복하면서 하위 주제들을 구체화하였다. 미국 접촉이전단계에서는 탈출동기, 미국선택의 상위 범주를 검토하면서 하위주제들을 구체적으로 기술하였다. 미국 접촉단계에서는 공통문제, 한인과의 관계, 그리고 미국 정착단계에서는 정착초기, 적응유형, 정체성의 상위 범주들을 검토하면서 하위주제들을 구체적으로 기술하였다[49].

미국 접촉이전 단계

미국 탈북난민의 북한 탈출 동기는 생존적 차원, 체험에 의한 사고의 전환과 가족의 보다 나은 미래를 위한 것 등이었다. 우선 탈북난민과 한인 1

48. 베리의 문화적응 3단계는 제1단계의 접촉단계, 제2단계 갈등단계, 제3단계 해결단계로 구분한다(윤인진, 2003: 113).

49. 구체적 분석 내용은 저자의 '탈북난민의 미국 초기 적응에 관한 사례연구(한국사회복지질적연구)'에 포함되어 있음.

세대는 이주 동기에서 차이점이 발견되었다. 탈북난민의 경우에는 생존이 중요한 동기이지만, 한인 1세대는 외국에 대한 동경, 현실로부터의 탈출, 그리고 결혼, 선교 및 자녀 교육을 위한 상황적 여건 등이었다(배정이, 2009: 460).

탈북난민들은 북한에서 배급을 받아서 기본 생계를 유지하였지만 배급이 중단되거나 줄어들면서 생존의 위기를 경험하게 되었다. 이 과정에서 여성들은 소위 장마당에서 장사를 하거나 중국으로 밀입국하여 친척에게 원조를 구하거나 장사를 시도한다(박영호 외, 2010).

탈북난민들은 기본적 생계를 위협받게 되면 국경을 넘어 새로운 생존방식을 취득하려고 노력하였다. 현재까지 북한을 탈출하는 대부분의 북한주민들은 경제적 이유에 기인하여 중국과 교류하거나 일시 또는 장기 거주하게 된다. 탈북난민의 경우 본능적인 생의 유지를 위한 탈출이지만 한인 1세대의 경우에는 보다 나은 삶의 질적 향상을 위한 이주라고 할 수 있다. 탈북난민의 이주는 자발적, 비자발적 요인이 모두 작용하지만 미국 이민 한인은 대부분 자발적 선택이라 할 수 있다.

> 참여자 1 　월급을 안 주니 뭐 먹고는 살아야 되는 돈이 있어야 되는데 뭐 배급을 줍니까 그렇다고 월급을 줍니까 일 년 만에 뭐 정말 괴로웠습니다. 저도 무슨 일을 해야 되겠고... 일 년 살기 너무 어려워서 이래 중국으로 건너왔습니다.
>
> 참여자 3 　여자들은 어떻게 수단과 방법을 해서 무슨 국수 한 키로 사들이든 이래가고 집안을 맥여살려야 되고...

탈북난민들은 처음부터 미국으로의 이주를 결정한 것이 아니라 대부분 생계를 위해 중국이나 남한을 최종 목적지로 정한 다음에 또 다른 대안으로 선택하였다. 탈북난민들은 연구사례에 제시된 바와 같이 중국의 일상적 삶의 체험에서 또 다른 세상의 존재를 확인하고 북한 감옥에서의 사고 전환을 바탕으로 다른 국가로의 이주를 결정하였다. 즉, 자신의 상황과 처지를 자신의 의지에 의해 바꿀 수 있다는 체험과 인식을 하게 된 것이다.

탈북난민과 한인 1세대의 이주 동기의 공통적 특성은 새로운 삶에 대한 도전 욕구와 인지적 전환에 대한 행동화로 볼 수 있었다. 탈북난민의 경우에 태어나서부터 적응되어 온 일상의 세계를 벗어난다는 것은 용기와 에너지가 필요한 부분이었다. 한인 1세대의 경우에도 미국에 대한 막연한 동경도 작용하였겠지만 삶을 다양한 차원에서 재구성하면서 발견한 새로운 결정에 대해 도전하였다는 사실이었다(배정이, 2009; 양진운, 2011). 이는 미국 이민 생활에서 긍정적 요인으로서 작용할 가능성이 높다.

> 참여자 1 중국에 3일 있으메 중국 농촌이라도 봤으니깐 이렇게 나는 봤으니깐 바뀌는 거고 북한사람들이 내처럼 안 본 사람들이면 그거 믿기 어렵죠. 북한은 사람도 쌀밥 먹기가 힘든 데, 중국 그것도 농촌에서 개밥에 쌀밥이, 또 개가 고기도 먹고 왔다 갔다 한단 말입니다.
>
> 참여자 2 감방생활 하면서 사상(생각)이 바뀌었죠... 내 손으로 내 다른 데 가서 돈을 구해서 내 땅에서 살겠다고 가져온 돈까지도 뺏고 나서 감방생활 시키고... 그니까 사상이 바껴진단 말입니다.
>
> 참여자 3 북한 감방 이거는 뭐 지옥도 아니고.. 짐승도 살기 어려운. 설명하면 알아들을 수 있는 사람이 없단 말입니다. 정말 본능적으로 살아남으며, 이래 살아야 하나... '다른 방도는 없는가' 생각하게 됩니다.

미국으로 이주를 결정하는데 있어 한인 1세대의 실제적 요인 중의 하나는 자녀에게 교육 등의 영역에서 더 나은 조건을 만들어 주는 것이다(이은숙, 1999). 여기에서의 탈북난민도 자녀의 미래를 위해 미국행을 결정하였다고 하였다. 하지만 이민자로서의 미국이민 한인과 난민으로서의 탈북난민의 미국 이주 동기는 차이가 있을 수밖에 없다. 난민들의 이주 동기는 정치·경제·사회적 요인 등에 의한 비자발적 특성이 강하게 작용하지만 이민자의 경우에는 자발성을 바탕으로 더 나은 미래를 위해 체계적으로 계획하여 이루어진다(Potocky-Tripody, 2002: 12).

마찬가지로 대다수의 이북이주민들도 다양한 정보를 가지고 최종 이주지역을 결정하지 못한다. 중국에 거주하는 이북이주민의 경우에 남한 이외의 선택은 쉽지 않은 결정이다. 그렇다면 왜 참여자들은 미국을 선택하였는가? 사례에서 알 수 있듯이 미국에서는 정부지원도 남한에 비해 비교할 수 없을 정도로 부족하고 언어 등 모든 문화가 다른데 단지 더욱 불확실할지도 모르는 자식 교육 때문에 미국을 선택하였을까. 본 연구의 부부 참여자(사례 1과 사례 3)에서 보다 독특한 이주지 결정 과정을 알 수 있었다. 이들 부부는 두만강을 건너는 과정에서 북한군 경비에 발각이 되면서 혼비백산하여 도망치는 과정에서 1살 된 자녀가 사망한 사실을 중국에 건너가서 알게 되었다.

많은 난민들이 다양한 외상적traumatic 경험을 하며 이는 이후의 삶에 영향을 미치게 된다(엄태완, 2010). 이들 부부의 경우에 이주지를 선택하는 과정에서 충격적 자녀 사망이라는 외상이 영향을 미치었다고 볼 수 있다. 부부의 인터뷰에서 이들은 똑같이 '아들의 죽음을 가지고 온 반도(한반도)에서는 못살 것 같아' 미국이라는 최종 정착지를 선택하였다고 하였다. 따라서 탈북난민들이 미국을 이주지로 결정하는 것은 미국 한인이민자와는 다른 독특성이 존재할 수 있으며, 그 하나의 요인 중에 이들의 외상적 경험이 포함될 수 있음을 알 수 있었다.

참여자 1 북한에서는 미국이라는 나라를 모르고 북한에서는 미국을 그저 무슨 적대국이죠. 그저 날강도판이다. 이렇게 알았으니깐... 미국이라는 나라를 몰랐는데 한국으로 가기 준비하는 그 기간에 미국이라는 나라를 알게 됐죠. 그 한국 티비를 통해서 무슨 잡지를 통해서 중국에 있으메.... 우선 미국으로 가겠다고 결심한 거는 한국 이게 아니다. 미국으로 가는기 낫겠다. (중략) ABC도, 철자순서도 모르는 상탠데 미국으로 가겠다는 거는... 자식 생각 때문에 자식들을 한국에 가서 한국 부모들처럼 키울 수가 없을 것... 우리가 가서 북한 사람들이 한국으로 가서 탈북자들이 한국으로 망명해서 자식을 낳고 한국에서 한국 부모들이 자식을 키우는 것 맞추어 키우지 못할 것 같더라고요. (중략) 한국 드라마나 그런 거 보면 어 참... 따라설 수 없을 것 같아 저렇게는 못할 것 같아서... 자식 키우는데도 미국이 좋고 전망적으로... 그때는 많이 고민됐습니다. 한국 정부는 그래도 북한 사람들에게 집도 주고 정착금도 주고 배려가 있는데 미국 정부는 그게 없단 말이예요. 그니깐 조금 많이 생각하고 이랬지만 우쨌던 최종적으로 결론은 자식을 위해서 가야 된다.

미국 접촉 단계

한국의 이북이주민과 달리 미국의 탈북난민들은 미국 정부로부터 정착금 등의 현금이나 경제적 활동 참여를 위한 구체적 프로그램이 체계화 되어 있지 않은 현실에 적응해야 한다. 따라서 미국 초기 생활은 한인들의 도움이 필요하였으며, 미국의 사회문화를 조금씩 이해하기 시작하면서 독립적 생활을 설계하였다. 미국 초기 생활의 어려움은 한인이나 다른 이주민과 마찬가지로 언어적 문제와 경제적 적응이었다.

탈북난민들은 난민으로서 입국하기 때문에 초기에는 능동적으로 대처할 수 있는 부분들이 많지 않다. 또한 미국에 대한 다양한 사전 정보 또는 관계망을 전혀 확보하지 못하고 거주지에 도착하게 된다. 따라서 탈북난민들은 새로운 삶으로 이행하는 과정에서 문화적 이질감, 상실감과 불안 등을 경험할 수 있다. 미국이민 한인들의 경우에도 이주 후에 지위나 역할에 대한 상실감, 인간관계의 갈등과 변화에 적응하는 과정에서 두려움, 불안함, 예민해짐, 답답함, 걱정, 불투명한 미래에 대한 막막함, 위축, 열등감, 우울 등을 경험하였다(배정이, 2009: 455~456). 따라서 탈북난민들도 미국이민 한인들이나 다른 난민과 마찬가지로 유사한 심리사회적 문제를 가질 것으로 보인다.

> 참여자 2 완전히(처음에 와서) 전적으로 연방정부 스케줄에 따라서 그냥 쭉 이동하고, 비행기 태워 주고 그 다음에는 사람이 없단 말이예요. 내가 알아서 비행기 갈아타야 되고. 목적지까지 잘 오긴 왔는데. 무엇을 해야 할지 막막하기만 하고...
>
> 참여자 1 차에 태워서 집에 데려다 주고 주정부가 아파트를 아... 이케 아파트를 마련해 놨는데, 주정부나 연방정부에서 해주는 건 없고 주정부에서는 집세 4개월, 먹고 살 그이니까 푸드스템프라고 먹을 음식 살 돈 그걸 6개월, 그 다음 보험 8개월 해 줍니다 의료보험 8개월... 우리가 벌어서 집세도 내고 독립해야 된다. 우리가 자체적으로 살아야 되고.
>
> 참여자 2 제 생각에 십년이 넘어도 영어는 십년이 넘어도 영어만은 할 것 같아 이렇게 장담할 수 없을 것 같아...
>
> 참여자 3 우리 같은 사람은 영어가 안 되지 뭐... 말하자면 단순 방청소나 하고... 만일 일자리가 없으면 당장... 가장 불안하고...

탈북난민들은 입국 초기에 한인들과의 관계형성으로 적응에 많은 도움을 받을 수 있다. 이 사례에서도 한인회와 한인교회로부터의 원조가 초기생활 적응에 중요하게 작용하였음을 알 수 있었다. 그러나 한인과 탈북난민들이 어떠한 관계를 형성할 것인지에 대해 정확한 예측을 하기는 어렵다. 미국이민 한인과 달리 탈북난민들은 미국의 문화에 대한 적응과 더불어 소수민족으로서의 한인 공동체 문화에도 적응해야 하는 이중적 부담을 가질 수 있다. 여기에는 분단된 지 60여 년이 지난 남북문화의 차이도 어떤 형태로든지 작용하게 될 것이다.

미국 접촉 초기에 탈북난민과 한인들의 공통적 어려움은 영어 사용에 따른 의사소통과 직업 문제와 같은 경제적 어려움이었다. 언어의 장벽은 이민 생활의 적응을 저해하고 좌절을 경험하게 되는 실질적인 문제로 이민 생활에서 필요한 행정기관의 출입, 관련된 서류 작성이나 행정 당국자와의 대화 등에서 상당한 스트레스와 불이익의 요인이 된다(이은숙, 1999). 미국 이민자들은 사업 걱정, 직장에서의 해고 및 근로시간에 따르는 급여 걱정 등의 경제적인 문제로 인한 스트레스를 가장 많이 호소하였고, 여가의 부족으로 인한 피로감에 기인한 신체적인 건강문제를 걱정하였다(이소우, 1993). 탈북난민의 언어 장벽과 경제적 문제는 실제적으로 원조할 수 있는 방안들이 많지 않다.

탈북난민들은 이주과정에서 극적인 도움과 배신을 경험하였다. 특히 재중동포(조선족)와의 관계에서는 생사와 관련된 도움과 원망을 동시적으로 가지고 있다(엄태완, 2010). 이러한 경험을 바탕으로 탈북난민들은 한인회와 한인들의 원조를 희망하는 동시에 '왜 도울까'라는 의구심을 가질 수 있다. 아래 사례에서도 탈북난민들은 미국 접촉과정에서 받은 도움을 보다 확대하고 싶은 욕구를 가짐과 동시에 자신들이 이용당할 수도 있다는 양가적 감정을 가지고 있음을 알 수 있었다. 따라서 미국이민 한인들과 탈북난민들의 상호관계는 과거-현재가 복잡하게 작용할 수 있을 것이다. 특히 탈북난민의 이주과정의 독특한 경험은 이를 보다 혼란스럽게 만들 수도 있다.

> 참여자 1 이걸 어떻게 한국 사람들 찾냐 이런 생각에 한 이틀 동안은 정말 그니까 한 이틀 되게 고민하고 후회... 그냥 두려움이 생기더라구요. 어떻게 주정부에서 한인커뮤니티랑 연락을 했더라구요. 주정부에서 그거는 해줬네. 저기 연결해서 북한에서 손님들이 왔는데 에... 뭐 가

봐라는... 아마 그래서 그때 한국분이 한 분이 찾아왔습니다. 나중에 한인회에서 한인회 회장님이랑 (중략) 한인회에서 가니깐 한인회장님이랑 해서 삼백불 한국식품을 한 차 해갖고 우리 집에 실어다주고 다음부터 한인 회장 그이니까 한인회에서 정말 많이 도와줬습니다.

참여자 2 저는 한 2개월 한인회 도움 받으며 있었습니다. 작은 도시에 사니까 이게 큰 도시는 아니라서... 우선 한국 분들이 사업하는 분들도 적고, 그래 좀 더 부자 동네로 가야겠다.

참여자 3 한인 너무 많은 곳은 싫었고 한국 분들이랑 조언 주는데 한인 많은 데는 사기도 많고 이래 등도 쳐 먹고 주의도 주고, 한국분들이 많은데 가지 말라는 이야기도 많이 듣고... 어느 정도 한인들을 믿어야 하나 걱정도 되고...

미국 정착 단계

탈북난민은 일상적 삶을 위해 필요한 의식주의 기본 문제해결, 그리고 미국생활에서 필수적인 운전면허증을 취득하는 등의 최소한의 생존 도구들을 마련하면서 북한에 남겨진 가족에 대한 죄책감과 연민을 해소하려고 현금을 송금하였다. 미국 적응을 시작하면서 한인회와 관계, 정체성의 문제 등을 표현하였지만 자녀에 대한 희망적 기대와 선지자 탈북난민으로서의 포부 등도 공존하였다.

한국의 이북이주민 중에서도 북한의 친지들에게 불법으로 송금하는 것과 마찬가지로 미국의 탈북난민들도 북한의 가족과 친지들에게 현금을 보내주고 있었다. 그러나 이들은 죄책감 때문에 현금을 송금하고 있지만 일상생활이 풍족하지 않기 때문에 경제적 어려움을 호소하였다. 이는 후진국에서 선진국으로 이주한 많은 난민들이 경험하는 상황과 유사한 것이다. 참여자 1에서와 같이 미국에서 삼천불을 번다면서 왜 우리에게 몇 백 불 밖에 보내주지 않느냐는 가족에 대해 원망과 죄책감을 동시에 가지는 경우에서 알 수 있다. 북한 기준으로 본다면 많은 돈을 버는 것이지만 미국 생활에서 드는 비용을 북한사람들이 이해하지 못한다는 것이었다.

> 참여자 1 미국에 와서 일 년 반에 8개월 벌은 돈을 한 세 차례 걸쳐서... (중략) 가족들이 그렇게 여기 와서 그 정도 이렇게 돈을 보내주고 나면 생각이 좀 바뀌지 않으려나 근데 지금 솔직한 말이지 북한에 있는 사람들이 어느 정도 한국이나 미국가면 돈은 그냥 막 버는 것처럼... 북한에서 여기 돈 천불이면 큰 집을 한 채 삽니다. 그만한 가치 있습니다. 근데 북한에서 인식하기를 한국이나 미국 가서 쓰레기를 주어도 한 달에 천불을 번다고 생각한다고... 근데 실제 천불이야 벌지요 천불을 버는 데 우리는 여기서 돈 천불이 하등에 가치가 없는 돈이란 말이지 돈 천불이 집세를 내고 무슨 차표를 내고 뭐 천불이 없어진단 말입니다.
>
> 참여자 2 정말 피 같은 돈 벌어서 거의 다 보냈는데, 김정일 나쁜 새끼 정말 이번에 화폐개혁해서... 달러를 환전해서 바꾸어서 보냈는데... 나도 한 일 년 이 년 먹고 살아야 될 돈인데, 그 돈 주면서 내 돈 절대로 이제 달라 말라. 내 못 도와준다...

탈북난민들은 현시점에서 미국의 경제·사회·문화적 상황 속에서 어떤 적응 형태로 삶을 살아갈 것인지를 정확하게 예측할 수 없다. 이는 다른 난민이나 한인 1세대의 경험을 그대로 적용할 수는 없다는 것이다. 따라서 다양한 형태의 적응유형들을 확인할 필요가 있다. 여기서는 3명의 참여자들의 특성을 바탕으로 적응유형을 구분하였다. 하지만 본 사례들은 비교적 미국 사회에서 잘 적응하고 있는 대상자들이기 때문에 전체 탈북난민에게 확대적용하기에는 무리가 있다. 즉, 미국에 거주하는 탈북난민들도 사회 속에 참여하지 못하여 주변화되거나 주류사회와 심각한 갈등

속에서 심리사회적으로 어려움을 경험하며 살아가는 사람들도 많이 존재할 수 있다는 것이다.

사례들을 하나의 형태로 구분하는 유형화는 한계가 있다는 점을 인정하면서 '생존을 위해 적응하는 형태', '목표를 가지고 노력하는 형태', '과거와의 비교를 통해 적응하는 형태'로 분류하였다. 생존적인 적응과 북한과의 비교를 통한 적응은 초기 생활에서 나타나는 현상으로 보이며, 어느 정도 기간이 지난 다음에는 새로운 적응 욕구를 충족시키는 삶의 형태로 전환할 것으로 본다. 현재 탈북난민들이 미국생활에서 어떠한 목표를 가진 삶을 살 수 있을지를 정확하게 파악할 수는 없다. 하지만 미래의 목표를 가진 삶을 기획할 수 있어야 현재의 적응을 가능하게 할 것이다. 사례에서 보면 이와 같은 목표를 탈북난민 선지자로서의 삶에 초점을 두고 있으며 이는 삶의 의미를 부여하는 하나의 방식으로 존중받을 수 있다고 본다.

> 참여자 1　　생존을 위해 현실 적응하는 형태: 처음에 잡job이 생겨 일하고 운전면허도 배우고 운전면허증도 따고 그 처음에 가서 공항 청소도 했습니다. 그때 마다 일하러 가야되는데 이 미국 땅에서 차 없이... 목사님이 저희를 잘 데려다 주고 그리고 집에 오셨다가 밤에 새벽 한시 두시 일 끝나면 전화하거든요 '목사님 다 끝났습니다', 목사님이 와서 데려다 주고 참 목사님이 한 3개월 4개월 저희 그렇게 해주고 그 간에 운전면허도 배우고, 면허증도 따고...
>
> 참여자 2　　목표를 가지고 노력하는 형태: 내가 성공해서... 내 뒤에 이제 또 올 사람이 있고 물론 내 보다 선배들도 왔고 내 뒤에 오는 후배들도 있고 이런데 우리가 먼저 온 사람들이 선배들로서 후에 올 사람들을 위해서 성공적인 삶은 못살아도 후에 오는 사람들한테 욕되지 않게 살아줬으면... 내가 여기서 잘 살아서 내 뒤에 오는 사람들에게 어떤 뭐가 되었으면...

참여자 3 과거와의 비교를 통해 적응하는 형태: 북한에서는 말하자면 소나 돼지처럼 살았으니깐 컴퓨터 타자판도 못 두드려봤고.. 처음 엘리베이터 탔는데... 너무 재미있어서 계속 타고 올라가고, 세탁기, 냉장고 너무 신기하고 TV 리모콘도 마음데로 하고... 모은 돈 갖고 차도 저희 손으로 샀고... 그래서 인제는 비행기 타고 막 오는 정도니깐 영어는 몰라도 그니까 미국이 돌아가는 흐름 뭐 일 이년 되니깐 인제 내 주소만 주면 미국 땅에 그 어디에도 주소만 주면 내 절로 찾아갈 수 있는 그런 능력이 되고...

탈북난민들은 물질적 풍요와 자유롭고 합리적인 민주주의 제도가 있는 꿈과 약속의 나라인 미국으로 이주하였지만 물질만능주의와 백인 중심의 인종차별주의에서 좌절할 수 있다. 이러한 과정 속에서 자기 정체성에 대해 생각하고 새롭게 정립하면서 존재 의의를 확인하고자 한다. 이때 미국이민 한인들은 고향인 '사우스 코리아'의 내재화된 표상을 탈북난민들보다는 자유롭게 표출할 수 있다.

그러나 사례에서와 같이 탈북난민들에게 '노스 코리아'는 미국인 및 한인들의 적대감의 근원으로 자리매김하고 있다고 인식함으로써 의식적 억압의 대상이 된다. 심지어는 한인회에서 조선족으로 취급받으면서 오는 민족적 소외감의 이중적 어려움을 겪기도 하였다. 따라서 탈북난민들은 정체성을 재확인하는 과정에서 '고향'이라는 하나의 구성요소를 상실하게 되는 것이다.

참여자 1 사모님이 어디서 왔는가 이래 물어보면 코리아에서... 고저 일단 사우스 코리아에서 왔다고 하지 노스 코리아에서 왔다고 하지 말라고 그러는거라. 그런 소리 처음엔 그렇게 들어도 솔직히 좀 저희들 입장에서는 좀... 그러나 인제는 선 듯 미국사람들이 '웨얼 아유 프람' 어디서 왔냐 이래 물어 보면 무조건 코리아 코리아...

참여자 3 누가 사우스냐 노스냐 물어봐도 고저 무조건 사우스... 다른 사람들도 이래 시킵니다. 무조건 사우스하라고. 노스 코리아는 미국 사람들한테 안 좋다는 소리겠지요. 이런 이야기 들으면 인제 선듯 (노스 코리아라고) 안 나간단 말입니다.

한인 1세대와 마찬가지로 탈북난민들이 경험할 수 있는 또 다른 상실은 사회문화적 역할에서 나타난다. 일반적으로 문화적 차이에 대한 인식은 3~4세에 시작하여 8세 정도까지 다양한 요건들에 의해서 문화적 정체감을 발달해 나간다. 성인들은 청소년기에 형성된 문화적 정체감을 가지고 그 문화에서의 성 역할, 결혼, 부모역할, 직업역할을 통하여 더욱 견고히 하게 된다. 성인기 이후에는 자신의 문화적 정체감을 바탕으로 다음 세대에 문화를 전달하는 것이다(Pumariega, et al., 2005). 탈북난민들은 한인들과 같은 소수민족 공동체조차도 형성하고 있지 않기 때문에 문화적 정체감을 전달하는 역할의 장이 전혀 존재하지 않는다. 탈북난민 1세대와 노인세대들은 더욱 역할 상실과 정체감의 문제로 불안정한 삶 속에 남겨질 수 있다.

참여자 1 안정은 됐고 지금 좀 불안하다기 보다는 조금 걱정 된다는 게 자식이 걱정... 자식을 위해 왔지만 자식들이 어떻게 이 사회를 살 것인지, 아버지, 엄마와 같이 어떤 세계관을 가질지... 자식이 좋은 세계관을 가지고 아버지, 엄마를 이해해 주었으면. 나중에 크면 아버지, 엄마가 대화가 안 되면. 우리는 영어를 못하니까.

탈북난민들의 미국 적응은 이민(난민) 정책과 그에 따른 사회적 문제 해결 과정에 따라 다르게 될 것이다. 그러나 이러한 상황에 대해 체계적 또는 정책적 이슈를 제기하면서 영향력을 행사할 수 있는 조직이나 단체를 찾는 것은 쉽지 않다. 현재 탈북난민을 비공식으로 원조하고 있는 한인회 혹은 한인교회에서 어떤 역할을 할 수는 있을 것이다. 그러나 사례들에서와 같이 한인회에서는 단기간의 원조 또는 관심꺼리로 취급될 가능성도 많다.

남한의 경우에도 이북이주민들은 주류사회가 그들을 '이등 국민', '남한의 외국인 노동자보다 못한 취급', '조선족 다음의 노동자', '북한에서도 적응하지 못한 사람' 등으로 취급한다고 분개한다. 또한 이북이주민들은 남한 사회에서 장애인, 외국인 노동자, 동성애자 등과 같은 다른 소수자 집단과 같은 정체성이 점차 부각되고 있다고 하였다(윤인진, 2003). 따라서 미국의 탈북난민은 한인들과의 관계에서 소수 민족 속의 또 다른 소수로 존재할 가능성도 있다.

> 참여자 2 그니까 쉽게 말하면 저를 아직 북한 사람도 아닌 조선족이라고... 조선족 사람들은 무슨 의리가 없다는 식으로 이렇케 말하고 막대놓고 그러면... 좀....좀... 분하고... 참 가슴도 아프고... 미국에서 아직 이미지가 아직 그렇게 나쁘지는 않은데... 한국에서 이런 이미지를 여기까지 이런 미국까지 와서도 탈북자들한테도 이런 영향이 오는 구나...
> 참여자 3 목사님들 한 20명에서 30명 모였던데... 전부는 아니지만 또 다른 분위기가 여기에 있고, 북한 사람들 술 먹고 고저 모이면 싸움하고... 이런 이미지가 있어, 이런 거 극복하기가 쉽지 않습니다.

공존의 토대 4: 범지구적 중심

북한을 떠난 북한주민들은 어느 지역에 있느냐에 따라 지위가 다양하게 부여되고 있다. 북한의 경우에는 공식적으로 탈북한 북한주민들의 존재를 인정하지 않는다. 북한은 통상적으로 북한이외의 지역에 허가 없이 국경을 넘은 사람들에게 '일시 월경자' 혹은 '비법 월경자' 등으로 표현한다. 그러나 남한에 입국한 이북이주민에 대해서는 '변절자' 혹은 '범죄자' 등으로 민감하게 반응하고 있다(김용현, 2004: 3~6).

중국과 러시아는 이북이주민들을 불법체류자로 규정하여 무국적자가 아닌 북한주민으로 규정하여 국제사회가 관여할 사항이 아니라고 한다(박호성, 2004: 3). 반면에 남한에서는 '북한이탈주민의 보호 및 정착지원에 관한 법률'의 규정과 헌법에 근거하여 남한의 국민으로 해석하여 그에 따른 보호와 정책을 실시하고 있다.

유엔난민기구UNHCR의 난민 규정을 광의로 해석하면, 이북이주민의 경우에 북한에서의 생활 배경, 탈북 과정의 잔혹한 경험, 탈북 후 북한 송환 시 겪게 되는 탄압과 박해 등에 근거하여 난민으로 규정할 수 있다. 그러나 이북이주민들은 국제법상으로 난민 지위를 부여받지 못하고 각 개별 국가들의 사정에 따라 다르게 취급받고 있다. 따라서 이북이주민의 이주 과정과 관계있는 동남아시아의 여러 국가들은 특별한 정책이나 입장을 밝히고 있지 않으며, 미국, 캐나다, 일본 및 유럽의 몇 나라들에서는 자국에 입국하는 이북이주민에 한정해서 난민 지위를 개별 상황에 따라 부여하고 있다. 미국의 경우에는 2006년부터 탈북이주민에 대해 난민으로서 입국을 허용하여 2015년 12월 말 현재 180여 명이 거주하고 있다. 이들은 미국 전역에 흩어져서 살고 있으며, 한인공동체와는 비체계적 원조와 관계 속에서 삶을 유지하고 있다. 여기서의 사례 연구를 바탕으로 몇 가지 논의하면 다음과 같다.

먼저 탈북난민의 다양한 미국 선택 요인에 관한 내용이다. 탈북난민의 미국 선택은 개인적이고 사회적인 상황이 복합적으로 작용한 결과일 것이다. 본 사례를 중심으로 보면 미국으로 이주를 결정하는데 있어서 탈북난민과 한인 1세대의 실제적 요인 중의 하나는 자녀에게 교육 등의 영역에서 더 나은 조건을 만들어 주는 것이었다. 이은숙(1999)이 한인이민문학을 분석한 결과를 보면, 이민자들은 미국이 자녀를 교육하기에 유리한 조건을 가졌으며, 자녀 교육을 위해서 미국에서의 어려움을 감수한다고 보고하였다.

탈북난민 사례에서도 자녀 교육과 보다 나은 삶을 위해 자신들이 희생할 수 있다는 강한 의지를 보이고 있었으며, 미국이민 한인들도 한국에서 안정된 생활도 포기하고 자녀 교육을 위해 헌신할 수 있다고 하였다(배정이, 2009: 453). 이는 유교문화 또는 한국의 전통적 사상 등에 기인한 것이지만 남북주민들이 공통적으로 포함하고 있는 미국 이민의 동기이었다. 이러한 공통성은 남북주민들이 한인공동체에서 삶을 유지한다고 가정할 때 공유할 수 있는 주제라고 할 수 있다.

하지만 본 연구사례에서 이들의 미국 선택은 외상trauma의 해결 또는 회복을 위한 몸부림의 과정이었다. 외상적 경험은 유사한 물리적 공간에서 지속적으로 반복되는 경향이 있으며, 이는 상당한 고통을 동반하게 된다. 연구 참여 부부는 아들의 사망을 가져온 지리적 공간으로부터 회피하려는 욕망이 강하게 작용한 것으로 보인다. 인간은 외상과 같은 극단적 경험을 하게 되면 자신이 처한 상황에 대한 내적인 분노와 함께 그 체험에 대한 설명을 순차적으로 자신에게 요구하게 된다(Alcock, 2003). 연구 참여 부부는 이러한 상황에 대해 내적으로 합리적이고 타당한 이유를 찾을 수 없었으며, 이는 향후에도 연속적으로 이런 사건 경험이 발생할 것이라는 불안과 공포를 가지고 있었을 것이다.

또한 극단적인 고통을 경험한 사람들은 심리적 방어를 통해 삶을 유지하지만 내적인 큰 비용을 치르게 된다(Kalshed, 1996). 외상이 표면적으로 종결되었다고 하더라도 심리내면에서의 갈등은 지속된다는 것이다. 연구 참여 부부는 중국에서의 생활에서 이와 관련된 내적인 고통이 지속되었으며 이는 일상생활에서도 어려움을 가져오게 되었다. 연구 참여 부부는 외상 사건에서 경험한 분노와 공격성을 자신에게도 향하지만 타인에게도 적대감을 표현하였다. 외상은 존재감을 상실하게 하고 자아의 계속성을 좌절시키기 때문에(Winnicott, 1971) 외부환경과 관계를 지속하거나 유지하는 개인적 힘을 상실하게 한다. 연구 참여 부부는 이러한 외상이후의 반복적이고 침투적인 회상의 고통으로부터의 해결 또는 회복을 위해 재경험과 각성 수준을 비교적 낮출 수 있는 지리적 이동을 시도한 것으로 보인다. 이는 미국이민 한인들보다는 미국이주 난민들과 상황적 맥락이 비슷한 경험으로 추정할 수 있다.

미국은 이민의 나라이지만 현재는 경제적 만족도와 비용 편익cost-benefit을 고려하여 기술자나 지식인 중심으로 재편되어야 한다는 주장과 함께 소수민족 우내정책affirmative action의 반대, 그리고 사회적으로 부담이 되는 불법 이민자들에게 제공되는 교육이나 건강보험 같은 서비스 폐지 등을 포함한 이민에 대한 부정적 여론도 광범위하게 존재한다(오영인, 2010: 357). 1965년 미국 이민법의 개정 이후에 비교적 이민에 대한 우호적인 분위기에서 이주한 한인 1세대의 경우에도 미국에서의 적응 과정이 쉽지 않았다(최수경, 2011). 따라서 현재와 같은 사회적 분위기에서 난민으로서 미국에 거주하기 시작하는 탈북난민들의 미국 적응에는 다양한 어려움이 뒤따를 것이다.

따라서 탈북난민들이 어떠한 적응 형태를 나타낼 것인가는 중요한 관심 영역이 된다. 한인 1세대의 적응 유형에 대한 몇 몇 연구들을 보면, 비교적 만족스러운 현실에 안주하거나, 목표를 가지고 노력하는 유형, 생존을 위해 현실 적응을 하는 유형과 같이 미국의 사회문화에 포함된 삶을 사는 사람들도 많지만 과거를 회상하며 고립되거나, 한인 및 미국인들과의 갈등으로 심각한 스트레스를 경험하거나, 모든 사회적 삶에 실패하여

자포자기의 심정으로 살아가는 유형도 있다(조계화, Doorenbos, 2009; 양진운, 2011). 탈북난민들의 경우에도 현실 안주형, 목표형, 생존형, 고립형, 자기 파괴형 등의 적응 유형을 보일 수 있을 것이다. 본 사례에서는 일반화의 한계를 지적하면서 각 개별사례에 대해 목표형, 생존형, 그리고 비교형으로 범주화하였다. 이는 탈북난민의 미국 초기 적응의 이슈를 탐색하는데 유용할 수 있다.

향후 과제는 탈북난민들을 어떠한 사회문화 적응모델로 설명할 수 있을지 또는 대안으로 고려될 수 있는 모델은 무엇인지 등에 관한 것이다. 윤인진(2003)은 베리Berry의 문화적응모델을 인용하면서 미국이민 한인의 경우에 적응유형은 세대에 따라 변하는 것으로 추정하였다. 윤인진(2003)에 따르면 이민 1세대는 정착사회에서 고립되지만 이민 2세대는 정착사회를 수용하다가 이민 3세대에 이르러서는 동화될 수 있다는 것이다. 탈북난민의 경우에도 1세대는 미국 사회문화 적응에서 고립되어 생활할 가능성이 높다. 또한 이들의 고립 가능성은 현재 미국에 존재하는 반이민 정서에 따른 이민정책과 민족정책의 방향에 따라 달라질 수 있다. 미국이민 한인의 사회문화 적응에 대해 모범적 소수자이론, 용광로이론, 베리의 문화변용이론 등으로 접근하고 있는 데(김연진, 2007; 오영인, 2010; 이용승, 2008; 최수경, 2011), 탈북난민들의 경우에는 어떠한 이론적, 실제적 적응모델로서 설명이 가능할 지에 관한 지속적 관심이 필요하다.

탈북난민들은 미국 이주자로서 장기간 정착하면서 정체성 문제에 직면하게 될 것이다. 대부분의 사람들에게 정체성은 과거를 통해 구성된다. 그리고 '과거'는 공간으로 치면 '고향'이 된다. 고향은 지나간 시간이 기억으로 존재하는 공간인 셈이다(이선미, 2007). 연구 사례들에서 보면 탈북난민은 미국사회에서 고향에 대한 끊임없는 부정denial과 의식 밖으로 내다버리기를 시도한다. 현실적으로 '노스 코리아'로 살아가는 어려움 때문에 단지 '코리아'로 보여지기를 의도적으로 노력하지만 그들의 개별화된 공간에 존재하는 고향 이미지, 즉 자기 정체성에 내재된 고향표상을 거부하기도 어렵다.

미국이민 한인들의 경우에도 적응이 어려울수록 '나는 누구이며, 내가 왜 여기에 있는가'라는 질문을 지속적으로 던졌다(이선미, 2007). 이러한 질문의 연속선상에서 결국에 '나는 누구인가'에서 '나는 어느 나라 사람인가'로 질문을 옮겨가서, '나'의 문제가 '나의 모국'의 문제로 환원하게 된다. 이 과정에서 나타나는 민족주의 및 애국심에 대한 담론보다는 탈북난민의 다원화된 정체성 구성에서 하나의 의미 상실에 주목할 필요가 있다. 즉 탈북난민들은 고향과의 단절, 고향으로부터의 고립된 상실감을 가진다는 것이다. 자신의 고향을 상실한다는 것은 심리적으로 큰 혼란을 가져오게 된다. 고향은 개인적, 집단적 정체감을 형성하는 가장 중요한 바탕이기 때문에 난민들은 방향감각을 상실하고 허전함을 지속적으로 가지게 된다(Papadopulos, 2002). 탈북난민들도 다른 사회문화 속에서 자신들이 돌아갈 곳을 잃어버렸다는 상실감으로 인한 영향은 상당한 기간 동안 지속될 것이다.

탈북난민 사례분석에서 나타난 결과를 바탕으로 몇 가지 부가적인 제언을 하면 다음과 같다. 우선, 북한을 탈출한 북한주민들이 남한이외의 지역에서 난민으로서 살아가는 것이 하나의 대안적 삶으로 가능한가? 남한의 이북이주민들은 남한사회 적응에 상당한 어려움을 겪고 있으며, 다시 탈남하는 사례도 증가하고 있다. 이러한 상황에서 이북이주민들은 남한이외의 미국, 캐나다, 유럽 등에서 난민으로서의 삶을 시도하고 있다. 남한 국적을 취득한 이북이주민들이 제3국에서 다시 난민 신청을 하는 사례도 자주 발견되고 있다.

북한의 정치, 경제, 사회, 문화적인 변화로 인해 더 이상 생존적 차원에서 탈북하는 주민들이 발생하지 않아야 하지만 현재의 상황에서 그들의 선택에 의한 난민으로서의 삶을 차단할 필요는 없는 것이다. 이 과정에서 남한 정부와 관련 조직들은 어떻게 대처해야 할 것인지를 지속적인 과제로 삼아야 한다. 남한 당국과 관련 조직들은 중국정부, UN, 지구적 차원의 인권단체와 이 문제를 협의하고 발전을 모색하는 거시적 접근과 현지 인권 활동가들을 돕는 미시적 접근을 동시에 추진할 수 있을 것이다.

다음으로 난민으로서 영국, 독일, 캐나다, 미국 등에서 생활하는 탈북난민들은 어떠한 적응을 할 수 있을 것인가? 유럽과 미국 내의 반이민 정서와 더불어 합법적인 난민이라고 하더라도 유럽과 미국인들은 난민의 증가를 미국 내의 질적 수준의 저하, 사회 적응의 문제를 제기하며 불만을 표출하고 있다(김연진, 2007). 한편으로는 미국에서는 한인을 비롯하여 아시아인들이 보이는 사회경제적 성공의 원인에 대해 모범적 소수집단으로 설명하기도 한다(최수경, 2011: 154). 이는 미국사회에서 한인들이 주류문화를 채택하거나 적극적으로 흡수한 결과로 보는 것이다. 그렇다면 탈북난민들은 미국에서 주류문화를 채택, 흡수하는 동화를 나타낼 것인지, 아니면 다른 형태의 적응패턴을 보일 것인지를 정확하게 예측할 수는 없다. 물론 동화가 바람직한 이주 적응형태라고 할 수는 없지만 현재 미국사회의 정서, 제도 등을 본다면 다원주의 관점에서만 이들의 적응을 논의할 수 있는 상황도 아니다.

따라서 국내외 전문가들은 유럽이나 미국 내의 난민과 관련 있는 시민단체 등과 협력하여 보다 적극적으로 탈북난민들에게 관심을 가질 수 있도록 이슈들을 지속적으로 제기하고 공동 노력해야 할 것이다. 이와 동시에 북한을 떠난 북한주민들이 왜 남한보다는 다른 나라를 선택하며, 혹은 한국에서 정착하다가 유럽이나 미주 지역으로 다시 떠나는지를 점검할 필요가 분명히 있다. 이제 북한을 떠난 북한주민들, 그리고 남한으로 이주한 이북이주민들의 상황을 보면 남북의 문제로만 국한하는 것이 아니라 지구적 차원의 접근으로 방향 전환이 요청되고 있다.

12장:

남겨진 화두

우리는 이북이주민들과의 관계를 일방적 부담으로만 규정하여 그들이 우리 사회의 성장을 가로막는 집단으로 의미부여하면서 차별하거나 배제하지 않아야 한다. 이북이주민과 우리의 다름은 우리 사회를 성장과 발전으로 이끄는 요인으로 작용할 것이다. 구르는 돌로서 이북이주민들은 우리 사회의 고정 관념을 새롭게 볼 수 있도록 하면서 고인 물을 흐르게 하는 창조적 변화 매개체로 존재하게 될 것이다.

새로운 이방인의 등장인가

이북이주민들은 다른 국외 이주민들, 즉 결혼이주민이나 외국인노동자 등과 동일선상에서 취급받는다는 불만을 가지고 있다. 어떤 경우에는 그들이 조선족이라 부르는 재중동포보다 못한 대우를 받는다고 하소연하기도 한다. 때로 남한주민들이 이북이주민들에게 조선족이냐고 물으면 긍정도 부정도 하지 않거나 그렇다고 대답하기도 한다. 그만큼 이들은 자신의 존재를 밝히는 것에 대한 불편함과 두려움을 가진다는 것이다. 다르게 보면 남한주민들이 이들에게 그렇게 느끼도록 하는 시선을 보내거나 행위를 한다는 의미다. 이들은 자신들이 법적으로 부여받은 남한 국적을 실제 생활에서 그대로 적용받고 있다고 느끼지 않는다.

이북이주민은 대한민국 영토(헌법 제3조)에서 출생(국적법 제2조)한 우리 국민이므로 남한 입국 후 하나원 교육기간 중에 대한민국 국민으로서의 법적지위를 회복하게 된다. 법적인 측면에서 본다면 이북이주민들은 다른 국외 이주민들과 전혀 다른 대우를 받는 것이다. 즉 이들은 우리나라에 입국과 동시에 북한에서 출생한 것이 확인된다면 바로 국적을 취득하게 되는 것이다. 이렇게 우리나라의 국적을 취득하는 것에 대해서는 이북이주민이나 남한주민들 모두 큰 이견이 없는 분위기다.

그러나 남한주민들이 심리적, 문화적 차원에서의 이질감, 혹은 이방인으로 바라보는 태도는 쉽게 사라지지 않는 것 같다. 남한주민들은 대체로 이북이주민들을 동정적으로 바라보며 심정적으로는 도와주거나 함께 살아야 한다고 생각한다. 그러나 이북이주민들이 자신의 이웃이 되거나 동료로 생활하는 것에 대해서는 각자의 생각이 다르다. 어떤 사람들은 호기심으로 바라보기도 하고, 또 다른 사람들은 두려움, 혹은 적대적인 의심을 가지기도 한다. 아직도 공공연히 이북이주민들 전체를 '빨갱이'라고 단정하는 남한주민들도 많이 있다.

이분법적 지역감정에 익숙한 사람들은 더욱 이북이주민들을 선입견과 편견을 가지고 바라볼 수도 있다. 이북이주민들 중 일부가 보이는 사회적, 그리고 개인적 일탈 행위들이 매스컴을 통해 보도된다면 이들 남한주민들의 확신은 더욱 견고해 진다. 물론 이북이주민들 중 마약 거래에 관여되거나 사기, 폭행과 같은 범죄를 저지르는 경우도 다수 있으며, 남한사회에 적응하지 못하고 알코올중독이나 극단적 고립과 의존을 보이는 사람들도 있다. 혹자들은 한 번 배반한 사람들은 다시 배반할 수 있다거나, 북한에서 적응하지 못했거나 범죄를 저지른 사람들이 이동해 왔으니 당연히 남한에서도 부적응하거나 일탈행위를 한다고 단정하기도 한다.

이런 모든 가정들을 하는 사람들조차도 이북이주민을 우리와 다른 민족으로 보지는 않는다. 즉 이북이주민도 우리와 같은 한민족韓民族으로서 동일민족의 범주에 포함한다는 말이다. 그렇지만 동일민족이라는 대전제 속에서 이북이주민들은 성수소자와 같은 이질적 집단으로 취급받거나 게토에 머무르는 사회 소수자로서 지위를 부여받고 있다. 이북이주민들은 우리 사회의 법적, 형식적인 차원에서 우리민족으로 알려져 있지만 실제로 일상생활에서는 낯선 이방인으로 의미 부여되어 있다.

우리가 의도적으로 이북이주민들을 동일민족으로 바라보는 것은 세대마다 다르겠지만 아마도 교육적 효과이거나 외모와 단일 언어, 그리고 남북통일 이후의 기대 등에 따른 것이라고 생각한다. 남북이 분단된 지 70년이 지났지만 사람의 왕래는 거의 이루어지지 않았으며, 2000년대 이후에 이루어진 인구 이동은 북에서 남으로의 일방적이고 단선적 흐름이다. 이렇게 이주한 북한주민들은 남한에서 고립된 채 독특한 이방인으로서 살아가고 있다.

그들은 세금 도둑인가

남북이 분단된 직후부터 체제 경쟁을 할 때 이북이주민들은 체제 선전의 도구로서의 가치 때문에 많은 지원을 받았다. 이후 북한에서의 사회적 지위나 정보 활용의 정도에 따라 이북이주민들은 남한에서 다양한 대우를 받았다. 1990년대 중반이후에 대규모로 탈북하여 남한으로 이주하기 시작하면서 이북이주민들에 대한 지원은 통일에 대한 기회비용으로 보았다. 2000년대 중반이후 한 해에 2,000~3,000명의 이북이주민들이 남한으로 이주하기 시작하면서부터 본격적으로 이들의 적응이라는 문제에 관심을 가지기 시작하였다. 그리고 남한 정부는 이들을 위한 일시적 금전적 지원은 줄이고 남한사회에서 스스로 살아갈 수 있는 방안을 모색하고자 노력했다. 즉 미래로부터 온 통일역군 대신에 남한사회의 통합에 보다 많은 관심을 기울였다는 의미다.

이런 일련의 과정을 살펴보면, 결국 지금까지 남한당국은 이북이주민의 활용 가치에 보다 많은 초점을 두었다는 것을 알 수 있다. 초기의 체제 선전 도구로서의 활용뿐만 아니라 통일의 기회비용, 그리고 이들의 적응적 삶을 위한 비용 모두 결국 남한사회의 이해득실(그것이 장기적이든지 단기적이든지 간에)에서 비롯되었음을 부인할 수 없다. 물론 그 속에 인류애와 동포애가 전적으로 무시되었다는 것은 아니다. 하지만 이제 남한의 이북이주민들이 3만 명을 넘었기 때문에 당국은 주택과 현금 제공에 대한 부담뿐만 아니라 장기적으로 비생산자로서 사회에 의존하는 것에 대해 고민하고 있다.

남한의 일부 주민들은 세금으로 이북이주민들을 지원하는 것에 대해 거부감을 표시하고 있으며, 이북이주민들도 남한주민들의 세금타령에 불만을 표출하고 있다. 이는 결국 남한 내에서 남북주민들이 갈등하게 될 것이며, 남한주민들 중에서도 이북이주민 지원에 대한 찬성과 반대로 갈려 남남 갈등이 첨예할 수도 있다. 아마도 이것은 이북이주민들이 대규모로 이주하면서 나타나게 될 미래의 일일 수 있다. 일정 수준 이상의 이북이주민들이 남한으로 일시적인 이동을 하게 된다면 현재 수준의 지원을 할 수 없을 것이다. 예를 들면, 수만에서 수십만 명의 이북이주민들이 한꺼번에 남한으로 이동하게 된다면 일시적 피난처를 제공하는 수준에 머무를 수도 있다.

지금 이북이주민에 대한 지원은 남한사회, 그리고 남한주민들에게 이득인가? 아니면 손해인가? 이는 단순 산술이 아니라 고차방정식을 활용해야 하는 복잡한 성질의 문제일 것이다. 이북이주민과 관련된 국내외적 셈법은 매우 다양할 것이며, 이런 역동을 전혀 무시할 수도 없다. 그러나 현재 남한에 이주한 이북이주민들에 대한 우리 사회의 관심은 이들의 이곳 여기에서의 하루하루의 삶에 집중되어야 한다.

물론 이북이주민에 대한 정착금이 이들을 남한으로 올 수 있도록 도움을 준 브로커들에게 비용으로 지불되기도 한다. 또한 이북이주민들의 남한 소득은 북한에 있는 가족과 친지들에게 전달되거나 북에 남겨진 가족들을 남한으로 이주시키기 위한 비용으로 사용되기도 한다. 즉 이북이주민 개인적 차원으로 한정한다고 해도 이들의 삶은 남북뿐만 아니라 아시아 전체와 연결될 수밖에 없다는 것이다. 여기에 국제사회의 정치경제적 역동까지 더한다면 결코 이들의 삶에 대한 관여가 단순한 문제는 아니다.

그러나 이북이주민을 위한 지원, 그리고 이들의 남한사회에 존재하는 것 자체를 이해득실로 판단한 정책 수립은 바람직하지 않다. 어떤 현상을 이해득실의 관점으로 본다는 것은 이득이 없을 경우에 그것을 버리거나 무시하거나 차별하거나 심하면 폭력이 가미되기도 하는 것이기 때문이다. 지금 우리나라에 하나의 독특한 인구 집단이 형성되거나 이동하고 있음을 살피면서 이들이 우리와 더불어 살아야 하는 사람들이라는 문화 형성이 더욱 필요한 시점이다. 이는 우리 사회가 보다 다양한 문화에 대해 어떻게 생각하고 대처하는지, 북한에서 살아가고 있는 사람들을 어떻게 생각하고 있는지 등과 관련이 된다. 우리는 현재 남한에 살고 있는 이북이주민들을 남북의 정치, 군사, 사회적 대립의 맥락에서 벗어나서 한 명 한 명의 사람, 즉 여기에서 오늘도 실존적 삶을 살아가는 인간으로 바라보아야 한다.

과거, 현재, 그리고 미래

여기서는 저자가 생각하는 이북이주민의 과거, 현재, 그리고 미래와 관련된다고 보는 몇 몇 개념들을 연결하면서 마무리하고자 한다. 이북이주민들의 이동이 본격화된 1990년대 중반 북한의 '고난의 행군'시기 이후부터 다루기로 한다.

생존

1990년대 중반 북한의 극심한 식량난으로 아사자가 급증하자 중국과 국경에 가까운 북한주민들(대부분 여성들)이 가족들의 식량을 구하기 위해 두만강을 건너기 시작하였다. 이 고난의 행군 동안 뚜렷한 근거는 없지만, 일부 남한의 언론들은 아사자가 3백만 명이라고 주장하기도 했다. 2010년 통계청은 '고난의 행군(1996~2000년)' 시기에 33만여 명이 사망했으며, 1990년대 중반 이후 10여 년(1994~2005년)간 식량난으로 61만 명의 인구 손실을 본 것으로 추정하였다(통계청, 2010).

더불어 이북이주민들의 증언에서도 가족과 친지 중에서도 아사자를 수없이 목격하였으며, 길거리에 시체가 방치되었으며 제대로 장례도 치르지 않았다고 하였다. 또한 봄이 되면 제대로 묻지 않은 시체들이 땅 밖으로 드러나기도 하고, 가족이 해체되면서 일명 꽃제비로 불려지는 거리의 아이들도 엄청나게 증가하였다고 하였다. 가족 전체가 아사할 지경에 이르자 주로 여성들이 중국의 친척들에게 원조를 구하러 가거나 장사를 위해 중국을 넘나들었다. 이 당시 중국에 많게는 30~40만 명의 북한주민들이 일시적으로 거주한 것으로 알려져 있다. 북한주민들은 생명을 유지하기 위해 그들이 말하는 도강을 시도하였던 것이다.

설렘 그리고 들뜸

북한의 식량난에 의한 대변화는 남한사회 전체를 흥분하도록 만들었다. 북한체제의 붕괴에 의한 통일이라는 거대 담론부터 남한으로 이동하기 시작한 이북이주민들에 대한 호기심까지 다양하였다. 정부는 1997년 이북이주민 지원에 대한 법률을 정비하여 『북한이탈주민 보호 및 정착지원에 관한 법률』로 개정하였다. 이후 북한이탈주민지원재단(남북하나재단)을 설립하고 지역사회에 북한이탈주민지역적응센터(하나센터)를 운영하기 시작하였다.

또한 이북이주민들에 관심을 가진 많은 연구자들이 등장하였으며, 연구비도 다양한 차원에서 지원되었다. 연구자들은 독일통일 과정에서 나타난 현상들을 주목하면서 남북통일뿐만 아니라 이북이주민 문제에도 확대 적용하려는 시도들을 하였다. 2000년 이후에는 중국의 이북이주민들이 기획입국을 통해 남한으로 대규모로 이주하였으며, 이런 장면들이 자주 매스컴에 노출되면서 더욱 많은 호기심과 각자의 입장에서 설렘이 있었다. 우리 사회의 정치, 사회, 종교 등의 모든 분야에서 약간의 들뜸이 있었던 시기였던 것 같다. 특히 기독교를 중심으로 남한의 이북이주민뿐만 아니라 중국의 이북이주민들에게도 많은 관심을 가졌다.

이 시기에 이전보다 대규모로 남한에 이주한 이북이주민들은 초기에 남한생활에 대한 환상들이 있었으며, 남과 북 그리고 중국에서의 삶을 비교하면서 안도하거나 보다 나은 삶에 위로받기도 하였다. 이들은 남한에서 제공되는 주택에 살면서 초기 정착금과 이후의 다양한 사회보장제도로 일상생활을 하기 시작하였다. 어떤 경우에 초기 정착금은 다른 가족을 남한으로 이주시키기 위한 브로커 비용으로 쓰이거나 북한에 있는 가족에게 송금하기도 하였다. 또 다른 경우에는 자신의 이동을 도와준 브로커들에게 후불 형식으로 정착금을 사용하기도 하였다. 남한의 준비도 어수선하였지만 이북이주민들의 남한 초기 적응도 흥분, 기쁨, 당혹, 혼란의 과정을 연속적으로 이어가고 있었다.

트라우마

이북이주민들이 남한에 정착하면서 그들의 목소리로 자신들의 고통스러웠던 삶을 이야기하기 시작했다. 북한에서의 배고픔, 가족과의 이별, 두만강을 건너가는 긴장감(많은 이북이주민들이 강을 건너면서 다치거나 붙잡히거나 하였으며, 심지어 돌이 갓 지난 자녀를 안고 강을 건너서 중국에 도착해 보니 그 아이가 죽어있는 경우도 있었음), 북한 감옥에서의 처참한 생활(사람이 살 수 없는 만큼의 좁은 공간, 빈대와 겨울의 추위, 폭행, 배고픔 등 전혀 인간으로서의 대우를 받지 못함), 중국에서 신분노출의 두려움으로 인한 칼끝의 긴장(신발이나 바지도 못 벗고 잠을 잤다고 하는 사람들도 있음), 중국에서 동남아나 몽골로 이동하기 위해 수백 킬로미터를 걸어서 이동하면서 겪는 두려움이나 고통(실제 몽골로 가는 사막에서 사망하기도 하고, 동남아로 이동하는 과정에서 목숨이 위태로움) 등이 세상 사람들에게 알려졌다.

이들의 이동 과정은 다큐멘터리 형식으로 제작되어 방송되기도 했으며, 이북이주민들의 실제 증언들을 통해 사람들을 더욱 경악케 하였다. 저자의 경우에도 이북이주민들과의 면담 과정에서 이런 트라우마trauma들을 수없이 전해 들었다. 꽃제비로 거리를 방황하던 10세 아이가 철길에서 자다가 기차에 의해 다리가 절단된 경우, 이북이주민 여성들의 중국에서의 인신매매와 성폭행, 고문과 폭행, 북한 감옥의 상상할 수 없는 무자비함, 가족과 친지의 죽음 목격, 거리의 시신들, 끝없는 죽음 공포, 중국에서의 극단적 긴장의 연속 등의 외상 체험들을 간접 경험하였다.

이런 외상, 즉 인간으로서 감당하기 어려운 충격적 경험들은 오히려 그 이후가 더욱 고통스럽고 감당하기 어렵다. 전쟁에서 아군과 적군의 죽음, 매일 매일의 죽음 공포에서 살아남았다고 하더라도 이후의 일상에서 온전한 정신으로 살아갈 수 없는 사람들도 많이 발생한다. 그들의 몸은 전쟁 상태와 같이 긴장되어 있으며, 그 당시의 두려움의 반복으로 이상행동을 하거나 정신병적 상태로 이어지기도 한다. 이북이주민의 경우에도 밤마다 악몽을 꾸거나(그가 경험한 트라우마 사건의 반복이나 두려움이 다시 떠오름), 이전 상태로 자신의 에너지를 회복하지 못하여 무기력하게 지내기도 하였다. 이는 며칠 혹은 몇 달의 문제가 아니라 몇 년, 혹은 평생토록 그 개인을 힘들게 할 수도 있다.

이북이주민들의 외상은 남한주민들에게는 동정의 대상이 되었으며, 연구자들에게는 연구 목적을 생성하도록 만들었다. 이후 연구자들은 이북이주민들의 트라우마 실태를 확인하거나 그 과정과 결과를 발견하거나 감소시키는 요인을 찾기 위해 노력하였다. 또한 질적 연구를 통해 그들의 외상 경험들을 생생하게 전달받고자 하였으며, 어떤 경우 그들의 외상이 성장으로 이어질 수 있다고 하였다. 그러나 이런 연구와 상관없이 이북이주민들의 외상은 그들 속에 남아 있으며, 아마도 평생토록 그들의 삶과 함께 할 것이다. 다만 표면적으로 사라진 것처럼 보일 수 있으며, 어떤 사람들의 경우에는 평생 외상의 영향으로 자신의 일상생활을 제대로 수행하지 못할 수도 있을 것이다. 어찌되었건 결국 시간이 지나면서 이북이주민들은 남한에서 하루하루를 살아야 하는 사람으로 남겨지게 되었다. 그때부터는 또 다른 삶의 문제들이 나타나기 시작하는 것이다.

적응과 통합(우리들의 시각)

현재 이북이주민들의 삶과 관련하여 가장 빈번한 용어는 적응과 통합이다. 이 두 개념의 의미와 차이를 자세하게 논하는 것을 여기서 할 수는 없다. 이렇게 우리가 이북이주민들의 삶과 관련하여 적응과 통합을 강조하는 이유를 살펴볼 필요가 있다. 대부분 이북이주민의 적응은 문화적응이론으로 설명하면서 논리를 전개해 나간다. 그리고 문화적응은 한 두 마디의 개념적 정리로 끝날 수 없는 복잡하고 다양한 이론적 구조를 포함하고 있다.

하지만 적응이란 용어를 사용한다는 것은 결국 우리의 기존 체제 속에 어울리면서 적절하게 그들 자신들을 맞추어서 개인적 행복감과 안녕을 찾아가라는 의미다. 이를 달성하기 위해, 어쩌면 더 빨리 효율적으로 달성하기 위해 정부당국은 온 힘을 다해 이북이주민 정책을 수행하고 있는 것이다. 초기의 일시 정착금을 이북이주민들이 제대로 활용하지 못한다고 판단하여 초기 현금 지원을 줄이면서 그들이 남한사회에 적극성을 보이는 만큼 지원하는 것으로 바꾼 것 등이 대표적이다. 최근의 자활이라는 개념도 어떻게 하든지 남한의 체제에 순응하면서 생산적 활동에 참여하여 스스로 경제적 독립생활을 하도록 하겠다는 의미다.

마찬가지로 통합이란 개념도 단순하게 정의내릴 수 없으며, 이북이주민과 관련하여서는 사회통합social integration이라는 용어를 자주 사용한다. 이북이주민과 관련하여 사회통합은 그들이 남한에 소속감을 가지고 사는 것, 사회적으로 배제되지 않는 것, 그리고 미래의 통일준비로 보는 시각 속에서 언급되고 있다(이민영, 2015). 한편 이북이주민들이 지역사회에 통합된다는 것은 이북이주민들이 남한주민들이 이용하는 지역사회자원을 똑같이 이용하는 것, 남한주민들이 참여하는 지역사회활동에 동등하게 참여하는 것, 지역사회에서 남한주민들과 정기적으로 만나는 것, 남한주민들에게 따뜻한 이웃의 정을 느끼는 것 등의 확인에서 비롯된다(엄태완, 2012).

적응의 개념도 상호성이 포함되어 있지만 이북이주민 통합이란 개념을 사용하면서 남한사회나 구성원들이 어떻게 해야 하는가도 질문하고 있다. 예를 들면 이북이주민들이 사회적으로 차별이나 배제를 받지 않아야 한다거나 남한사람들과 동등한 참여와 활동이 보장되어야 한다는 것 등이다. 이는 이북이주민들의 일방적인 우리 사회 순응이 아니라 우리의 체제 그리고 구성원들도 이들의 적응을 위해 변화되어야 한다는 것을 말한다. 그러나 우리 사회가 이북이주민들이 사회적으로 배제되지 않도록 체제나 문화를 변화시키려는 시도는 그리 흔하게 발견되지 않는다. 여전히 이북이주민들이 자발적으로 어떻게 하면 사회에 참여할 수 있을지, 남한주민들과 잘 관계할 수 있을지, 남한의 한 사회구성원으로 그들 스스로 소속감을 가질 수 있도록 하는 데에 초점을 맞추고 있다. 여기서 우리들이 간과한 것은 바로 이북이주민 그들은 어떻게 살고 있고, 무슨 생각을 하고 있으며, 그리고 과연 행복한가라는 질문이 부족하였다는 사실이다.

일상적 삶(이북이주민들의 현실)

그렇게 소망하여 남한으로 이주한 북한주민들의 탈남 소식은 우리 모두를 당황케 하고 반성케 하였다. 특히 미주나 유럽 등의 선진국으로 이동한 경우에는 어떤 이해도 가능하지만 소수이지만 다시 북한으로 돌아간 경우를 단지 개인적 문제로 여겨버리기에는 무언가 답답함이 있다. 왜 이렇게 되었는가. 우리 사회가 관련 기관을 만들고 재정을 투입하여 그들이 남한에서 잘 살도록 온갖 노력을 다했음에도 이런 상황이 발생하게 되었는가. 그리고 탈남을 하지 않았다고 하더라도 이북이주민들의 남한생활에 대한 불만은 점점 높아져가고 있다.

우리가 좀 성급했던 것 같다. 우리가 만들어 놓은, 그리고 그들에게 적합하다고 미리 예측한 틀에 끼워 맞추려 했던 거 같다. 그들의 삶을 찬찬히 들여다보지 않았다. 즉 그들의 매일, 매 순간의 삶이 어떠하며 바로 그곳에서 무슨 일이 일어나는 지에 대한 관심이 부족하였다. 이북이주민들은 과거의 질서와 정체성을 가지고 새로운 실제적 상황에 대처하면서 혼란을 경험할 수밖에 없다. 이때 이북이주민의 경험을 단지 제3자의 관점에서 보거나, 하나의 체제에 고정시키려 하거나, 심리적 또는 문화적 차이만을 주목해서는 안 된다. 이북이주민들의 삶을 있는 그대로 보고 그들의 언어를 기반으로 한 '일상'에 보다 많은 관심을 가져야 한다.

지금 이북이주민들은 과거와 연결되어 있지만 현재를 살아가는, 그리고 미래를 고민하면서 삶을 지속하고 있는 실존적 존재들이다. 사실 그들의 삶은 수동적일 수밖에 없다. 이북이주민들이 경험하고 학습한 것들은 여기에서 별로 효용가치가 없을 수도 있고 심지어는 부적응을 일으키는 기제로 작용할 수도 있다. 낯선 환경과 사람들의 태도에 힘들 수 있고, 신분이 노출된 경우에 주목받는 것에 어려움을 느낄 수도 있다. 어쩌면 실제 접하는 부분보다는 사회문화적 구조, 즉 우리 사회 전체의 체제나 이북이주민들에게 적용되는 정책이나 문화와 같이 보이지 않지만 강렬하게 작용하는 시스템에 더욱 좌절되거나 위축될 수 있다.

이렇게 막히고 구분되고 방향을 잡을 수 없는 공간에서 이북이주민들은 하나의 유기체로서, 한 명의 인간으로서 점점 무기력해지거나 불안해지거나 극단적으로 혼란과 방황을 반복할 수밖에 없을 것이다. 우리들은 이런 이북이주민들의 상황을 좀 더 찬찬히, 그리고 더 적극적으로 들여다보아야한다. 그러나 우리 사회 자체가 지금 불안의 시대에 살고 있기 때문에 타지에서 온 이방인이라고 여기는 이북이주민들을 위해 자발적 관심을 보이기는 어려움이 많다. 따라서 이북이주민과 남한주민 모두 공감할 수 있는, 그리고 인간다운 삶을 위해 모두에게 동시에 중요한 문제를 같이 공유하는 것이 필요하다. 이북이주민뿐만 아니라 남한주민들도 삶을 살아가기 위해 반드시 필요한 인간다운 삶을 살기위한 권리, 즉 인권을 남북주민 모두 동시에 주목하여야 한다는 것이다.

인권

이제는 인권이 남북주민 모두의 공동 관심사가 되어야 한다. 이북이주민에게만 초점을 맞춘 인권은 일시적 동정심이나 사회적 형평성 논란만 일으키며 제도적이고 문화적 현상으로 이어지기 어렵다.

인권은 인간human과 권리rights라는 두 단어로 구성되어 있다. 이들 두 단어의 의미를 모두 포함하여 인권을 정의하는 것은 쉽지 않다. 인권 관련 문헌에서 인간보다는 권리에 더 많은 관심을 가져왔으며, 이는 인간의 중요성을 경시하게 만들었다. 이북이주민의 인권에 대한 관심이 증가되고 있지만, 인간 그 자체에 관심을 두기 보다는 그들의 권리보호에 일차적 초점을 두어 왔다. 우리는 이북이주민의 인권과 관련된 두 단어 중 '인간'을 너무 간과하여 왔다.

현대의 인권 담론은 서구 인본주의에 근거한다. 인본주의는 서구 계몽주의의 중요한 부분으로 일상사의 중심을 신에서 인간으로 대체시켰다. 따라서 인본주의는 인간의 중요성을 재정의 하고 이성을 강조하면서 모든 사람들이 더불어 살아야 한다고 가정하였다. 이런 가정하에서도 이상적 인간은 백인, 유럽인, 성인 남자, 활동 가능한 신체, 평균이상의 지능 그리고 교육수준이 높은 사람이라고 규정하였다(Ife, 2010).

모든 사람들은 이러한 이상적 사람이 되기를 열망하는 것으로 보았으며, 교육, 문헌, 정치, 경제 등의 사회문화적 장치들은 이를 실현하기 위한 방향으로 진행되었다. 초기의 인권 개념에서 인간이라는 용어는 중립적이지 않으며 고정된 개념도 아니었다. 인권에서 인간은 다른 상황과 목적에 따라 재정의 되거나, 그 필요성에 의해 다르게 해석되었다. 그러나 이후에 다양한 과정을 거치면서 인간의 존엄성은 강조되었으며, 단지 인간이라는 이유만으로 존중받고 인간답게 살 권리가 있음은 불변의 진리가 되었다.

이북이주민 인권과 관련하여서도 권리만 부각시킬 것이 아니라 '인간'도 동시에 강조하여야 한다. 이북이주민 적응프로그램이 그들의 생존권을 보장하기 위한 최선의 정책이라고 판단하더라도 그 속에서 효율성의 지나친 부각으로 '인간' 이북이주민을 놓칠 가능성도 동시에 생각해야 한다. 이북이주민의 남한사회 성공적 정착, 기계적 투입에 의한 사회 맞춤형 산출에 매몰된다면 생명을 가지고 사고하는 능력을 가진 존재로서의 인간을 놓치게 될 것이다. 이는 결코 배부른 투정이 아니다. 이북이주민의 생존권에만 집착하는 모든 제도와 문화는 그들을 그 수준에 머물게 할 것이며, 결국 여기에서 함께 살아야하는 모든 인간들에게 이롭지 않다.

인권은 자연권natural rights, 국가 의무states obligations, 구성되는 권리constructed rights 관점으로 설명된다(Ife, 2010: 73~77). 자연권 관점에서 인권은 자연적 상태의 일부로서 인간이 태어날 때부터 가지고 태어나는 것으로 본다(Reichert, 2011). 즉 인간이라면 누구나 누려야 하는 보편적이며 천부적 권리이며, 모든 인간은 어떠한 사회적 조건에 상관없이 평등하며 자유와 행복을 추구하는 양도 불가능한 권리라는 것이다. 자연권적 인권 정의는 인권의 내용이 구체적으로 어떠한 것들이라고 제시하지 않는다.

자연권 관점은 가치론적이고 규범적 차원이기 때문에 철학적이며 이론적 담론에 토대를 두고 있다. 자연권적 관점을 바탕으로 인권실천가는 인권 침해를 받는 사람들에게 권리를 교육하고 실제적으로도 그들에게 권리가 존재한다는 사실을 깨닫도록 한다. 이북이주민의 경우에 어떠한 상황에서도 '인간'으로 대우 받아야 한다. 그리고 함께 하는 모든 사람들도 이북이주민들의 인권을 민감하게 인식할 수 있어야 한다.

국가 의무 관점에서 인권은 국가에서 시민들에게 그들의 인권을 깨닫게 하거나 보호해야 하는 것으로 본다. 일반적으로 이것들은 인권에 대한 법안이나 정책의 형태로 나타난다. 인권은 법률, 사회정책과 사법체제, 다양한 정부 프로그램(교육, 건강, 주택, 사회보장 등을 강화하기 위한)을 통해 보호된다(Ife, 2010). 이 관점에서 인권은 국가적 시민권과 동일시되는 경향이 있다. 그러나 이 관점에서 본다면 국민이 아닌 외국인 노동자나 난민들을 보호하는데 한계가 있다. 이들은 같은 지역에 살지만 그 나라의 국민들보다 권리가 취약하다. 이는 인권의 보편주의에 위배되는 것이다.

국가 의무 관점은 인권과 법률이 동일시되기 때문에 법률가들이 인권 문제에서 지배적인 역할을 하는 경향이 있다. 그러나 인간의 삶은 다양한 상황 속에서 전개되기 때문에 인권의 법적인 측면만으로는 부족하다. 이 관점에서 본다면 법에 의한 교육, 건강, 고용, 그리고 생계 보장과 같은 권리들을 충분히 보장해야 하지만 이를 통해 완전하게 달성하기란 어렵다. 인권을 보호하기 위한 국가의 역할은 법률을 제정하는 것뿐만 아니라, 실질적 복지서비스를 제공함에 있다. 이북이주민들의 경우에 단지 법률에 근거해서 인권을 보장받는 데에는 한계가 분명히 존재한다. 이북이주민들의 삶 전체에서 그들의 인권을 보장받을 수 있도록 하는 사회문화적 전환이 필요하다. 물론 그 바탕에는 우리 사회 모든 구성원들의 인권 민감성이 동시적으로 작용하고 있어야 한다.

구성되는 권리constructed rights 관점에서 인권은 인간 사회에서 끊임없이 협상하고 정의하고 재정의 하면서 구성된다고 본다. 이 관점에서 인권은 인간 본성의 일부이거나 헌법이나 법률에 의한 것이 아니라는 것이다. 인권은 인간이 무엇인지, 우리가 다른 사람들을 어떻게 대해야 하는지, 그리고 우리가 어떻게 대우받기를 원하는지를 협상하는 과정에서 나타난다고 본다(Ife, 2010). 이 관점에서 인권은 보편적이고 안정적이라기보다는 상황적이고 역동적이다. 이 관점은 인권 문화를 개발하는 것을 중요하게 생각하며 전체 사회에 인권에 대한 책임성을 강화시킬 수 있다.

어찌 보면 구성되는 권리 관점은 우리 사회 모든 구성원들이 인간답게 살아가도록 만드는 만장일치의 합의 과정을 말하는 것이다. 추상적이고 법률적 인권 개념을 넘어 우리 사회가 자발적으로 모든 사람의 인권에 관심을 가지고 새로운 인권 아젠다를 개발하고 서로서로를 존중하는 문화를 만들어야 한다는 것이다. 이북이주민들의 인권도 단지 법률에 제시된 항목들을 넘어 모든 사회구성원들의 공정한 합의를 통해 재정의하면서 끊임없이 새롭게 만들어져야 한다. 그러나 현실은 법률적 범위 안에서도 제대로 인권이 보호되지 않는 경우도 많다.

사회정의

사회정의social justice란 의미를 한마디로 설명하기는 쉽지 않다. 사회정의는 역사적으로 계속 논쟁이 되어 왔던 복합적인 개념이다. 사회정의의 유형은 다양하게 제시되고 있으나 일반적으로 분배적 정의distributive justice, 인지적 정의recognitive justice, 정치적 정의political justice, 절차적 정의procedural justice 등으로 분류될 수 있다(김달효, 2013; 205~210).

분배적 정의는 '사회의 자원을 어떻게 공정하게 분배할 것인가'와 관련되는 개념이며, 인지적 정의는 문화적 지배, 불인정, 경멸disrespect이 없는 것과 관련되며, 정치적 정의는 '정치적 권리의 평등과 국민의 동의를 구하는 것'과 관련된 개념이며, 절차적 정의는 '의사결정 과정에서 다른 집단들에 비해 상대적으로 어느 한 집단에 얼마나 많은 투입이 가해졌는가'와 관련되는 개념이다.

분배적 정의는 한정된 재화와 자원을 공평하게 필요한 사람들에게 분배하는 것과 관련된다. 그러나 자유주의, 특히 신자유주의 체제에서 모든 사람들이 사회의 자원을 공정하게 분배받는다는 것은 이상적 언설이다. 당연히 사회적, 경제적 불평등을 초래할 수밖에 없다. 롤즈(J. Rawls)는 이러한 사회적·경제적 불평등은 다음의 두 조건을 만족시켜야 한다는 정의의 원칙을 제시하였다. 첫째는 모든 사람들의 이익이 되리라는 것에 합당하게 기대되고(차등원칙), 둘째는 모든 사람들에게 개방된 직위와 직책이 결부되게끔 편성되어야 한다(공정한 기회균등의 원칙)는 것이다.

물론 롤즈의 정의론은 비판적 논쟁이 지속되고 있으며 완벽한 분배적 정의를 설명하는 것도 아니다. 하지만 분명한 것은 이런 정의의 논쟁 속에 사회구성원으로서 이북이주민들도 당연히 포함되어야 한다. 롤즈는 모든 사람들의 이익, 보다 좁히면 이북이주민들과 같은 사회의 최소수혜자들에게 최대의 이익을 가져다 줄 수 있어야 사회적·경제적 불평등이 사회 정의의 원칙에서 벗어나지 않는다고 본다. 또한 모든 사람들이, 이북이주민들과 같은 사회 소수자를 포함하여 사회에서 공정한 기회를 얻을 수 있어야 정의로운 사회란 의미다. 따라서 이북이주민 청소년들을 위한 교육적 투자나 남한사회 직업 적응력 향상을 위한 지원이 정의의 원칙에서 위배되지 않는다는 것이다. 소수의 이북이주민을 고위 공직에 배정하는 것보다는 모든 이북이주민들의 사회적 전망을 높일 수 있는 정책적 지원이 보다 정의롭다는 의미일 수 있다.

인지적 정의는 이북이주민들에게 보다 많이 관련되는 유형이다. 인지적 정의는 '문화적 제국주의cultural imperialism'가 존재하지 않는 것이 정의라는 의미와 관련된다. 문화적 제국주의는 한 사회의 지배적 집단의 경험과 문화가 대표적인 것으로 일반화되어 그 사회의 중심 네트워크와 정체성으로 자리매김하는 것을 말한다. 만약 우리 사회가 문화적 제국주의로 지칭된다면 이북이주민과 같이 지배적 집단에 포함되지 않는 사람들은 문화와 현실에서 억압받거나 경멸의 대상으로 여기질 수 있다. 우리 사회가 문화적 제국주의가 팽배하여 정의롭지 않은 사회로 나아가고 있다면 우리들은 분노, 슬픔을 넘어 저항의 노력이 필요하다.

정치적 정의는 정치적 권리의 평등을 의미하는데, 정치가 사회구성원의 동의를 받아서 이루어져야 하고, 그러한 정치의 과정과 의사결정이 민주적이고 평등하여야 한다. 또한 실질적으로도 시민권적 자유를 보장받아야 하는 것과 관련된다. 롤즈의 정의의 제1원칙인 '각자는 다른 사람들의 유사한 자유의 체계와 양립할 수 있는 평등한 기본적 자유의 가장 광범위한 체계에 대하여 평등한 권리를 가져야 한다'와 맥락을 같이 한다. 제1원칙에 의해 요구되는 모든 시민들의 기본적 자유는 표현 및 결사의 자유, 양심 및 사상의 자유, 인신의 자유 및 사적 재산소유의 자유, 임의의 체포 및 구금으로부터의 자유이다(황경식, 2003: 106). 이북이주민의 경우에도 마땅히 보장받아야 할 권리이며, 이는 우리 사회의 정치적 정의와 연결된다.

절차적 정의는 우리 사회의 의사결정이 얼마나 중립적이고, 신뢰로우며, 상호존중 하는 토의 과정에서 이루어지고 있는가와 관련된다. 롤즈는 정의가 무엇인지를 직접 언급하기보다는 공정한 절차에 의해 합의된 것이면 정의로운 것이라는 순수 절차적 정의를 제시한다(황경식, 2006: 173). 롤즈는 완전한 절차적 정의와 불완전 절차적 정의, 그리고 순수 절차적 정의로 구분하였다. 순수 절차적 정의란 정의로운 어떤 특정 결과가 정의로운 것인지를 판단할 수 있는 기준은 없으나, 다만 그 결과에 도달하기 위해 따라야 할 절차나 규칙이 있고, 그것에 따르기만 하면 저절로 정의로운 결과를 낳게 되는 경우이다. 순수 절차적 정의의 한 사례로 롤즈는 자발적으로 이루어지는 게임을 예로 든다. 참가자들 모두가 미리 합의한 공정한 규칙과 절차를 속이는 일이 없을 경우, 그 결과는 내용에 상관없이 정의로운 것이다(황경식, 2003).

완전한 절차적 정의는 정의로운 결과를 평가할 독립적인 기준도 있고, 그 결과에 도달할 공정한 절차를 모두 지닌다. 롤즈가 인용한 완전한 절차적 정의의 한 사례는 동일한 상황에 있는 몇 사람에게 케이크를 나누어 주는 것이다. 이때 완전한 절차적 정의는 어떤 한 사람으로 하여금 케이크를 자르게 하고, 다른 모든 사람들이 케이크를 가지고 간 이후에 케이크를 자른 사람이 마지막으로 남은 케이크를 갖는 것이다. 이 경우 그는 자신의 몫을 가능한 최대한 보장받기 위해 케이크를 똑같이 자를 것이다(황경식, 2003). 불완전한 절차적 정의는 정의로운 결과에 대한 독립적 기준은 있으나 그 결과에 도달할 절차가 없을 경우이다. 형사재판의 경우에 적절한 사례가 된다. 형사 재판의 목표는 죄인이 죄질에 따라 형을 받고 무죄이면 방면되는 것이다. 그러나 형사 재판은 정의로운 결과는 알려져 있으나 재판 절차는 알려져 있지 않다. 즉 재판관은 최선의 절차를 택하겠지만 경우에 따라 유무죄가 제대로 판결되지 않을 수도 있어, 이러한 형사 재판은 불완전한 절차적 정의의 사례가 되는 것이다(최문기, 1999).

롤즈는 절차의 공정성이 결과의 정의를 보장한다고 보았다. 롤즈는 실제적으로 실현가능성이 낮지만 의사결정의 과정은 만장일치로 가는 이상적인 토의를 통해 합의의 과정으로 가야한다고 본다. 우리 사회의 모든 의사결정 과정이 마찬가지이겠지만 특히 이북이주민들과 같이 사회 소수자와 관련된 의사결정은 단지 효율성이나 다수제의 원칙만을 강조하기 보다는 모든 사회구성원들이 합의할 수 있는 절차적 과정의 정의도 중요하게 고려해야 할 것이다.

사회정의란 개념 정의가 단순하지 않기 때문에 사람들에 따라 다양한 의미로 사용될 수 있다. 하지만 모든 사회구성원들은 사회정의가 달성된 사회에 살고 싶어 한다. 그렇다면 정의로운 사회를 어떻게 판단할 것인가? 클락(Clark, 2006)은 인간 존엄성이 보장되는가, 모든 사람들이 사회에 참여할 수 있는가, 공정한 기회가 보장되는가, 사회의 자원이 공정하게 분배되는가, 문화적 다양성이 존중되는가와 같은 다섯 가지 기준을 제시하였다. 이제 이북이주민과 관련된 연구와 실천들도 사회정의의 관점 속에서 이루어질 필요가 있다. 클락을 인용해 보면, 이북이주민들이 인간으로서 존중받고 있는지, 이북이주민들도 우리 사회에 참여하여 소속감을 가질 수 있는지, 이북이주민들도 우리 사회의 모든 영역에서 공정한 기회를 보장받고 있는지, 이북이주민들도 우리의 사회적 자원을 공정하게 분배받고 있는지, 이북이주민들의 문화적 다양성도 존중받고 있는지 등과 관련된다. 이북이주민들은 우리 사회의 '사회정의'개념을 불러오는 상생의 매개체라고 볼 수도 있다.

상생, 그리고

모든 인간, 더 확장하면 모든 유기체는 더불어 살아야 한다. 이것이 바로 상생이다. 상생相生이란 '자신만이 아니라 다른 사람과 생명체 및 모든 존재의 소중함을 인정하여 자신의 권리와 똑 같이 이들의 정당한 권리를 존중하면서 이들과 서로 도우면서 함께 살아감'을 말한다(이근식, 2005: 100). 우리는 지금 하루하루의 일상을 살고 있는 이북이주민들과 상생해야 한다. 우리의 과거, 현재, 그리고 미래를 위해 상생하여야 하는 것이다.

새로운 곳으로의 이동은 사람과 동물 모두에게 고통스럽고 혼란스런 상황에 직면하게 된다. 중국의 전통 「회남자」의 '주술훈'에서 보면, "배를 삼킬 만큼 큰 물고기라도 풍랑에 떠밀려 물가로 쓸려오면 작은 개미들에게 제압당한다. 그 거처를 떠났기 때문이다. 원숭이가 나무에서 떨어지면 여우나 살쾡이에게 잡힌다. 그 거처가 아니기 때문이다"라고 한다(김성환, 2010: 279~280). 인간들도 마찬가지다. 그들에게 익숙한 공간을 상실하고 새로운 삶의 환경으로 이동하였다면 장·단기적 고통은 어쩌면 당연하다고 하겠다.

현재 다른 기회와 억압을 피해 이동하는 이주민과 난민은 세계 모든 국가들에 있어서 특징이다. 전 세계는 경제적 불확실성, 정치적 불안정, 기후변화로 인해 난민의 수를 증가시킬 것이고, 모든 국가들은 자타의적으로 '이방인'을 맞이하게 될 것이다(Ife, 2010: 178). 이때 민족적 유산heritage을 중요시하면서 사회전체가 어떤 방식에서 위협받는다고 느낀다면 '이방인'은 사회의 공공의 적으로 분류될 가능성이 높다. 만약 그 사회의 정치, 경제적 불확실성이 증가한다면 외국인 혐오증xenophobia을 유발하고 정치적인 목적으로 '이방인'들을 활용하게 될 것이다. 이북이주민의 경우 다른 국외의 난민들과는 전혀 다르다. 하지만 우리 사회가 안정적이지 않았을 때 이들은 언제든지 '이방인'이 될 것이며, 제노포비아는 아닐지라도 그들을 활용하거나 이용할 가능성도 높다.

이에 우리 사회는 단지 이북이주민들을 위해서가 아니라 구성원들 전체를 위해 모든 생명(인간을 포함한)을 존중하여 '너도 생명이요, 나도 생명'이라는 상생의 관점에 보다 주목할 필요가 있다. 중국의 전통 「회남자」에서는 인간중심을 넘어 자연 전체를 하나의 거대한 생명체로 보았다. 「회남자」에서는 천지만물이 하나의 커다란 생명이고, 온 우주가 한 몸이라고 하였다. 인간도 자연의 섭리 안에서 살아가는 '자연 안의 존재'이다. 즉 인간이 자연을 제멋대로 조작할 수 있는 게 아니라, 실은 대자연이 인간을 낳고 양육한다고 본다. 따라서 우주는 천차만별인 사물의 자발적이고 자연스러운 작용이 조화를 이룬 하나의 커다란 생명이라고 본다(이석명, 2010).

도가 사상 중에 음양오행설에서는 상생을 중심으로 만물의 변화를 설명하고 있다(김성태, 2010: 224~225). 오행론의 근간을 이루는 변화의 기본 법칙과 작용은 상생과 상극에서 찾을 수 있다. 상생에는 밑거름이 되는 희생과 서로 돕는 상부상조의 의미가 담겨 있으며, 상극에는 처음부터 생장을 못하도록 막는 극제剋制와 일정한 것만 허락하고 더 이상의 진행은 막는 억제抑制의 뜻이 들어 있다. 상생과 상극은 돕는 작용과 막는 작용이라는 서로 상반되는 역할을 통하여 만물의 변화를 주도한다. 즉 상생이 없으면 성장할 수 없고 상극이 없으면 발전을 이룰 수 없으니, 상생은 길하고 상극은 흉한 것이 아니다. 상극은 상생의 지속적인 성장을 발전으로 유도하고, 상생은 상극의 고통을 한 단계 성숙한 성장으로 이끈다. 상생과 상극은 변화를 통해 순환하는 자연의 법칙이라 할 수 있다.

이는 다름, 다양성, 그리고 차이가 우리 사회를 성장시키고 변화시키는 원동력이 될 수 있다는 것을 말하는 것이다. 따라서 우리는 이북이주민들과의 관계를 일방적 부담으로만 규정하여 그들이 우리 사회의 성장을 가로막는 집단으로 의미부여하면서 차별하거나 배제하지 않아야 한다. 이북이주민과 우리의 다름은 우리 사회를 성장과 발전으로 이끄는 요인으로 작용할 것이다. 구르는 돌로서 이북이주민들은 우리 사회의 고정 관념을 새롭게 볼 수 있도록 하면서 고인 물을 흐르게 하는 창조적 변화 매개체로 존재하게 될 것이다.

참고문헌

고상두. 2007.『통일독일의 정치적 쟁점』. 서울: 오름.

곽승준·이주석·최은철. 2015. "국내 북한이탈주민 지원 사업의 경제적 편익 산정 연구".『사회과학연구』, 23(1), 8~35.

권순도. 2014. "사회통합의 관점에서 본 북한이탈주민 정책방향 연구".『한국정치연구』, 23(1), 101~126.

금명자·권해수·이희우. 2004. "탈북 청소년의 문화적응과정 이해".『한국심리학회지: 상담 및 심리치료』, 16(2), 295~308.

길은배·문성호. 2003. "북한이탈 청소년의 남한사회 적응 문제와 정책적 함의".『청소년학연구』, 10(4), 163~186.

김경호. 2003. "가정 폭력 경험이 남자 범죄 청소년의 남성성에 미치는 영향에 관한 연구".『청소년학연구』, 10(2), 47~71.

김국신·김영윤·전현준·이금순·이규창. 2010.『북한인권: 국제사회 동향과 북한의 대응사회복지행정』. 서울: 통일연구원.

김근식. 2011. "동북아 인권 레짐과 북한: 인권개선의 시사점".『한국정치연구』, 20(1), 187~207.

김기태. 2003.『위기개입의 이해』. 부산: 서림출판사.

김누리. 2006.『머릿속의 장벽』. 경기: 한울아카데미.

김병연·박명규·김병로·정은미. 2007.『남북통합지수, 1989~2007』. 서울: 서울대학교출판문화원.

김분한·김금자·박인숙·이금재·김진경·홍정주·이미향·김영희·유인영·이희영. 1999. "현상학적 연구방법의 비교고찰–Giorige, Colaizzi, Van Kaam방법을 중심으로".『대한간호학회지』, 29(6), 1028~1220.

김선화. 2007. "새터민 정착지원을 위한 사회복지 프로그램의 현황과 평가". 『새터민 1만명 시대, 지난 7년과 앞으로의 7년』. 북한이탈주민학회·한국사회복지사협회·한국노동교육원 공동 학술대회 자료집, 17~44.

김성경. 2014. "분단체제가 만들어낸 '이방인', 탈북자: 탈냉전과 대량 탈북시대에 남한 사회에서 '탈북자'라는 위치의 한계와 가능성". 『북한학연구』, 10(1), 37~69.

김성태. 2010. 『음양오행』. 경기: 텍스트북스.

김성환. 2007. 『회남자』. 경기: 살림출판사.

김성환. 2010. "華夷너머의 相生-中華 관념이 해체된 동아시아는 가능한가?". 『중국학논집』, 28, 253~287.

김수지·신경림 역. 1996. 『근거이론의 이해』. Strauss, A. and Corbin, J. 1990. 서울: 한울아카데미.

김순진·김한. 2000. 『외상후 스트레스 장애』. 서울: 학지사.

김승현·최빛내. 2013. "북한이탈주민을 위한 PTSD 프로그램 효과 검증: 탈북여성을 대상으로". 『한국심리학회지: 여성』, 18(4), 533~548.

김연진. 2007. "미국 이민의 이미지와 '이민의 나라' 미국:시사 잡지 표지(1965~1986)를 통해 본 이민의 이미지를 중심으". 『미국사 연구』, 26, 155~189.

김영춘·김성진. 2005. 『남북한 통합과 통일인프라 확장방안』. 서울: 통일연구원.

김영탁. 1997. 『독일통일과 동독재건과정』. 경기: 한울아카데미.

김용찬. 2006. "국제이주분석과 이주체계접근법의 적용에 관한 연구". 『국제지역연구』, 10(3), 81~106.

김용현. 2004. "세계지역연구의 새로운 지평: 탈북자 문제의 현황과 해결방안; 탈북자 문제에 대한 북한의 입장과 대응". 한국세계지역학회 추계학술대회 자료집.

김우영. 1988. "Rawls의 사회정의론과 Nozick의 반론". 『한국정치연구』, 12, 161-180.

김은중. 1999. "노마드적 주체와 텍스트의 그늘". 『이베로아메리카연구』, 10, 93~112.

김진수. 2005. "남북한 통일단계의 빈곤과 실업, 인구이동에 대한 연구-독일 경험의 한국적용을 중심으로”. 『사회보장연구』, 21(3), 157~184.

김창오·이영환. 2011. “정책결정과정에서 소규모 NGO의 역할–북한이탈주민 정신건강지원 정책결정과정의 사례분석–”. 『한국사회정책』, 18(4), 9~40.

김태길. 1990. 『변혁시대의 사회철학』. 서울: 철학과 현실사.

김태현·노치영. 2003. “북한이탈 여성들의 삶 이야기: 해석학적 현상학을 통한 중국생활 체험 분석”. 『대한가정학회지』, 41(8), 1~17.

김현경. 2007. “난민으로서의 새터민의 외상(truma) 회복 경험에 대한 현상학 연구”. 이화여자대학교 박사학위논문.

김현경. 2012. “북한이탈여성의 역경을 통해 인식된 성장 과정 연구: 근거이론방법을 적용하여”. 『OUGHTOPIA』, 27(1), 33~66.

김현아·전명남. 2003. “MMPI에 나타난 북한이탈주민의 개인차 특성”. 『통일연구』, 7(2), 129~160.

김형식. 2000. “남북한 사회복지체계의 비교와 통합 방안”. 『사회복지정책』, 11, 183~208.

김형태. 2004. “북한이탈 청소년의 남한사회 적응유형에 관한 통합적 비교연구”. 숭실대학교 박사학위논문.

김혜숙. 2000. “북한사람에 대한 고정관념, 감정과 태도”. 『한국심학회지: 사회문제』, 6(2), 115~134.

김화순·최대석. 2011. “탈북이주민 정착정책의 인식과 과제-정착지원을 넘어 사회통합으로”. 『통일정책연구』, 20(2), 37~73.

김희교. 2000. “한국의 동아시아론과 ‘상상된’ 중국”. 『역사비평』, 53, 17~36.

나광은. 2004. “통일 이후 동독인들의 일상의 변화와 사회, 문화 갈등”. 『뷔히너와 현대 문학』, 23, 429~454.

남경희·양옥경·김정자·김미옥·한혜경·박인선·윤현숙·이은주·신혜령·김미원·안혜영. 2004. 『사회복지 윤리와 철학』. 서울: 나눔의 집.

남상호. 2003. “회남자의 도사일통의 방법”. 『공자학』, 10, 111~145.

남정희. 2004. “이상 시에 나타난 ‘권태’ 고찰”. 『반고어문연구』, 16, 5~29.

노혜진. 2012. “가족 안에서 여성은 어떻게 빈곤을 경험하는가?: 빈곤가구 내 성별 불평등”. 『한국사회복지질적연구』, 6(2), 67~101.

노용오. 2006. “통일과 남북한 사회복지 제도통합에 대한 연구-거시구조적 수준을 중심으로”. 『한국동북아논총』, 38, 5~29.

문남철. 2004. “북한이탈주민의 이주요인과 이주패턴 및 이주경로-재외 거주공간 정책의 필요성-”. 『지리학연구』, 38(4), 497~511.

민성길. 2000. 『통일과 남북청소년』. 서울: 연세대학교출판부.

문성호. 2005. “북한이탈 청소년의 남한사회 적응과 청소년복지의 과제”. 『청소년복지연구』, 7(1), 5~17.

문정인. 2004. 『21세기 국제환경 변화와 한반도』. 서울: 오름.

박만섭. 2006. “정의: 경제학과 철학의 접점”. 『한국사회』, 7(2), 33~66.

박명규·김병로·김수암·송영훈·양운철. 2012. 『노스 코리안 디아스포라: 북한주민의 해외탈북이주와 정착실태』. 서울: 서울대학교 통일평화연구원.

박상수. 2010. “한국발 ‘동아시아론’의 인식론 검토-동아시아 연구, ‘초국가적 공간’으로부터 접근하자”. 『아세아 연구』, 139, 83~100.

박성정·오은진. 2012. “북한이탈여성의 직업교육훈련 경험과 개선 과제”. 『직업교육연구』, 31(4), 135~152.

박영자. 2011. “북한이탈주민의 정체성과 민족가치의 성찰, 그리고 사회통합”. 『미드리』, 5, 6~21.

박영호·김지희. 2009. 『통일예측시계 구축』. 서울: 통일연구원.

박영호·김수암·이금순·홍우택. 2010. 『북한인권백서』. 서울: 통일연구원.

박윤숙·윤인진. 2007. “탈북청소년의 사회적 지지 특성과 남한사회 적응과의 관계”. 『한국사회학』, 41(1), 124~156.

박은숙. 2008. “북한이탈주민의 실태와 남한사회 정착지원 정책에 관한 연구”. 한국행정학회 하계학술대회 발표논문집.

박정원 역. 2002. 『인권과 국제정치-국제인권의 현실과 가능성 및 한계』. 서울: 오름.

박정숙·장희정. 2003. “한국인과 미국이민 한국인의 영적안녕과 지각된 건강상태 비교". 『성인간호학회지』, 15(3), 411~421.

박정원 역. 2002. 『인권과 국제정치』. 경기: 오름.

________. 2005. 『현대세계의 일상성』. 서울: 기파랑.

박정희. 2012. "노마드로서 경계인의 삶과 작품세계-유대계 독일 여성시인 로제 아우스렌더를 중심으로". 『독일문학』, 121, 97~122.

박찬구. 2011. "동물권의 문제와 상생의 생명윤리". 『윤리연구』, 83, 53~76.

박현선. 2002. "탈북자 국내 정착정책의 현황과 발전 방향". 『북한연구학회보』, 6, 209~240.

박호성. 2004. "북한이탈주민의 남한사회 정착지원 현황과 개선 방안". 『국제정치연구』, 7(2), 1~24.

배병일·배병돌. 2009. "북한이탈주민 정착지원정책의 우선순위 분석-대구·경북을 중심으로-". 『대한정치학회보』, 17(2), 141~165.

배정이. 2009. "미국 이민 한국인의 경험 연구". 『정신간호학회지』, 18(4), 449~462.

백영옥. 2002. "중국내 탈북 여성실태와 지원방안에 관한 연구". 『북한연구학회보』, 6(1), 241~264.

사단법인 좋은벗들. 1999. 『두만강을 건너온 사람들: 중국 동북부지역 2,479개 마을 북한 '식량난민' 실태조사』. 서울 : 정토출판.

서문기. 2007. "사회적 합의형성에 관한 이론적 소고: 분석틀과 정책적 합의". 『행정논총』, 45(4), 1~22.

서유경. 2013. "현행 북한이탈주민 지원정책의 두 가지 근본문제와 다문화주의적 사회통합 해법". 『대한정치학회보』, 21(2), 301~327.

서창록. 2005. "북한 인권문제와 동아시아 인권 거버넌스: 국제 레짐이론을 중심으로". 『통일문제연구』, 17(2), 55~87.

선학태. 2004. 『갈등과 통합의 정치』. 서울: 심산.

손선홍. 2005. 『분단과 통일의 독일현대사』. 서울: 소나무.

신경림 역. 2001. 『근거이론의 단계』. Strauss, A. and Corbin, J. 1998. 서울: 현문사.

신경림·조명옥·양진향. 2004. 『질적연구방법론』. 서울: 이화여자대학교 출판부.

신미녀. 2009. “남한주민과 북한이탈주민의 상호인식–한국사회정착에서 제기되는 문제를 중심으로”. 『북한학연구』, 5(2), 119~143.

신창식·김도환·노병일. 2007. 『지역사회 정신보건정책 및 서비스』. 서울: 다운샘.

신창호. 2005. “동양적 인생관과 수양의 교육적 차원-회남자·정신훈을 중심으로”. 『교육발전연구』, 21(2), 61~78.

안기성·한용운·김용일·오태진·김미숙. 1998. 『남북통일이후 사회통합을 위한 교육의 역할』. 서울: 집문당.

안병직. 2002. 『오늘의 역사학』. 서울: 한겨레신문사.

양계민·황순택. 2008. “입국초기 새터민 청소년들의 심리적 건강상태에 관한 탐색적 연구”. 『한국청소년연구』, 19(2), 333~358.

양진운. 2011. “미국 한인이민자 초기 이민 적응과정 연구–LA 한인타운 지역민을 중심으로–”. 『한국가족복지학』, 31, 113~142.

엄태완. 2005. “남북주민 통합을 위한 정신건강선략: 남한 내 북한이탈주민, 저소득주민, 일반주민의 비교를 통하여”. 『통일정책연구』, 14(1), 297~324.

______. 2006. “새터민의 재적응 토대마련을 위한 정신보건서비스 전달체계 모색”. 『통일정책연구』, 15(1), 287~316.

______. 2007a. “북한이탈주민의 정신건강증진을 위한 사회복지실천 전략”. 『한국사회복지의 새로운 지평』. 경기: 공동체.

______. 2007b. “북한이탈주민의 심리사회적 위기대처 향상 전략: 난민과 이주민 모델의 적용을 통하여”. 『통일정책연구』, 16(2), 173~197.

______. 2009a. “북한이탈주민의 남한이주 과정의 외상적 체험에 대한 현상학적 연구”. 『한국사회복지학』, 61(2), 189~213.

______. 2009b. “북한이탈주민의 심리사회적 위기 대처과정의 긍정적 힘에 대한 질적 연구”. 『정신보건과 사회사업』, 32, 215~247.

______. 2010a. 『탈북난민의 위기적 경험과 외상』. 경남: 경남대학교출판부.

______. 2010b. “북한이탈청소년의 일상에서의 일탈에 대한 질적 연구”. 『청소년학연구』, 17(9), 227~252.

______. 2011a. "남북통합 과정의 심리사회적 위기분석: 북한이탈주민의 생애위기에 대한 질적 연구를 통해". 『북한학연구』, 7(2), 5~35.

______. 2011b. "경남지역 북한이탈주민의 실태와 지역사회 적응 및 통합 과제". 『경남지역연구』, 16, 27~52.

______. 2012a. "탈북난민의 미국 초기 적응에 관한 사례연구". 『한국사회복지질적연구』, 6(2), 129~157.

______. 2012b. "새터민 여성의 사회적 자본 및 지역사회통합과 우울의 관계". 『보건사회연구』, 32(3), 92~121.

______. 2013. "동아시아의 상생을 위한 탈북이주민 인권의 재해석: 중국의 전통 '회남자'를 중심으로". 『인문논총』, 32, 223~246.

______. 2015a. "북한이탈주민 지원정책의 방향 모색: 롤즈의 정의론을 중심으로". 『북한학연구』, 11(1), 5~42.

______. 2015b. "북한이탈여성 이동의 재해석: 노마드(nomad)로서의 의미는 무엇인가?". 『여성연구』, 88(1), 7~42.

______. 2016. "이주민으로서의 북한이탈주민 경험연구: 생존과 일상의 경계를 넘어". 『한국사회복지행정학』, 18(1), 167~200.

엄태완·이기영. 2004. "북한이탈주민의 우울과 사회적 문제해결능력 및 사회적 지지와의 관계". 『정신보건과 사회사업』, 18, 5~32.

오금숙. 2003. "청소년의 성 경험". 중앙대학교 박사학위논문.

오수성·신현균·김상훈·김정호·최영미·신경란·정명인·김해진·박성록·이진 역. 2009. 『외상후 스트레스 장애 워크북』. 서울: 학지사.

오영인. 2010. "미국 이민연구와 적극적 사회주체로서의 이주자들". 『사림』, 36, 353~374.

유태균 역. 2001. 『사회복지 질적 연구방법론』. Padgett, D. K. 1998. Qualitative methods in social work research : challenges and rewards. 서울: 나남.

윤여상. 2001a. 『북한이탈주민의 적응과 부적응』. 대구: 도서출판 세명.

______. 2001b. "과거, 현재 그리고 미래: 북한이탈주민 지원정책 현황과 개선방안".

『한국정책학회 추계 학술대회』, 279~318.
윤영덕. 2008. "개혁개방 이후 중국의 인권관과 인권정책". 『민주주의와 인권』, 8(2), 195~225.
윤인진. 2003. "코리안 디아스포라: 재외한인의 이주. 적응. 정체성". 『한국사회학』, 37(4), 101~103.
______. 2012. "북한이주민의 문화변용과 사회적응". 『한국학연구』, 41, 37~61.
윤인진·채정민. 2010. 『북한이탈주민의 정체성과 남한주민과의 상호인식』. 서울: 북한이탈주민지원재단.
윤홍근. 1994. "헌법원리의 정치적 정당화에 관한 연구-J. 롤즈의 정의이론과 J. 뷰캐넌의 공공선택이론을 중심으로". 『한국정치연구』, 4, 303~344.
이교덕·임순희·조정아·이기동·이영훈. 2007. 『새터민의 증언으로 본 북한의 변화』. 서울: 통일연구원.
이기영. 2003. "북한이탈주민의 지방정착지원을 위한 지역사회 자원동원전략: 부산지역의 사례를 중심으로". 『한국사회복지학』, 55, 103~130.
이기영·엄태완. 2003. "북한이탈주민의 무망감이 우울증에 미치는 영향". 『정신보건과 사회사업』, 16, 5~28.
이기영·박영희·엄태완·김현경·김현아. 2009. 『이주난민의 정신건강과 상담』. 서울: 나눔의 집.
이근식. 2005. "자유와 상생: 신자유주의와 새로운 직업윤리의 모색". 『기업윤리연구』,10, 87~120.
이금순·김규륜·김영윤·안혜영·윤여상. 2005. 『북한이탈주민의 사회적응 프로그램 연구』. 서울: 통일연구원
이남인. 2004. 『현상학과 해석학』. 서울: 서울대학교출판부.
이동윤. 2009. "동남아의 북한 인권정책: 탈북자 문제를 중심으로". 『동서연구』, 21(2), 171~200.
이민영. 2015. "북한이탈주민의 사회통합을 위한 정착 지원에 관한 연구 동향 분석: 통합적 문헌고찰 방법을 활용하여". 『한국가족복지학』, 49, 39~69.

이부미. 2003. "탈북가정 유아의 남한사회 적응과정에 대한 연구: 탈북적응교육 훈련원(하나원)을 중심으로". 『유아교육연구』, 23(2), 115~145.

이상현. 1997. 『소년비행학』. 서울: 박영사.

이상환. 2001. "미국의 인권외교정책: 코소보와 동티므르의 사례 비교". 『국제정치연구』, 4, 63~79.

______. 2007. "국제적 반부패와 인권 문제에 대한 고찰: 보편성과 상대성의 충돌과 조화". 『국제정치연구』, 10(1), 323~347.

이석명. 2010. "회남자에 나타난 천인합일의 자연관". 『쌀·삶·문명 연구』, 4, 5~23.

이성우. 2008. "인권문제에 대한 다자주의 접근: 동북아에서의 '인간안보레짐'의 형성가능성을 중심으로". 한국국제정치학회 학술대회 발표논문집.

이선미. 2007. "미국이민 서사의 '고향' 표상과 '민족' 담론의 관계-1970년대 초반 박시정의 소설 중심으로". 『상허학보』, 20, 443~483.

이성우·유성호·안동환. 2004. "기대소득격차가 국가 간 이동에 미치는 영향: 미국으로 이주한 한국인의 경우". 『경제학 연구』, 52(1), 29~52.

이소우. 1993. "미국이민 한국인의 스트레스 반응 양상과 생활사건과의 상관 연구". 『한국간호과학회』, 23(2), 299~305.

이수연. 2008. "새터민 청소년의 학교적응에 관한 질적 분석". 『청소년학연구』, 15(1), 81~113.

이수혁. 2006. 『통일독일과의 대화』. 서울: 랜덤하우스중앙.

이승환. 1998. "아시아적 가치의 담론학적 분석". 『열린 지성』, 4, 12~27.

이용화. 2012. "국내 정착 북한이탈주민의 경제활동 실태와 개선방안". 『통일경제』, 1, 30~42.

이영선. 1998. 『통일을 위해 남한도 변해야 한다』. 서울: 오름.

이용교. 2006. "새터청소년을 위한 자립지원정책의 개선방안 연구". 『청소년복지연구』, 8(1), 51~67.

이용승. 2008. "전체 국제이주민의 20%가 미국 정착". 『민족연구』, 34, 55~79.

이용일. 2009. "트랜스내셔널 전환과 새로운 역사적 이민연구". 『서양사론』, 103,

315~342.
이욱연, 2004. "개혁개방 이후 전통 문화의 재평가와 변용--전통에 대한 인식 변화와 관련하여". 『중국현대문학』, 31, 1~28.
이은숙. 1999. "뉴질랜드 이민 일세대 한국인의 건강관리 실태에 관한 연구". 『한국간호과학회』, 29(1), 183~195.
이은아. 2008. "장기요양보호제도의 윤리적 근거에 관한 철학적 고찰: 롤즈의 정의론과 센의 인간능력접근을 중심으로". 『한국사회정책』, 15(1), 129~161.
이정재. 2001. "한국 축제의 길-일상과 일탈-". 『인문학연구』, 5, 29~69.
이재민·황선영. 2008. "북한이탈주민의 남한사회 적응에 영향을 미치는 요인". 『사회복지정책』, 33, 61~68.
이효범·최현호. 2000. "북한 교과서 분석을 통한 청소년 가치관 연구: 고등중학교 공산주의 도덕 3·4학년 중심으로". 『북한연구학회보』, 4(2), 235~267.
이혜원 역. 2005. 『인권과 사회복지실천』. 서울: 학지사.
이희영. 2005. "사회학 방법론으로서의 생애사 재구성: 행위이론의 관점에서 본 이론적 의의와 방법론적 원칙". 『한국사회학』, 39(3), 120~148.
장동진 역. 2003. 『정치적 자유주의』. 경기: 동명사.
장명학. 2006. "독일의 제노포비아 현상에 대한 연구: 통일 이후의 사회, 경제적 불안과정 제노포비아의 확산". 『사회과학연구』, 14(2), 324~359.
장문강. 2008. "새터민 청소년의 학교적응에 관한 연구 : 다문화교육 관점을 중심으로". 『청소년문화포럼』, 19, 195~234.
장은주. 2000. "문화적 차이와 인권-동아시아의 맥락에서". 『철학연구』, 49, 155~179.
장행준. 2005. "공공정책분석에 있어서 공공선택이론의 적용에 관한 연구". 『지역발전연구』, 10(1), 225~238.
전우택. 2004. "남한 내 탈북자들의 3년 추적조사". 『다가서는 남과 북, 만남과 공존의 모색』. 남북문화 통합 학술심포지움 자료집, 한양대 민족학연구센터.
전우택·유시은·이연우. 2011. "북한이탈주민의 국가정체성 형성과 유형: 근거 이론에 의한 분석". 『통일정책연구』, 20(2), 1~35.

정문용. 2004. “전쟁 스트레스”. 『재난과 정신건강』. 서울: 지식공작소.

정병호·전우택·정진경 엮음. 2006. 『웰컴투 코리아; 북조선 사람들의 남한살이』. 서울: 한양대학교 출판부.

정영선. 1999. “동아시아의 인권과 국가 경제 성장 논리-인권 논의의 ‘아시아적 가치’ 비판을 중심으로”. 『정치·정보 연구』, 2(2), 229~251.

정영식·이상환. 2000. “미국의 인권외교정책: 중국과 한국의 사례 비교”. 『21세기 국제관계연구의 쟁점과 과제』. 서울: 박영사.

정은미. 2013. “남북한 주민들의 통일 의식 변화: 2011~2013년 설문조사 분석을 중심으로”. 『통일과 평화』, 5(2), 74~104.

정은미·송영훈. 2012. “북한주민의 통일의식과 남한사회의 수용성”. 『통일문제연구』, 24(1), 221~254.

정진경·정병호·양계민. 2004. “탈북 청소년의 남한학교 적응”. 『통일문제연구』, 16(2), 209~239.

정향진. 2005. “탈북 청소년의 감정성과 남북한의 문화심리적 차이”. 『비교문화연구』, 11(1), 81~111.

조경란. 2005. “동아시아 인권 담론의 의미와 한계 및 재구축의 조건-한국철학계의 인권 담론을 중심으로-”. 『철학연구』, 71, 93~113.

조계화·Doorenbos, Ardith Z. 2009. "미국이민 한국인 1세대의 생존 태도 유형-Q방법론적 접근-". 『성인간호학회지』, 21(6), 603~616.

조영아·전우택. 2005. “탈북 여성들의 남한 사회 적응 문제: 결혼 경험자를 중심으로”. 『한국심리학회지: 여성』, 10(1), 17~35.

조영아·전우택·유정자·엄지섭. 2005. “북한이탈주민의 우울증 예측요인: 3년 추적연구”. 『한국심리학회지: 상담 및 심리치료』, 7(2), 467~484.

조윤경. 2007. “현대문화에 있어서 노마디즘과 이동성의 의미-Attali Maffesol의 논의를 중심으로”. 『불어불문학연구』, 66, 325~353.

조정아·임순희·정진경. 2006. 『새터민의 문화갈등과 문화적 통합 방안』. 서울: 한학 문화.

조정아·서재진·임순희·김보근·박영자. 2008.『북한 주민의 일상생활』. 서울: 통일연구원.

조흥식·정선욱·김진숙·권지성 역. 2015.『질적 연구방법론: 다섯 가지 접근』. Creswell, J. W. 2013. Qualitative Inquiry & Research Design: Choosing Among Five Approaches. 서울: 학지사.

진은영·강명진·엄태완. 2013. "새터민 청소년의 남한사회 적응과정 연구: 무기력에서 희망으로 거듭남".『청소년문화포럼』, 34, 121~152.

최동희 역. 1981.『형이상학이란 무엇인가』. 서울: 삼성출판사.

최명선·최태산·강지희. 2006. "탈북 아동·청소년의 심리적 특성과 상담전략 모색".『놀이치료연구』, 9(3), 23~34.

최문기. 1999. "롤즈의 사회정의론 연구 Ⅰ: 원리론을 중심으로".『인문과학연구』, 8(1), 251~276.

최상진·최연희. 1989. "눈치의 사회심리학적 구조: 눈치의 개념화를 위한 탐색적 시안". 한국심리학회 연차대회 발표논문집, 212~221.

최수경. 2011. "한국인의 미국 이민 100년사: 평가와 전망".『사회과학연구』, 22(1), 151~168.

최영희. 1993.『질적간호연구』. 서울: 수문사.

최원기·최항섭 역. 2008.『노마디즘』.서울: 일신사.

최준욱. 2008.『남북 경제통합과 재정정책: 재정의 지속가능성에 영향을 미치는 요인 분석』. 서울: 한국조세연구원.

최현정 역. 2007.『트라우마-가정폭력에서 정치적 테러까지』. 서울: 플래닛.

한경혜. 2004. "생애사 연구를 통한 노년기 삶의 이해".『한국노년학』, 24(4), 87~106.

한인영·홍선희. 2012. "북한이탈여성의 한국사회 적응에 대한 주관적 인식 유형 연구".『주관성연구』, 25, 75~93.

함재봉. 1999. "아시아적 가치와 민주주의: 유교민주주의는 가능한가?".『철학연구』, 44, 17~33.

허우성 역. 2004.『진리와 비폭력(하)』. 서울: 소명출판사.

홍기형. 1997. "질적 접근으로서의 현상학적 연구방법". 『한국 교육문제 연구소 논문집』, 12, 23~38.

홍익표. 2005. "배제로의 수렴? 유럽의 인권정책과 이주민 문제". 『국제지역연구』, 9(2), 317~343.

홍찬숙. 2008. "사회정의론에 대한 여성주의적 검토-성인지적 사회통합의 문제를 중심으로-". 『페미니즘연구』, 8(2), 47~76.

황경식. 1984a. 『정의의 철학: 토론 요약』. 서울: 영학출판사.

______. 1984b. "J. 롤즈의 자유주의적 평등주의". 『철학』, 22, 41~82.

______. 2003. 『정의론』. Rawls, J. 서울: 이학사.

______. 2006. 『자유주의는 진화하는가』. 서울: 철학과현실사.

______. 2013. 『사회정의의 철학적 기초』. 서울: 철학과현실사.

황성동. 1999. "탈시설화운동이후 주립정신병원의 역할 변화에 대한 연구: 미국 캘리포니아주를 중심으로". 『국제지역연구』, 3(1), 371~396.

______. 2006. 『사회복지조사방법론』. 서울: 학지사.

황수정. 2008. "롤즈 정의론의 원초적 입장에 관한 연구". 『동서사상』, 4, 113~150.

황의서. 2009. 『독일통일이야기』. 서울: 야스미디어.

황진수·전신욱. 2004. "북한이탈 청소년의 남한사회적응 지원방안". 『한국정책과학회보』, 8(3), 1~26.

홍창형. 2004. "북한이탈주민의 외상 후 스트레스 장애에 대한 3년 추적연구". 연세대학교 석사학위논문.

자유아시아방송. 2010년 2월 18일.

미주한국일보. 2011년 6월 21일.

중앙일보, 인터넷판. 2013년 9월 29일.

Voice of America. 2014년 6월 24일.

서울경제. 2015년 3월 22일.

통일부 홈페이지. http://www.unikorea.go.kr.

Alcock, M., 2003. "Refugee Trauma-the Assault on Meaning." *Psychodynamic Practice*, 9.3: 291~306.

American Psychiatric Association. 1994. *Diagnostic and Statistical Manual of Mental Disorders*. 4th ed.(DSM-Ⅳ). Washington, DC: Author.

Arat, Z. F., 1991. *Democracy and Human Rights in Developing Countries*. Boulder and London: Lynne Rienner Publishers.

Arredondo-Dowd, P. M., 1981. "Personal loss and grief as a result of immigration." *Personnel and Guidance Journal*, 59: 376~378.

Baider, L., Ever-Hadani, P., and DeNour, A. K., 1996. "Crossing New Bridges: The Process of Adaptation and Psychological Distress of Russian Immigrants in Israel."*Israel Journal of Psychiatry*, 59: 175~183.

Barker, G., and Loewenstein, I., 1997. "Where the boys are: Attitudes related to masculinity, fatherhood, and violence toward women among low-income adolence and young adult males in Rio de Janeiro Brazil." *Youth and Society*, 29(2): 166~196.

Beck, A. T., and Steer, R. A., 1988. *Manual for the Beck Hopelessness Scale*. San Antonio, TX: Psychological Corp.

Bemak, F., 1989. "Cross-culture family therapy with Southeast Asian refugees." *Journal of Strategic & Systemic Therapies*, 8: 22~27.

Bemak, F., and Chung, R., 2002. "Counseling and psychotherapy with refugees." In P. B. Pedersen, J. G. Draguns, W. J. Linner and J. E. Trimble, eds., *Counseling across cultures*, Thousnand Oaks, CA: Sage.

Bemak, F., Chung, R., and Pedersen, P., 2003. *Counseling Refugees: A Psychosocial Approach to Innovative Multicultural Interventions*. Connecticut: Greenwood Press.

Ben-David, A., and Lavee, Y., 1994. "Migration and marital distress: The case of Soviet immigrnats."*Journal of Divorce and Remarriage*, 21: 133~146.

Ben-Porath, Y. S., 1991. "The psychosocial adjustment." In J. Westermeyer, C. L. Willians, and A. N. Nguyen, eds., *Mental health services for refugees*. Washington, DC: U. S.

Government Printing Office.

Berry, J. W., 1997. "Immigration, acculturation, and adaptation." *Applied Psychology: An International Review,* 46(1): 5~68.

_______. 2003. "Conceptual approaches to acculturation."17~37, In K. M. Chun, P. B. Organista, G. eds., *Acculturation: Advances in Theory, Measurement, and Applied Research.* Washington, DC: American Psychological Association.

Blair, R. G., 2000. "Risk factors associated with PTSD and major depression among Cambodian refugees in Utah." *Health & Social Work,* 25: 23~30.

Brown, D. P., and Fromm, E., 1986. *Hypnotherapy and Hypnoanalysis*. Hillsdale, HJ: Lawrence Erllbaum.

Buchanan, J., 1986, *Liberty, Market, and State,* New York: New York University Press.

Center for Disease Control, 1995. *Guidelines for health education and risk reduction activities.* Atlanta: Center for Disease Control, National Center for Prevention Activities.

Chang, Y., Haggard, S., and Noland, M., 2008. "Migration Ewperiences of North Korean Refugees: Survey Evidence from China." *Peterson Institute for International Economics*.

Chung, R. C.-Y., 2001. "Psychosocial Adjustment of Cambodian Refugee Women: Implication for Mental Health Counseling."*Journal of Mental Health Counseling,* 23(2): 115~126.

Chung, R. C.-Y., and Bemak, F., 2002. "Revisiting the California Southeast Asian mental health needs assessment date: An examination of refugee ethnic and gender differences." *Journal of Counseling and Development,* 80: 111~119.

Chung, R. C.-Y., Bemak, F., and Wong S., 2000. "Vietnamese Refugees' Levels of Distress, Social Support, and Acclturation: Implications for Mental Health Counseling." *Journal of Mental Health Counseling,* 22(2): 150~161.

Colazzi, P. E., 1978. *Psychological research as the phenomenologist view it existential phenomenology*. New York: Oxford Univerity Press.

Denzin, N., 1989. *The Research Act.* NJ: Prentice Hall.

Drachman. D., and Paulino. A., 2004. *Immigrants and Social Work: Thinking Beyond the Borders of the United States.* New York: Haworth Press.

Egli, E. A., Shiota, N. K., Ben-Porath, Y. S., and Butcher, J. N., 1991. "Psychological interventions." In J. Westermeyer, C. L. Williams, and A. N. Nguyen, eds., *Mental health services for refugees.* Washington, DC: U. S. Government Printing Office.

Eom, T. W., and Kim, T. S., 2016. "A Qualitative Study of the Human Rights of Female North Korean Defectors Living in China". *The Journal of Human Studies*, 39: 55~72.

Fodor, E., 2006. "A different type of gender gap: how women and men experience poverty." *East European Politics and Societies,* 20(1): 14~39.

Garland, C., 1998. *Understanding Trauma.* London: Karnac Books.

Glazer, N., and Moynihan, D. P., 1970. *Beyond the Melting Pot: The Negroes, Puerto Ricans, Jews, Italians, and Irish of New York City.* Cambridge, MA: MIT Press.

Hayes, D., 2005. "Social Work with Asylum Seekers and Others Subject to Immigration Control." In Robert Adams, Lena Dominelli and Malcolm Payne, eds., *Social Work Futures,* New York: Palgrave Macmillan.

Herman, J., 1997. *Trauma and Recovery: The Aftermath of Violence-from Domestic Abuse to Political Terror.* New York: Basic Books.

Hendin, H., and Hass, A. P., 1984. *Wounds of War: The Psycological Aftermath of Combat in Vietnam.* New York: Basic Books.

Hoff, L. A., 1995. *People in Crisis.* San Francisco: Jossey-Bass Publishers.

Hovey, J. D., and King, C. A., 1996. "Acculturative stress, depression, and suicidal ideation among immigrant and second-generation Latino adolescents." *Journal of Academy of Child and Adolescent Psychiatry*, 35(9): 1183~1192.

Hughes, C. C., 1993. "Culture in clinical psychiatry." In A. C. Gaw, ed., *Culture ethnicity and mental illness.* Washington, D. C.; American Psychiatry Press.

Ife, J., 2008. *Human Rights and Social Work: Towards Rights-based practice.* New York: Cambridge University Press.

_____, 2010. *Human Rights from Below-Achieving rights through community development,* New

York: Cambridge University Press.

James R. K., and Gilliland, B. E., 2001. *Crisis Intervention Strategies.* CA: Brooks/Cole.

Kalshed, D., 1996. *The Inner World of Trauma*. London: Routledge.

Kemp, C., and Rasbridge, L. A., 2004. *Refugee and Immigrant Health: A Handbook for Health Professionals.* Cambridge: Cambridge University Press.

Keyes, E. F., 2000. "Mental health status refugees: An integrative review of current research." *Issues in Mental Nursing,* 21: 397~410.

Kim, E. J., and S. Wolpin. 2008. "The Korean American family: Adolescents versus parents acculturation to American culture." *Journal of Cultural Diversity,* 15(3): 108~116.

Krasner, A. 1995. *International Regimes.* Ithaca: Cornell University Press.

Kulka, R. A., Schlenger, W. E., and Fairbank, J. A., 1990. *Trauma and the Vietnam War Generation.* New York: Brunner/Mazer.

Lincoln, Y. and E. Guba. 1985. "The impact of illness on later life marriage." *Journal of Marriage and Family,* 1: 65~172.

McCann, L., and Pearlman, L., 1990. *Psychological Trauma and the Adult Survivor: Theory, Therapy, and Transformation.* New York: Brunner/Mazel.

Nicholso, B. L., 1997. "The influence of pre-emigration and postemigration stressors on mental health: A study of southeast asian refugees." *Social Work Research,* 21(1): 13~19.

Oh, Y. J., Koeske, G. F., and E. Sales. 2002. "Acculturation. stress. and depressive symptoms among Korean immigrants in the United States." *The Journal of Social Psychology,* 142: 511~526.

Omeri, C. Lennings and Raymond, L., 2006. "Beyond Asylum: Implications for Nursing and Health Care Delivery for Afghan Refugees in Australia." *Journal of Transcultural Nursing,* 17(1): 30~39.

Papadopoulos, R. K., 2002. *Therapeutic care for refugees.* London: Karnac Books.

Park, S. Y., and K. S. Bernstein. 2008. "Depression and Korean American immigrants."

Archives of Psychiatric Nursing, 22: 12~19.

Patton, M. Q., 2002, *Qualitative Research and Evaluation Methods,* Thousand Oaks, California: Sage Publications.

Potocky-Tripodi, M., 2002. *Best Practices for Social Work with Refugees and Immigrants.* Columbia: Columbia University Press.

Pumariega, A. J., Rothe, E., and Pumariega, J. B., 2005. "Mental Health of Immigrants and Refugees." *Community Mental Health Journal,* 41(5): 581~597.

Rawls, J., 1971. *A Theory of Justice,* Cambridge: Harvard University Press.

_______., 1987. "The Basic Liberties and their Priority." In Amartya Sen, eds., *Liberty, Equality, and Law,* Utah: The University of Utah Press.

Reichert, E., 2011. *Social Work and Human Rights*. N. Y.: Columbia University Press.

Schiraldi, G. R., 2000. *The Post-Traumatic Stress Disorder Sourcebook*. LA: Lowell House.

Scurfield, R. M., 2006. "Post-Trauma Stress Assessment and Treatment: Overview and Formulations." In C. R. Figley, eds., *Trauma and Its Wake*, New York: Brunner/Mazel.

Seligman, M. E. P., 1975. *Helplessness: On depression, development, and death,* San Francisco: Freeman.

Shaw, J., 1987. "Unmasking the Illusion of Safety." *Bull Menninger Clin,* 51: 56~58.

Shin, H. S., Han, H. R., and M. T. Kim. 2007. "Predictors of psychological well-being amongst Korean immigrants to the United States: A structured interview survey." *International Journal of Nursing Studies,* 44: 415~426.

Tanay, E., 1986. "Psychotherapy with Survivors of Nazi Persecution." In H. Krystal, eds., *Massive Psychic Trauma.* New York: International Universities Press.

Ticho, H. F., 1971. "Cultural aspects of transference and countertransference." *Bulletin of the Menninger Clinic,* 35: 313~334.

United Nations. 2010. "Department of Economic and Social Affairs Population Division." *TRENDS IN TOTAL MIGRANT STOCK: THE 2009 REVISION:* 1~8.

Wronka, J., 2008. *Human Rights and Social Justice: Social Action and Service for the Helping and*

Health Professions. L.A.: SAGE Publications.

Winnicott, D., 1971. *Playing and Reality.* Harmondsworth: Penguin Books.

Yeh, C., 2003. "Age, acculturation, cultural adjustment, and mental health symptoms of Chinese, Korean, and Japanese immigrant youths." *Cultural Diversity & Ethnic Minority Psychology,* 9(1): 34~48.

Ying, Y., 1999. "Strengthening intergenerational/intercultural ties in migrant families: A new intervention for parents." *Journal of Community Psychology,* 27: 89~96.

Young, M. Y., 2001. "Moderators of stress in Salvadoran refugees: the role of social and resources." *International Migration Review,* 35: 840~869.

Zastrow, C. and K. Kirst-Ashman, 1989. *Understanding Human Behavior and the Social Environment,* Chicago: Nelson-Hall Publishers.

The Center for Victims of Torture, http://www.cvt.org.

찾아보기